마케터는 잘못이 없다

초연결 시대의 설득전략은
무엇이 달라야 하는가

마케터는 잘못이 없다

이동훈 · 김세환 지음

한국경제신문

'최대'에서 '최적'으로, 다시 쓰는 게임의 규칙

'입구', '출구', '미시오', '당기시오'. 출입문에 붙은 이 말들은 행위를 유도하는 것으로 가장 흔히 접하는 단어였다. 세상을 바라보고 인식하는 기준은 이 단어들이 열고 닫아주는 공간이었다. 감각으로 경험 가능한 물리적 실체가 바로 '현실'이었다. 지금은 온라인을 더 자주 드나든다. '로그인', '로그아웃', '확인', '취소'란 말이 물리적 감각을 대신한다. 연결이 인식을 이끌고 현실을 규정한다. 물리적 실체는 더 이상 세상을 인식하는 기준이 아니다.

인간이 장소, 공간에 출입하고 점유하는 행위는 본성이다. 1만 7,000년 전 라스코동굴과 알타미라동굴에서 벽화를 그린 구석기 사람들의 행위와 구글(Google)을 검색하고 페이스북(Facebook)에 메시지를 남기는 지금의 행위가 다를까? 모두가 본질적으로 인간 본성을 구현하는 커뮤니케이션이다. 라스코동굴과 알타미라동굴의 벽이 구글 검색창과 페이스북 페이지로 바뀌었을 뿐이다.

초연결 시대로 진입한 인간은 역사상 가장 유혹적이고 파괴적인 혁명을 경험하고 있다. 초연결 기술을 제어하려는 사회적 시도는 이미 무릎을 꿇었다. 커뮤니케이션 기술은 인간 본성의 근원에 더 가까워졌지만 제도는 더 멀어지고 있다. 정부와 정치권의 규제론자들이 스마트폰이 구원이 아니라고 지적하면서도 소셜 미디어에 의존하는 현상이 이를 보여준다.

전문가들은 기술이 중립적이라고 말하지만 이에 동의할 사람은 본인들뿐이다. 인터넷, 디지털 모바일, 소셜 네트워크로 구현된 초연결 기술이 가져온 파장에 냉정하고 이성적인 대처를 주문하지만, 사실 이 말은 마땅한 대응 방안이 없다는 뜻이다. 시민, 유권자, 소비자는 물론 이에 상응하는 정부, 정당, 기업은 의식하지 못할 뿐 통제 불가능한 커뮤니케이션 상황에 놓여 있다. 초연결 시대가 낳은 불균형과 불안정은 변화, 혁신이라는 개념으로 포장되지만 현상의 본질을 포착하지 못한다. 말 그대로 우리는 초가속의 시대에 묻혀 있기 때문이다. 20년 전부터 디지털과 인터넷 기술 때문에 가속화된 세계화 현상을 '평평해진 세계'로 설명했던 〈뉴욕타임스〉 칼럼니스트 토머스 프리드먼(Thomas Friedman)조차 이제 과속을 걱정한다. 자신의 책 제목을 '늦어서 고마워'라고 할 정도였다.

이 현상들은 무엇을 의미하는가? 연결되지 않으면 존재성이 부정되는 사회에서는 본성이자 권력으로서의 커뮤니케이션을 새롭게 이해해야 한다. 접근 방식도 달라야 한다. 새로운 두려움의 장벽이 세워지고 있으며 그것의 작동 방식은 이전과 다르다. 이미 2013년에 유럽연합(EU)은 인류가 온라인, 오프라인의 구분이 무의미한 '온라이프 사회'(onlife society)로 진입했다고 선언하고 어떻게 적응할 것인가를 고민했다. 그렇다면 초연결 시대의 커뮤니케이션은 이전과 무엇이 같고 다른가?

첫째, 커뮤니케이션은 플로우(flow)가 된다. 즉 온라인과 오프라인의 경계, 디바이스의 경계를 넘어 단일하고 연결된 흐름의 상태를 띤다. 모든 커뮤니케이션 경험은 하나의 플로우로 통합된다. 사람들이 인식하는 시간 간격이 짧아지고 현재화되는 현상이 그 예다. 오늘과 내일 정도의 시간 간격으로 삶을 규정하는 현재주의가 초연결 사회의 커뮤니케이션이 보여주는 플로우적 특징이다.

둘째, 다시 개인의 시대로 돌아간다. 알고리즘을 통한 초개인화로 간다. 광장은 닫히고 조그만 창문만 열린다. 마크 저커버그(Mark Zuckerberg)는 페이스북을 광장형에서 거실형 네트워크로 재편할 것이라고 밝혔다.[1] 연결도 고립도 아닌 상태를 의미하는 '연결된 고립'은 초개인을 의미한다. 통신사의 5G 광고를 보라. 한결같이 연결을 강조하지만 결국은 철저한 개인화를 보여준다.

셋째, 고맥락 커뮤니케이션이 심화된다. 초연결된 개인은 연결 감성을 가진다. 개인이지만 분리되어 있지 않다. 그만큼 예민해지고 사회와 집단의 분위기와 정서에 큰 영향을 받는다. 분위기와 정서들이 충돌하며 세상을 이해하는 기준이 된다. 맥락이 사실을 주도하고 결정한다. 이 기준을 어떻게 수용하는가가 개인과 조직의 하루하루를 결정한다.

넷째, 모든 것이 데이터화된다. 개인을 넘어서 정체성과 맥락의 데이터가 중요해진다. 초연결 사회에서 네트워크화와 데이터화가 극단으로 강해진다. 통신이나 물류에서 말하는 라스트 마일이 뇌와 심장까지 치고 들어온다. 생각하는 것과 느끼는 것들이 모두 연결되고 데이터화된다. 데이터화되지 않은 것은 존재하지 않는 것과 같다. 이미 페이스북과 아마존 같은 거대 플랫폼들은 알고리즘의 개인화로 우리의 정체성을 규정하고 분석해 다음 행동을 예언하는 수준까지 도달해 있다. 시민, 유권자, 소비자로서 취한 모든 행동들이 만들어낸 성향은 데이터화되고 알고리즘을 통해 개인화, 집단화된다.

다섯째, 인간은 완벽에서 더 멀어진다. 감정과 이성, 욕망과 합리성의 경계가 모호해진다. 사람들은 더 많이 궁금해하고, 다른 사람의 감정을 알고 싶어 한다. 그리고 표현하고 싶고 안전하고 싶어 한다. 오래 살기를 원하고 물리적 공간의 제약을 넘고 싶어 한다.[2] 오래된 욕망이 돌아온다.

이 책을 집필하는 동안 우리는 코로나19가 불러온 새로운 사회 현상을 목격했다. 코로나19가 언제 종식될지 의견이 분분하지만, 코로나19가 지구상의 문명 사회를 근본적으로 바꿨다는 사실에는 모두 동의한다. 커뮤니케이션도 마찬가지다. 고립된 개인의 연결, 고맥락 커뮤니케이션, 데이터 기반 의사 결정, 그리고 생존에 대한 갈망이 투영된 인포데믹. 코로나19는 초연결 시대의 커뮤니케이션을 극적으로 보여주는 문명사적 사건이자 그것을 가속시키는 기제로 기억될 것이다.

우리는 초연결 시대의 커뮤니케이션은 어떠하며, 어떻게 해야 하는가라는 본질적인 질문을 던지고 답을 찾으려고 한다. 정부는 늘 국민을 설득해야 하는가? 정당과 정치인은 사회 분위기를 거슬러 말할 수 없는가? 기업은 외부 환경에 어디까지 반응해야 하는가? 이 질문은 반대 입장에서 할 수도 있다. 시민, 유권자, 소비자는 정부, 정치인, 기업에 어떻게 말해야 하는가? 이 질문들의 답을 개인보다는 조직, 특히 기업 차원에서 다룰 것이다. 권력이자 사회적 본성으로서의 커뮤니케이션은 결국 개인과 조직 그리고 조직 사이의 관계에서 드러나기 때문이다.

멈추시오, 둘러보시오, 들어보시오

사실 앞의 질문에 이미 알려진 답이 몇 가지 있다. 그중의 하나가 '듣기', 즉 경청이다. 개인이든 조직이든 말하기를 멈추고 들어야 한다. 경청은 〈CNN〉 토론 프로그램 사회자로 '대화의 신'이라 불리는 래리 킹(Larry King)이 밝힌 비법이다.

○ 대화의 첫 규칙은 간단하다. 말하고 있을 때는 아무것도 배울 수 없다. 대담 중 내가 하는 말에서는 아무것도 배울 것이 없다는 사실을 매일 아침 깨닫는다. 오늘도 많은 것을 배우기 위해서는 그저 상대의 말을 경청하는 것뿐이다. (…) 다른 사람의 말에 좀 더 귀 기울이지 않으면 그들도 당신 말에 귀 기울이지 않을 것이다. 작은 읍이나 교외의 철도 건널목에 있는 표시판을 생각해보자. '멈추시오. 둘러보시오. 들어보시오.'[3]

킹의 말이 맞다. 문제는 쉽지 않다는 데 있다. 듣기보다 말하기를 좋아하는 것이 인간 본성이다. 듣기는 외부 위험으로부터 보호하기 위한 능력이고 말하기는 권력을 행사하는 행위다. 사회 본성으로서 커뮤니케이션을 권력 관계 관점에서 보면 듣기는 수동성, 피동성을 의미한다. TV, 라디오, 영화, 신문 같은 매스 미디어를 보라. 모든 매스 미디어 기술은 말하는 기술, 즉 퍼블리싱(publishing) 기술이지 경청의 기술이 아니다. 초연결 기술도 모두 말하는 기술이다. 페이스북, 유튜브(YouTube), 인스타그램(Instagram)을 보라. 어쩌면 경청은 초연결 시대 최고 난이도의 기술이 될지도 모른다.

아날로그로의 회귀

또 다른 방법은 아날로그로 돌아가는 것이다. 관계와 사람을 중시하는 접근이 해법이라는 견해다. 경제사학자 니얼 퍼거슨(Niall Ferguson)은 아날로그 커뮤니케이션을 강조한다.

○ 소셜 미디어는 영국에서는 커밍스가 그리고 미국에서는 트럼프 운동본부의 스티브 배넌(Stephen K. Bannon)이 상대편보다 더 효과적으로 사용할 수 있었던 것은 분명하다. 하지만 만약 그 포퓰리즘 운동이 확산시키고자 했던 '밈', 즉 문화적 유전자가 보통 사람들이 만나서 (페이스북에서처럼) 가짜가 아닌 진짜의 우정을 나누는 현실 세계의 포럼들, 즉 맥주집과 선술집에서 더욱 확산될 수 있는 것이 아니었다면 그 운동은 결코 성공을 거두지 못했을 것이다. (…) 바벨의 도서관은 바로 인터넷이다. 여기에서는 무얼 읽어도 다 믿을 수가 없다. 그래서 가장 깊은 소셜 네트워크는 여전히 작은 지역에서 사람들이 직접 대면할 수 있는 네트워크다. 2016년의 미국 대통령 선거는 그래서 바벨의 도서관에서 결판이 난 것이 아니라 영어만 사용하는 술집에서 결판이 났다. 인터넷은 제안을 할 뿐 결정을 내리는 것은 살롱과 술집이다.[4]

이런 현상을 두고 '아날로그의 반격'이라고 말하는 전문가들도 있다. 데이비드 색스(David Sax)는 《아날로그의 반격》에서 오래된 것들의 부활을 알렸다. 색스는 밀레니얼 세대에서 종이책을 선호하는 현상을 기술과 인간의 균형을 찾는 시도로 해석했다. 레코드 LP판과 종이노트 브랜드인 몰스킨(Moleskine), 보드게임과 로모 카메라, 잡지를 찾는 수요가 늘어나는 현상 등을 두고 색스는 "촉각적이고 인간 중심적인 경험을 갈망"하는 복원 현상으로 본다.[5] 그는 몰스킨의 유행에 대해 몰스킨 CEO 마리아 세브레곤디(Maria Sebregondi)의 말을 인용해서 설명했다. "우리 인간은 시각, 후각, 미각, 촉각, 청각 같은 감각기관을 통한 물질적인 자극을 매우 필요로 합니다."[6]

재미있는 것은 몰스킨 브랜드를 인수한 세브레곤디의 마케팅 카피다. "아직 쓰여지지 않은 책"이 그것이다. 이보다 아날로그적인 이미지를 제품에 부여할 수는 없다. 아날로그적 이미지는 감각의 요구를 증폭시켰다.

▎마케터는 잘못이 없다

지금까지 기업을 지배하던 커뮤니케이션 원칙은 단순했다. 경쟁 기업보다 커뮤니케이션을 더 큰 규모로 더 빨리, 더 자주 반복하면 시장이라는 전장에서 승리를 거머쥘 수 있었다. 하지만 초연결이 일상의 영역이 되면서 게임의 규칙이 바뀌었다.

초연결 시대에는 말 그대로 무엇이든 연결된다. 사람과 사람, 사람과 사물, 심지어 사물과 사물 간에도 연결이 이루어진다. 그리고 연결이 발생할 때마다 커뮤니케이션은 기하급수적으로 늘어난다. 또한 정보에 대한 문턱이 낮아지면서, 누구든 메시지 생산자가 될 수 있는 시대가 열렸다. 사람뿐만 아니라 연결된 모든 존재가 커뮤니케이션 자체라고 해도 과언이 아니다. 이 때문에 커뮤니케이션은 빠르게 확산되고 증폭되며, 쉽게 소음이 된다.

모든 것이 연결되고 어떤 정보든 손쉽게 얻을 수 있는 시대가 열렸지만, 역설적으로 사람들은 더 이상 듣지 않고 있다. 내게 의미 있는 정보와 방해가 되는 자극 사이의 경계가 모호해지고 필요치 않은 정보로 인한 피로감이 쌓여가는 상황에서 무엇이든 선택적으로 받아들이는 것은 당연한 일이다. 이와 맞물려 자신의 가치관과 정체성을 더욱 중시하는 경향이 나타나고 있으며, 취향과 관심사의 호불호를 가르는 선은 더욱 선명해졌다. 라이프스타일의 정교한 맞춤화를 극대화한 초개인화에서부터 취향과 성향을 공유하는 사람들이 모여 그룹을 이루는 신부족주의 현상까지, 그 배후에는 초연결에 기반한 커뮤니케이션이 있다.

기업 입장에서는 곤혹스러울 수밖에 없다. 이제는 '더 많이', '더 자주', '더 빨리'의 전략이 통하지 않기 때문이다. 전장의 환경이 달라졌다면 전략도 달라져야 한다. 빈도 패러다임에 토대를 둔 반복주의가 한계에 이른 지금, 우리는 초연결 시대에 적응하기 위한 전략으로 이너프 커뮤니케이션(enough communication)을 제시한다. 커뮤니케이션 효과의 극대화를 달성하기 위한 전략의 기본 원칙으로, '최대'가 아닌 '최적'에 주목했다.

이 책은 초연결 시대라는 거대한 조류 속에서 나타나는 현상과 그에 적응하기 위한 전략을 설명하기 위해 크게 두 부분으로 구성됐다. 1장부터 5장으로 이루어진 1부에서는 초연결 시대가 의미하는 것과 그로 인해 새롭게 나타나는 현상들의 맥락을 분석한 뒤, 커뮤니케이션을 비롯한 설득 전략 차원에서의 함의를 도출했다. 2부에서는 이너프 커뮤니케이션이 담고 있는 새로운 설득 전략에 대해 본격적으로 살펴볼 것이다. 이를 위해 6장부터 10장에서는 국내외 기업의 사례와 최근 발생한 사회 현상에 대한 분석을 토대로, 이너프 커뮤니케이션의 다섯 가지 원칙을 제시했다.

초연결 시대의 불확실성으로 인한 혼란이 가중되고 있는 지금, 이너프 커뮤케이션과 그 원칙은 앞으로 나아가야 할 방향을 잡아주는 명확한 이정표가 되어줄 것이다.

2 초연결 시대의 설득 전략, 이너프 커뮤니케이션 5원칙

초연결 시대의 역설과 '더 많이' '더 자주' '더 빨리'라는 함정

초연결 시대의 설득전략은 무엇이 달라야 하는가

양, 규모, 속도의 패러다임은 어떻게 변화하는가

마케팅 담당자들은 소비자의 시선과 마음을 잡길 원하지만 실상은 쉽지 않다. 소비자의 광고 수용 능력은 이미 포화 상태를 넘었다. 광고를 보고도 기억하지 못한다. 광고에 노출됐다고 측정되지만, 실제로 소비자 기억에는 브랜드가 들어 있지 않고 마음 역시 움직이지 않는다. 전문가들은 이 현상을 '광고 맹목'(AD blindness)이라 부른다. 광고 맹목 상황이 벌어지면 광고는 그냥 지나가는 행인처럼 느껴질 뿐이다. 무엇을 보았는지 어떤 느낌인지 기억과 인상이 전혀 없다.

소비자가 광고를 보고도 기억하지 못하는 이유는 부주의맹(inattention blindness) 현상 때문이다. 부주의맹은 사람들이 집중해서 처리할 수 있는 인지 능력의 한계 때문에 발생한다. 일상 생활에서 바쁠 때 사람들이 저지르는 단순한 실수처럼 부주의맹은 흔히 겪는 일이다. 그런데 부주의맹이 집단으로 발생하면 여러 사람들이 동시에 눈앞에 있는 고릴라도 알아보지 못할 수 있다. '보이지 않는 고릴라' 실험으로 알려진 이 연구는 1997년 미국의 심리학자 크리스토퍼 차브리스(Christopher Chabris)와 대니얼 사이먼스(Daniel Simons)가 진행했다.

더 이상 듣지 않는 사람들

실험에 참여한 사람들에게 농구공을 패스하는 동영상을 보여주고 패스 횟수를 세도록 지시한다. 동영상에서는 총 6명의 사람이 각각 3명씩 하얀색 셔츠와 검은색 셔츠를 입고 동그랗게 모여 농구공을 패스한다. 1분 정도가 지난 후 동영상에는 고릴라 복장을 한 사람이 나온다. 동영상이 끝난 뒤에 피실험자들에게 묻는 것은 패스 횟수가 아니라 고릴라를 보았는지 여부다. 피실험자들은 패스를 세는 데 집중하느라 고릴라를 보지 못했다. 참가자의 50%만이 고릴라를 보았다고 답했다.

비슷한 실험이 우리나라에서도 있었다. 2011년 3월 〈조선일보〉가 인천의 삼산월드체육관에서 프로농구 경기 중간에 관중을 대상으로 실험했다. 당시 아나운서는 "지능 측정 이벤트입니다! 전광판 동영상을 보세요. 흰 옷 입은 사람 3명과 검은 옷 입은 사람 3명이 뒤섞여 각자 자기네끼리 패스를 주고받습니다. 흰 옷 입은 사람들끼리 몇 번 패스하는지 세어보세요"라고 안내했다. 관중들이 전광판의 동영상을 보고 패스 횟수를 센 다음에 받은 질문은 "방금 본 동영상에 사람 말고 다른 것도 나왔나, 사람만 나왔나?"였다. 이날 관중 가운데 주최 측에 문자를 보낸 사람은 총 580명이다. '고릴라를 못 봤다'는 사람이 54.3%나 됐다. 문자를 보낸 관중 가운데는 개와 곰을 봤다는 사람도 60명이나 됐다.[1] 부주의맹 때문에 광고 맹목 현상이 벌어지면 아무리 높은 빈도로 브랜드를 노출시켜도 효과가 없다. 효과 지표에서 노출 빈도는 높지만 기억과 태도에서는 아무런 성과가 없는 셈이다.

원래 커뮤니케이션 기회는 마케터가 가질 수 있는 최고의 자원이다. 소비자와 커뮤니케이션할 기회를 많이 가진 플랫폼이 권력을 가진다. 낙천적인 마케터는 광고 맹목과 부주의맹도 무한 반복되는 메시지에는 못 이긴다고 생각할 수 있다. 이들에게는 빈도와 효과는 영원한 정비례 상관관계라는 신화가 있다. 반면 소비자 입장에서는 커뮤니케이션을 걸어오는 채널들에 대한 거부감이 여느 때보다 커졌다. 결국 커뮤니케이션 시점과 상황에 대한 대중의 통제 욕구가 높아졌고 초연결 사회에서는 이것이 가능해졌다. 소비자 대중의 커뮤니케이션 통제가 가능해진 것, 이것이 초연결 사회가 이전의 연결 사회와 다른 점이다.

따라서 낙천적인 마케터가 믿는 신화는 더 이상 유효하지 않다. 광고 맹목과 부주의맹을 우회할 수 있는 빈도 게임을 소비자와 아예 시작조차 못 할 수도 있다. 이제 광고 맹목을 피하기 위한 전략이 중요하지 않다. 상황을 근본적으로 타개할 변화가 있어야 한다.

예를 들어보자. 소비자에게 말을 걸지 않는 '논-커뮤니케이션' (non-communication) 마케팅을 하는 회사들이 늘고 있다. 일부러 고객을 고립시킨다. 고객에 브랜드 안내와 설명을 전혀 하지 않는다. 고객의 감정이 매장에서 직원의 개입으로 손상되지 않고 최대한 브랜드 경험으로 연결되도록 한다. 외로움이란 감정이 마케팅의 초점이다. 초연결 사회에서 고객의 외로움이 중요한 소비 경험으로 포지셔닝됐다. 그러나 논-커뮤니케이션 마케팅에서 고립이 완벽한 차단은 아니다. 아마존고(Amazon GO)처럼 AI와 로봇, 모바일 결제 시스템을 갖춘 철저한 언택트(untact) 방식의 무인 리테일점과 달리 매장 어딘가에는 불편을 느낀 고객에게 바로 달려갈 수 있는 직원을 대기시켜 놓는다.

한국의 안경 판매 회사로 젊은층에 인기를 끈 룩옵티컬은 매장에서 "말을 걸지 않습니다"라는 안내 방송을 한다. 고객이 편하게 어떤 방해도 없이 매장 경험을 할 수 있도록 유도한다. 고객의 경험을 매장 직원이 훼손하지 않도록 한다. 이미 화장품 업계에서는 이니스프리, 올리브영 등이 매장에서 직원이 고객에게 먼저 말을 걸지 않는 침묵 서비스로 호평을 받았다. 한국의 프리미엄 택시 서비스 웨이고 블루는 운전사가 승객에게 말을 걸지 않는다. 승객은 조용하길 원한다. 이런 경향은 2017년부터 시작됐다. 그 이면에는 초연결 사회의 이중성이 그대로 자리한다. 사람에 대한 대면 피로감이 높아진 동시에 키오스크와 로봇을 활용한 전자 주문, 결제 시스템 같은 초연결 상거래에 대한 적응과 선호 역시 커졌다.

온라인 광고에서 '실수로 클릭'이 두 번째로 많은 이유

어느 날 마케팅 전문가 론 마셜(Ron Marshall)은 사람들이 하루 동안 브랜드와 광고에 얼마나 노출되는지 궁금했다. 마셜은 아침에 눈을 뜨자마자 세기 시작했다. 아침 식사가 끝나기도 전에 두 손을 들었다. 브랜드와 광고를 487개까지 세고는 더 이상의 카운트가 불가능하고 무의미하다고 생각했다. 그는 이 경험을 자신이 경영하는 마케팅 회사 사이트에 올리고 '광고 쓰나미'라 불렀다.[2] 그때가 2015년이었다. 마셜은 미국인들이 하루에 4,000번에서 1만 번까지 광고에 노출될 수 있다고 추정했다.

마셜의 추정이 과학적인지는 알 수 없으나 마케팅 전문가들은 그의 자료를 자주 인용한다.[3] 미국에서는 10년 전 계란 겉면에 브랜드 메시지를 새겨넣는 광고까지 등장했으니 이 정도 수치가 전혀 믿지 못할 것은 아니다. 2007년 〈CBS〉는 계란 껍질에 인기 범죄수사 드라마 〈CSI〉와 코미디 프로그램의 새 시즌을 알리는 광고를 새겼다. 전문가들은 "드디어 아침 식사 오믈렛까지 스폰서를 얻었다"며 혹평했다.[4] 당시 〈뉴욕타임스〉는 이 광고를 설명하려고 "소비자들이 어디에 있을지 알 수 없기 때문에 어디서든 알릴 수 있는 방법을 찾아야 한다"고 주장한 마케팅 기업 CEO의 인터뷰를 인용했다. 지금은 칸타(Kantar)에 인수된 시장 조사 기관 얀켈로비치(Yankelovich)는 1970년대 대도시에 거주하는 사람이 하루 평균 2,000번 정도 브랜드에 노출됐던 데 비해 30년이 지난 2007년에는 그 수치가 5,000회로 증가했다고 밝혔다.[5] 얀켈로비치의 조사를 고려하면 마셜의 추정이 틀리지 않는다.

기업의 마케팅 책임자들은 더 곤혹스럽고 괴롭다. 백 년 전에도 광고의 절반은 어디로 흘러가는지 알지 못한다고 했는데,[6] 하루에 5,000개 이상의 광고와 브랜드가 소비자의 눈과 귀를 붙잡으려고 경쟁하는 지금은 어떻게 사람들을 설득할 수 있을까. 광고 제작자들도 자신들이 만든 광고가 의도대로 효과가 있을 것으로 기대하지 않는다. 마케팅 담당자들도 희망만 할 뿐 효과를 장담할 수 없다. 소비자들이 얼마나 광고 메시지에 무관심한지를 보여주는 재미있는 조사 결과가 있다. 한 조사에 소비자들에게 온라인 광고를 클릭한 이유를 물었다. 당연히 1위의 대답은 광고가 흥미를 끌어서였다. 여기까지는 광고 제작자들과 마케팅 담당자들을 고무케 한다. 그래도 미디어 플래닝과 메시지를 잘 기획하면 원하는 효과를 얻을 수 있다고 기대하기 때문이다.

그러나 그다음이 충격이다. 응답자들이 온라인 광고를 클릭한 이유 중 두 번째로 많은 대답은 '실수'였다. 광고를 클릭할 의도가 없었는데, 잘못해서 눌렀다는 것이다. 1위와 2위가 각각 40%, 34%로 큰 차이가 없었다.[7] 그만큼 광고로 사람을 끌기 어려워졌고, 메시지로 설득하는 것은 더 힘들어졌다. 마케팅 책임자들의 머릿속에서 이제 설득이라는 말은 지워야 할지도 모른다.

한계에 이른 빈도 패러다임

기업에서 마케팅을 다루는 사람들은 50년 전의 광고 황금률을 여전히 믿고 싶을지 모른다. 광고는 세 번만 반복하면 효과가 있다는 허버트 크루그먼(Herbert E. Krugman)의 주장은 매력적일 수밖에 없다. 이 말은 누구나 세 번만 메시지를 반복해 던지면 상대방을 설득할 수 있다는 뜻이다. 크루그먼은 광고 효과 연구에 탁월한 심리학자였는데, 1972년에 〈(광고가) 왜 세 번이면 충분한가〉라는 제목으로 논문을 발표했다. 이 논문에서 크루그먼은 TV 광고의 효과를 이렇게 설명했다. "처음에는 그게 뭐였지라는 반응을 보이고, 두 번째에는 보긴 봤는데 무엇에 대한 것이었지라는 반응을 보이고, 세 번째는 본 것을 이해하고 구매에 이른다."[8]

처음 봤을 때는 자극 자체를 기억하고, 두 번째 봤을 때는 자극의 내용을 회상하고, 세 번째 봤을 때에는 내용을 정확히 이해해 제품을 구매하게 된다는 것이다. 크루그먼의 '빈도 3회 원칙'은 그 뒤로 많은 연구들에서 입증됐다. 우리나라의 경우 TV 광고는 최소한 두 번 봐야 브랜드를 기억하고, 브랜드에 대한 태도나 신뢰도 및 구매 의향과 같은 효과를 얻으려면 최소한 6회 이상 반복되어야 한다.[9]

하지만 이런 질문이 가능하다. 마셜의 말처럼 하루 5,000번 광고와 브랜드에 노출되는 '광고 쓰나미' 속에서 빈도 게임이 얼마나 유효할까? 반복주의 패러다임을 무기로 한 커뮤니케이션 효과 경쟁은 이제 한계에 이르지 않았나? 반복 노출보다는 앵커링 효과(anchoring effect) 또는 초두 효과(primacy effect)를 노린 최초 한두 차례의 노출이 더 효과적이지는 않을까?

이제는 디지털 플랫폼에서 정교하게 계산된 마이크로 타깃팅이 가능해지면서 최초 노출을 포함한 초기 노출이 더 중요해졌다. 상대방의 성격과 성향을 알고, 지금의 기분과 의도를 읽은 상황에서 얼굴을 보고 대화를 한다. 이것이 정교하게 설계된 개인화에 기반한 초마이크로 타깃팅이다. 기계적인 반복주의 패러다임의 끝이 왔다. 페이스북은 광고 정책을 소개하면서 광고 노출 빈도에 대해 "보통 누군가에게 처음으로 광고를 보여주는 것이 같은 광고를 다시 보여주는 것보다 더 쉽습니다"라고 설명한다. 그래서 페이스북은 한 사람에게 2시간당 2회 이상 노출하지 않는 정책을 유지한다. 페이스북이 인수한 인스타그램 역시 같은 광고주의 광고를 3시간당 2회 이상 노출하

지 않는다.[10]

페이스북과 인스타그램의 광고 정책은 이용자들에 대한 연구 결과를 바탕으로 한다. 페이스북의 마케팅 사이언스팀이 1년 동안 유럽, 북미, 아시아 지역의 수백만 사용자들을 대상으로 조사한 결과에서는 주당 1~2회 정도로 광고를 반복하는 것이 인지도와 구매 의사를 촉진하는 데 효과가 있었다. 이 결과를 토대로 조사팀은 제언했다. 시장 점유율이 높은 브랜드의 기업은 장기간에 걸친 저빈도 광고 노출이 효과적이다. 반면 새로운 브랜드의 런칭이나 시장 점유율이 낮은 기업의 경우는 단기간에 광고 빈도를 높이는 것이 좋다.[11]

페이스북의 광고 정책 가이드에서는 광고주들에게 이렇게 조언한다. "일반적으로 시장 점유율과 브랜드 인지도가 높은 대형 브랜드 광고주는 주당 광고 노출 1~2회의 낮은 빈도 한도를 선택해 더 많은 사람들에게 도달하는 데 주력할 때 가장 큰 성과를 얻습니다. 시장 점유율이 낮거나 캠페인을 짧게 진행하는 신생 브랜드는 빈도 한도를 늘려 적은 수의 사람들에게 광고를 더 자주 노출시켜서 인지도를 최대한 높이고 사람들이 기억할 만한 인상을 남길 수 있습니다."[12]

오라클(Oracle)이 실시한 광고 연구의 결과도 비슷했다. 광고 노출 빈도는 최초 1~5회까지 반복된 광고의 효과가 가장 높았다. S자 형태로 5회에서 10회 이상 노출된 이후 광고 효과가 누적적으로 증가하는 종전의 설명과 달리 초반 승부가 중요했다. 200여 개 광고의 노출 빈도와 수익을 비교한 결과 18%는 10~15회 사이에 수익이 정점에 달했다. 반면 82%는 1~5회 사이의 광고 노출에서 수익이 정점에 달했다.[13]

반면 여전히 반복주의 패러다임의 유효성을 옹호하는 조사도 있다. 예를 들어 광고에 반복 노출되면 구매 의사가 오히려 높아진다는 연구 결과다. 미국 〈저널오브애드버타이징리서치(Journal of Advertising Research)〉에 2018년 게재된 한 연구에서는 10회 이상 광고에 노출되어도 브랜드 구매 의사가 높아질 수 있다는 결과가 제기됐다. 주목할 점은 광고 노출 빈도가 주는 효과에 감정 요인과 인지 요인이 영향을 준다는 점이다. 연구에 따르면 1~2회 노출에는 감정 요인이, 3~10회는 인지 요인이 영향을 주었다. 그리고 10회 이상의 광고 노출에는

도표 1-1 **광고 빈도의 효과를 보여주는 오라클 연구 결과 그래프**[14]

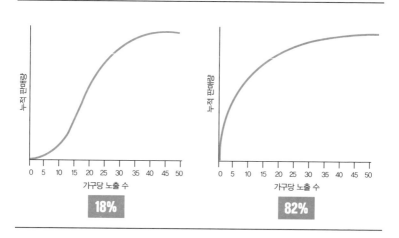

다시 감정 요인이 영향을 주었다.[15]

　글로벌 마케팅 기업인 닐슨(Nielsen)이 오스트레일리아에서 실시한 조사에서도 전통적인 S자형의 광고 노출 빈도 효과가 나타났다. 일반 소비재 제품, 전자 제품 등의 광고에 대한 노출 빈도와 브랜드 인지도, 구매 의사 등의 효과를 비교한 결과 5~10회 사이의 노출에서 가장 큰 효과가 있었다.[16] 학계 전문가들의 연구에서도 대체로 광고의 유효 노출 빈도는 3회에서 10회 정도로 알려져 있고, 국내외 광고대행사들도 3회 이상의 노출 빈도를 채택한다.[17]

커뮤니케이션 한계 효용의 체감

　선거 캠페인 또는 마케팅에서 반복주의 패러다임은 빈도 게임에 주력한다. 대상이 브랜드이든 선거 후보자이든 상관없이 전제는 동일하다. 매스 미디어 광고는 반복할수록 소비자에게 브랜드 인지도를 높이고 긍정적 태도와 함께 제품 신뢰도를 높여 더 많이 사도록 할 수 있다고 보았다. 대부분이 레드오션 품목인 생활소비재의 경우 광고의 반복만이 경쟁에서 승리하는 길이다. '노출 효과' 또는 '최근 효과'를 거두는 브랜드가 승자였다. 제품 진열대에서 소비자의 손은 가장 많이, 가장 최근에 노출된 제품에 가기 때문이다. 광고 업계도 소비자가 광고에 많이 노출될수록 브랜드에 대한 인지도, 호감도, 선호도, 구매 의도 등이 좋아진다고 생각해왔다.

그런데 소비자들은 반대다. 우리나라 소비자들 10명 중 7명은 이전보다 여기저기에 광고가 너무 많아졌다고 생각하며, 실제로 10명 중 6명은 더 많이 보고 있다. 10명 중 4.8명은 광고가 이전보다 더 거슬린다고 여긴다. 미국의 소비자들도 비슷하다. 미국의 소비자들 10명 중 8명이 광고가 더 많아졌다고 생각하며, 7명이 달가워하지 않는다. 소비자들이 많아진 광고에는 더 부정적이었다.[18] 소비자들은 광고가 많아졌다고 행복해하지 않는다. 24시간 돌아가는 브랜드 광고와 정치인의 메시지로 더 많은 정보를 얻어서 삶이 편해지고 문제들이 해결됐다고 생각하지 않는다. 일방향으로 쏟아지는 커뮤니케이션 메시지에 싫증과 부담을 느낀다. 광고 맹목 현상이 아니더라도 유권자와 소비자는 커뮤니케이션 피로감에 지쳐 있다.

커뮤니케이션 양의 증가에 사람들이 느끼는 부담은 분명하다. 불분명한데 이해하고 답해야 할 메시지들, 여러 대의 디바이스 보유와 활용, 의사 결정의 압력, 쌓여가는데 처리 못한 필요 이상의 정보, 집중 장애 등의 짐을 지고 있다.[19] 이 때문에 오히려 직접 얼굴을 마주한 대화가 전자우편보다 34배나 더 성공적이라는 조사도 있다.[20] 이런 경향들은 사람들이 커뮤니케이션 피로감을 점점 더 강하게 느낀다는 걸 보여준다.

놈 촘스키(Noam Chomsky)는 커뮤니케이션 증가로 인한 피로감을 날카롭게 지적했다.

○ 텍스트 메시징, 트위터(Twitter)는 일종의 극단적으로 빠르고 매우
   얄팍한 커뮤니케이션이다. 나는 트위터가 평범한 사람들의 관계를
   침식한다고 생각한다. 그것은 관계를 더 피상적이고 얄팍하고 덧없
   게 만든다. (…) 트위터는 매우 간결하고 함축적인 사고의 형태를 요
   구한다. 그래서 사람들이 실제의 진지한 커뮤니케이션으로부터 멀
   어지게 한다.[21]

의도와 빈도의 충돌

결국 관점의 차이다. 커뮤니케이션 양은 기업에게는 비즈니스
기회이고, 수용자에게는 과잉이다. 잉여인지 과잉인지의 여부는 누
구의 눈으로 보는가에 달려 있다. 수용자 관점에서 보면 분명 과잉
이다. 예를 들어 미국의 정보과잉연구그룹(The Information Overload
Research Group)에 따르면 정보 과잉은 직장인들의 업무 시간의 25%
를 빼앗고 있으며, 이를 국가 전체로 보면 연간 9,900억 달러를 낭비
하게 만든다. 캘리포니아대학교의 정보공학과 교수 글로리아 마크
(Gloria Mark)는 정보 과잉이 '영구적인 사이클'(self-perpetuating cycle)
로 굳어질 수 있다고 경고했다. 이 때문에 기업용 메신저이자 협
업 툴로 큰 인기를 끌고 있는 온라인 그룹웨어 슬랙(Slack)의 CEO
스튜어트 버터필드(Stewart Butterfield)는 과잉 정보를 '인지적 당뇨

병'(cognitive diabetes)이라고 불렀다.

커뮤니케이션 양이 증가한다고 효과가 증가하지는 않는다. 사람들의 마음과 감정이 커뮤니케이션 양에만 이끌려 반응하던 시대는 끝났다. 다시 말해 초연결 사회에서 커뮤니케이션의 한계 효용은 체감할 수 있다. 이 때문에 반복주의 패러다임의 변화를 주장하는 시각들이 있다. 구글의 메니징 디렉터로 있는 사지스 시바난단(Sajith Sivanandan)이 그중 하나다. 2018년 그는 '구글과 함께 하는 생각'(Thinking with Google)에 올린 글 '인구 통계의 시대는 죽었다. 의도의 시대가 왔다'에서 커뮤니케이션에 대한 이해가 어떻게 바뀌어야 하는지를 보여줬다.

이 칼럼에서 시바난단은 과감하게 인구 통계에 기반한 전통적 마케팅 기법에 사망을 선고했다. 성별, 연령, 소득, 거주 지역 등과 같은 전통적인 인구 통계 분류에 근거해 광고를 할 경우 많은 잠재 소비자들을 광고 대상에서 빠뜨릴 수 있다고 경고했다. 그는 유튜브에서 요리 관련 동영상을 보는 사람들의 40%가 남성이고, 게임 동영상의 시청자 중 30%가 35세 이상이며, 패션과 스타일 관련 동영상을 보는 사람의 55%가 남성이라는 데이터를 보여줬다. 인구 통계는 사회적 통념이고 이에 근거해 사람들을 보면 많은 것들을 놓친다.

시바난단이 언급한 수치의 이면에는 사람들의 '강한 의도'가 자리한다.[22] 그 의도를 반영한 마케팅을 주장한다. 실제로 인구통계가 아니라 의도를 감안한 광고의 회상률이 20% 높아졌고, 브랜드 인지도 역시 50%나 상승했다.[23] 시바난단은 이렇게 강조했다. "요즘 소비자들은 기업들이 자신들을 더 잘 이해하길 원한다. 그 책임은 우리에게 있다. 소비자들은 그들이 보여준 (모든) 의도의 총합(the sum of intent)이다. 이 의도는 그들이 찾아간 사이트, 그곳에서 본 것, 찾은 것 그리고 얻기를 바라는 것 등으로 표현된다. 이제 인구 통계의 시대는 갔다. 의도의 시대에 온 걸 환영한다."[24]

구글에서 비디오 마케팅을 담당하는 에카테리나 페트로바(Ekaterina Petrova)는 시바난단의 주장을 보다 구체적으로 설명했다. 페트로바는 레스토랑을 비유해 "최고의 재료를 이용한 요리 광고는 항상 추천된다. 그러나 음식 평가를 보통에서 최고로 만드는 것은 서비스다"라고 말했다. 그녀의 설명은 커뮤니케이션이 어떻게 바뀌어야 하는지를 보여주는 최고의 설명이다. 온디맨드(on demand), 공유(sharing), 의도 기반 구독(subscribing based on intent)이란 온라인 경제의 흐름을 마케팅에 반영하지 않으면 경쟁에서 도태된다. 그러자면 전통적인 커뮤니케이션 누적에 기반한 빈도 게임, 빈도 경쟁에서 탈피해야 한다. 여전히 빈도는 중요하다. 그러나 초연결 시대에 어제의 1회와 오늘의 1회가 의미하는 빈도는 달라야 한다.

에델만의 신뢰도 조사가 말해주는 것

글로벌 컨설팅 기업 에델만은 18년 전 새로운 대규모 프로젝트를 시작했다. '에델만 신뢰도 지표 조사'(Edelman Trust Barometer)라는 조사였다. 정부, NGO, 기업, 미디어처럼 사회를 움직이는 기구들을 28개국 국민들이 어느 정도 신뢰하는지를 조사했다. 2000년에서 시작해 2018년까지 18회를 진행했으니 글로벌 수준에서 주요 기구들의 신뢰도 변화를 보기에는 이보다 좋은 자료는 없다. 18회까지의 결론은 놀랍지만 간단하다. 사람들은 이제 정부, NGO, 미디어, 기업을 믿지 않는다. 전 세계에 걸쳐 정부, NGO, 미디어, 기업의 신뢰도가 계속 떨어졌다. G20 국가를 포함해 28개국 중 20개국에서 50% 미만의 신뢰도를 보였다. 한국은 44%였다.

세계는 역사상 전례 없는 폭발적인 연결과 커뮤니케이션 증가를 경험하고 있다. 누구든 언제든 이들 기구를 투명하게 감시하고 비판할 수 있는 커뮤니케이션 채널을 가졌다. 대중의 감시와 밑으로부터의 여론 폭발력은 모든 권력 기구로 하여금 더욱 투명하도록 강제하고 있다. 이런 상황에서는 커뮤니케이션이 신뢰를 높인다는 게 상식으로 통한다. 그러나 투명한 커뮤니케이션 채널을 소유하고, 손에 넣을 수 있는 정보 양이 증가한다고 해서 신뢰가 같이 높아진다고 생각하면 오산이다. 커뮤니케이션의 양과 개방성, 투명성이 주요 기구들에 대한 신뢰도와 맺는 함수 관계는 단순하지 않다.

구글의 모기업 알파벳(Alphabet)의 이사회 의장인 에릭 슈미트(Eric Schmidt)는 사람들이 연결성을 통해 느끼는 참여도 수준은 과거 어느 때보다 그들의 기대치를 높일 것으로 전망했다.[25] 실제로 세계적으로 정부, 언론, 지인들과 연결된 온라인 네트워크는 개인들의 시민적 각성 수준을 높였다. 중국의 시진핑 주석조차 당 간부들에게 인터넷 여론을 살피도록 주문했다. 2016년 4월 시진핑은 리커창 총리와 마윈 알리바바(Alibaba) 회장, 런정페이 화웨이(Huawei) 회장 등이 참석한 '인터넷 안보 및 정보화 업무좌담회'에서 "민의는 인터넷에 있다. 간부들은 늘 인터넷에 접속해 대중이 생각하고 원하는 것을 이해하고 건의를 수집하며 네티즌의 우려에 답변하고 의혹을 풀어줘야 한다"고 말했다.[26]

중국도 에델만의 신뢰도 조사에 포함됐는데, 최상위권에 랭크됐다. 중국은 일반 국민이 주요 기구들에 대해 가진 신뢰도를 평균한 값에서 2017년 3위, 2018년 1위로 올라섰다. 반면 2018년 미국은 평균 9점이 하락했고, 한국과 중국은 각각 6점, 7점이 올라서 큰 폭의 변화를 보인 나라들로 주목받았다. 이것은 조사 시점이 2017년 말이었고 미국의 경우 도널드 트럼프(Donald Trump) 정부를 포함한 엘리트 기구들의 무기력에 대한 국민들의 실망이 반영됐기 때문이다. 한국의 경우 박근혜 대통령의 탄핵 이후 새로운 정부가 출범한 첫 해라는 상황 요인이 반영된 결과로 해석할 수 있다.

그럼에도 전체적으로 G20 국가들에서 사회의 근간을 이루는 4대

주요 기구들의 신뢰도가 낮았다. 2017년 조사에서는 28개 국가에서 정부, NGO, 미디어, 기업의 신뢰도가 전년에 이어 하락하는 추세가 이어졌고, 특히 기업에 대해 두드러졌다. 한국의 경우 2017년 기업 신뢰도는 전년 대비 큰 폭으로 하락했다. 2016년 33% 대비 4%포인트 하락한 29%였고, 이는 조사 대상 국가 가운데 가장 낮은 수치였다. 물론 대통령 탄핵 사태를 겪으면서 기업에 대한 신뢰도가 낮아진 점을 감안해야 한다. 그럼에도 조사 대상 국가 중에 가장 낮았다는 점은 그만큼 기업 입장에서는 충격적이다. 또 2017년 조사에서 28개 국가 중 23개 국가의 기업 CEO 신뢰도가 50% 이하로 나타났다. 한국은 전년 대비 11%포인트 하락한 24%로 전체 국가 중 25위에 머물렀다.

빈도와 신뢰도의 상관관계

에델만의 신뢰 조사에서 또 하나 주목할 점은 커뮤니케이션 빈도와 소비자들의 신뢰도 관계다. 이 조사는 커뮤니케이션의 반복 빈도와 사람들의 신뢰도 사이에 U자를 거꾸로 한 형태의 관계가 있음을 보여준다. 세계 각국의 소비자들을 상대로 "당신은 특정 기업에 대한 정보를 믿기까지 몇 번을 반복해서 들을 필요가 있다고 생각하는가"라는 질문을 던졌다. 결과는 3회가 33%로 가장 많았고, 4~5회

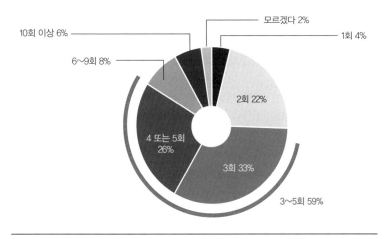

출처: 2011 에델만 신뢰도 지표 조사

가 26%로 뒤를 이었다. 이 결과는 횟수를 반복할수록 신뢰가 떨어진다는 관계를 보여주지는 않았지만 적절한 수준의 반복이 효과가 있음을 보여주는 데는 충분하다.

그리고 기업의 평판에 영향을 주는 10개 요인들 가운데 커뮤니케이션 빈도는 5위 정도로 지적될 만큼 반복은 중요하지 않았다. 기업 본질에 해당하는 요인들의 영향력이 훨씬 더 중요했다. 제품의 품질과 서비스 수준, 투명하고 정직한 비즈니스 행태, 기업 신뢰도, 직원에 대한 처우와 같은 항목들이 기업의 평판에 영향을 주는 요인들로 지적됐다.

커뮤니케이션의 빈도와 신뢰도 관계는 정치에서도 볼 수 있다. 특

도표 1-3 기업 평판에 영향을 주는 10개 요인들의 평가

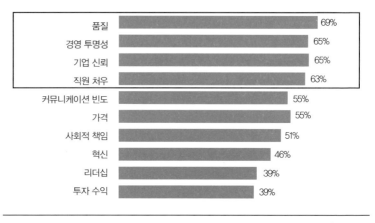

품질	69%
경영 투명성	65%
기업 신뢰	65%
직원 처우	63%
커뮤니케이션 빈도	55%
가격	55%
사회적 책임	51%
혁신	46%
리더십	39%
투자 수익	39%

출처: 2011 에델만 신뢰도 지표 조사

히 대통령과 국민 사이의 커뮤니케이션은 정치 분야에서 보여줄 수 있는 최고 이벤트다. 그 이벤트가 매일, 매시간을 넘어 예측 불가능하게 트위터로 터진다고 생각해보라. 커뮤니케이션은 늘 비예측적이지만 심할 경우 불안의 요소가 될 수 있다. 여러 국가들의 대통령, 총리 등 수반들의 트위터를 한번 보자.

2020년 세계의 정치 지도자들을 트위터 팔로어 통계만을 기준으로 정리해보면, 미국의 전 대통령 버락 오바마(Barack Obama, @BarackObama), 트럼프 대통령 공식계정(@POTUS), 인도의 총리 나렌드라 모디(Narendra Modi, @PMOIndia), 힐러리 클린턴(Hillary Clinton, @HillaryClinton), 인도 내무부 장관 아미트 샤(Amit Shah, @AmitShah), 인도의 정치인 아빈드 케지리왈(Arvind Kejriwal, @ArvindKejriwal), 달라이

구분	이용 기간	트윗(개)	팔로어(명)	팔로잉(명)
버락 오바마	13년 4개월	약 1만 5,000	1억 1,853만 7,073	60만 5,630
힐러리 클린턴	7년 3개월	약 1만 1,000	2,798만 2,620	833
도널드 트럼프	11년 4개월	약 5만 2,000	8,107만 2,873	46
쥐스탱 트뤼도	12년 4개월	약 2만 9,000	504만 2,557	946
에마뉘엘 마크롱	6년 7개월	9,049	529만 2,048	713
마린 르 펜	9년 7개월	약 2만	245만 7,307	3,423

라마(Dalai Lama, @DalaiLama) 등이 10위 안에 포함되어 있다.

이 가운데 오바마는 2007년 3월 트위터를 시작해서 13년째 사용한다. 오바마의 팔로어는 약 1억 1,853만 명이다. 그리고 그는 약 60만 명을 팔로잉한다. 2020년 6월 현재 오바마의 트윗은 약 1만 5,000개인데, 연간 단위로 보면 해마다 1,100개 이상 그리고 하루 평균 3개의 트윗을 했다. 힐러리 클린턴의 경우 하루 평균 4개 이상, 트럼프는 13개인 것과 비교하면 오바마의 트윗 수는 상대적으로 적다. 메시지를 많이 한다고 해서 사람들이 좋아한다고 생각하면 착각이다. 캐나다의 젊은 총리로 인기를 끌고 있는 쥐스탱 트뤼도(Justin Trudeau)는 하루 평균 7개 정도의 트윗을 올리는 반면, 프랑스의 에마뉘엘 마크롱(Emmanuel Macron)은 4개 정도의 트윗을 올린다. 프랑스의 극우당 국민전선을 이끌고 있는 마린 르 펜(Marine Le Pen)은 하루 평균 6

개 정도의 트윗을 올린다. 오바마는 대통령에서 물러난 뒤에도 여전히 퇴임 이전 수준의 호감과 인기를 끌고 있다. 2017년에는 트위터가 선정한, 한 해 동안 인상 깊은 트윗 목록에 오바마의 트윗이 4건이나 선정됐다. 반면 트럼프의 트윗은 한 건도 포함되지 않았다.

커뮤니케이션 양과 사회적 신뢰는 단순한 정비례 관계가 아니라 복합적인 함수 관계를 가진다. 에델만은 2001년부터 신뢰를 주제로 세계 각국에서 조사해왔는데, 이 신뢰 지표가 보여주는 결과가 그렇다. 에델만은 2018년 글로벌 신뢰 지표 보고서에서 세계 각국의 상황을 '신뢰 전쟁'으로 규정했다. 그리고 이 신뢰 전쟁에서 살아남으려면 새로운 커뮤니케이션을 해야 한다.

▮ 디지털 타임 5시간이 전체를 흔든다

디지털 컨설팅 기업 IDG는 2019년 보고서에서 '디지털 트윈'이라는 용어를 썼다. 이는 실제 생활이 디지털 세계와 만나는 접점에서 사람들의 행동을 데이터화하는 지점을 가리킨다. 디지털 트윈은 사람들의 모든 행동을 실제 세계에서는 사람 간, 기기 간, 사람과 기기 간의 커뮤니케이션으로 만들지만 그 이면에서는 이 모든 것들을 데이터화한다.[28]

구글은 사람들이 '디지털 트윈'에서 보이는 행태를 예리하게 마케팅 관점에서 포착했다. 구글은 사람들이 디지털 디바이스에서 보이는 모든 행동들을 데이터화한 다음, 분석하고 패턴화해 정교한 마이크로 마케팅이 가능하도록 한다. 구글은 이 마이크로 마케팅의 지점들을 '마이크로 모멘트'(micro moments)라 표현하고 다음과 같이 정의했다. "사람들이 무엇을 알아보거나 어디에 가기를 원하거나 또는 무엇을 하거나 사기 위해 디바이스에 주의를 기울여 이용하려는 순간, 다시 말해 의도가 명확하게 반영된 순간을 말한다." 이 순간에 사람들은 니즈를 충족시켜주는 브랜드로 연결되고 소비자로 전환된다. 의도는 분명하나 길지 않은 시간에 담기기 때문에 마이크로 모멘트가 된다.

구글 관점에서 보면 한국 사람들이 마이크로 모멘트를 만들어내는 시간은 점점 늘고 있다. 한국의 종합광고대행사 제일기획이 해마다 실시하는 소비자 조사(Annual Consumer Research, ACR)에서는 인터넷과 TV 이용 시간을 합한 시간이 366분으로 6시간 6분에 달한다. 이중 포털 사이트, 소셜 미디어, 동영상 사이트 등 인터넷 이용 시간 합계가 223분으로 지상파, 케이블TV, 종합편성채널(종편) 이용 시간을 합한 143분보다 많았다.[29]

디지털 타임의 확산은 최근 1~2년 사이에 발표된 여러 나라 스마트폰 이용자들의 통계로도 확인할 수 있다. 우리나라의 경우 2016년과 2017년 사이에 발표된 자료들은 한국인의 스마트폰 이용 시간이 3시간에서 4시간가량 된다고 말한다. 이러한 경향은 2018년에도 계속됐다.[30] 미국에서도 디지털 타임의 확산은 전문가들이 '슈퍼사이클로의 돌입'으로 표현할 정도다. 시장 조사 기업 컴스코어(Comscore)에 따르면, 2016년 12월 기준으로 18세 이상 미국인들이 하루에 스마트폰을 이용하는 시간이 2시간 51분이었다. 누적 시간 기준으로 보면 2013년 이후 3년 만에 2배 가까운 급증세를 보였다.[31] 디지털 시장 조사 기업 이마케터(eMarketer)의 조사 결과도 비슷하다. 이마케터가 2018년에 발표한 자료에서 18세 이상 미국인들은 하루에 3시간 25분 동안 스마트폰의 애플리케이션을 이용했고, 약 51분 동안 모바일 웹을 이용했다. 이 역시 2012년 이후 7년 만에 2배가량 급증한 수치다.[32]

좀 오래된 데이터를 보자. 평균적인 한국 사람의 하루 일과를 조사하는 〈생활시간조사〉라는 통계가 있다. 이 조사 결과를 보면 한국 사람들이 얼마나 커뮤니케이션에 시간을 쓰는지 유추할 수 있다. 한국인의 생활 시간 조사에서 눈여겨볼 부분은 조사가 시작된 1999년부터 2014년까지 네 차례 동안 거의 변하지 않은 분량이 있다는 점이다. 여가 생활 시간은 친구, 회사 동료 등 다른 사람들과 사적으로 교류하는 데 보내는 시간을 포함해 매스 미디어, 소셜 미디어 등을 이용하는 시간 전체를 말한다. 말 그대로 우리가 "사회적이다"라고 말하는 행위가 모두 해당된다. 여가 생활 시간은 1999년 4시간 50분에서 2004년 5시간 3분, 2009년 4시간 50분, 2014년 4시간 49분으로 변했다.[33]

좀 더 구체적으로 설명하자면 가까운 사람들과 대화하고 미디어를 이용해 세상과 만나는 시간은 하루의 1/5 범위 안에 있다. 20세 이상 성인으로 한정한 결과도 동일하다. 성인의 여가 생활 시간은 1999년 4시간 58분, 2004년 5시간 11분, 2009년 4시간 59분, 2014년 4시간 52분으로 조금씩 변했지만, 여전히 1/5 정도 수준에 머문다. 성인을 미취업 청년층과 직장 생활을 하는 청장년층, 기혼자와 미혼자 등으로 나누면 조금씩 차이가 있지만, 결국 서로 시간을 상쇄한다고 보면 전체적으로 1/5 범위는 동일하다. 다시 말해 4시간에서 5시간은 우리가 살면서 세상과

편하게 만나 교류하는 시간으로 반드시 필요한 분량이다. 커뮤니케이션이 그 핵심인 것은 말할 것도 없다. 이 시간이 디지털 타임으로 전환되고 있는 것이다.

새로운 빈도의 패러다임과 이너프 커뮤니케이션

할리우드의 무명 배우 척 매카시(Chuck McCarthy)는 살인을 저지른 폭주족 역을 따내려고 오디션을 봤다. 그런데 매카시는 영화배역 대신 새로운 비즈니스를 찾았다. 처음에는 배역이 없을 때 모자란 수입을 보완할 용도의 일거리로 반려견 산책 비즈니스에 관심을 가졌다. 그러던 중 매카시는 반려견보다는 사람을 산책시켜보자라는 생

각이 들었고, 즉시 서비스를 시작했다. 바로 모르는 사람들과 함께 산책을 하고 돈을 받는 사업이다. 매카시는 애플리케이션으로 예약을 받는 유료 산책 비즈니스 피플워커(PeopleWalker)를 설립했다.

유료 동반 산책 서비스라는 아이디어는 미국뿐만 아니라 영국에서도 관심을 끌었다. 영국 일간지 〈가디언〉과의 인터뷰에서 매카시는 피플워커의 본질이 함께 걸으면서 대화하는 데 있다고 말했다. "대부분 피상적인 대화예요. 소소한 것들 뭐 그런거요. 영혼을 보여주지 않더라도 치유 효과가 있다고 생각합니다."[34]

디지털 마케팅 전문가들은 피플워커를 가리켜 '주문형 산책'(on demand walking)이라고 불렀다. 매카시의 설명대로라면 주문형 대화이기도 하다. 피플워커를 주문형 산책 또는 주문형 대화 중 어떤 형태로 규정하는가는 중요하지 않다. 매카시는 피플워커를 시작할 때 혼자 사는 고연령층이 주요 서비스 이용자층이 될 것이라 예상했었다. 그런데 서비스를 시작해보니 의외로 젊은 사람들의 이용이 많은 것에 놀랐다. 사람들의 커뮤니케이션은 지하철에서도 끊임없이 스마트폰을 찾을 정도로 무언가에 목말라 있다. 사람들은 초연결 사회가 만들어낸 환경에서 이전과 다른 새로운 커뮤니케이션을 찾고 있었다.

영리한 기업들 중 새로운 것을 시도하는 데 늘 자신감이 있는 기업들 몇몇은 이런 흐름을 간파했다. 이들은 소셜 네트워크에 올라타기만 하면 정당이든 기업이든 목표를 달성하던 시대는 지났다는 것을 알았다. 양과 규모, 속도의 커뮤니케이션을 대하는 사람들의 피로감을 읽었다. 그래서 기업들은 새로운 커뮤니케이션 전략을 짜기 시작했다. 감정을 이입한 디지털 콘텐츠 마케팅과 유명인이 아닌 인플루언서 마케팅(influencer marketing)이 그 사례다.

최근 마케팅 트렌드 전망을 보면 콘텐츠 마케팅은 빠지지 않고 수위를 차지한다. 한결같이 콘텐츠 마케팅의 성공 요소로 감정을 어떻게 녹여낼 것인가와 이것을 어떻게 확산시킬 것인가를 꼽는다. 특히 공감이라는 감정 요소를 강조한다. 개인 감정이 임계점을 넘어 집단에서 지역과 사회로 확산되는 공감의 과정에는 커뮤니케이션이 존재한다. 공감은 DNA 속에 박혀 있다. 편견을 줄이고 공감을 늘릴 수 있는 감정의 토대가 DNA에 있다. 콘텐츠 마케팅은 바로 이 지점을 정확히 공략한다. 덴마크의 온라인 여행사 모몬도(Momondo)가 2016년 실시한 DNA 여행이란 버즈 프로젝트가 좋은 예다.

모몬도는 유럽 각국에서 선발한 67명의 참가자들에게 DNA 테스트를 했다. 이들은 영국인, 인도인, 무슬림 등이었고 각각은 특정 지역에 편견을 가지고 있다. 테스트 결과를 공개하는 날 한 작은 스튜디오에 모인 참가자들은 중앙 테이블을 뒤에서 길게 둘러싼 조그만 스탠드에 앉았다. 그리고 한 사람씩 테이블 앞 의자에 앉아 프로젝트 매니저로부터 본인의 DNA 테스트 결과를 듣는다. "동유럽인의 피가 15%…." 쿠바인 남자는 자신의 결과표를 읽고는 놀란다. 터키에 반감이 있는 한 쿠르드인 여성은 터키의 카우카시스 지역의 피가 흐른다는 말을 듣는다. 그녀에게 DNA 전문가이자 매니저가 이렇게 말한다. "넓은 의미에서 우리 모두는 사촌이다. 더 정확하게는 이 방 안에 있는 모두가 사촌이다." 그리고 매니저는 뒤편 스탠드에 앉아 있는 사람들 가운데 터키 참가자를 앞으로 불러 쿠디쉬 여성과 마주하게 했다. 당연히 두 사람은 서로의 피가 공유하는 DNA에 놀라고 감동한다.

이 광고 프로젝트는 여행을 세계와 인간에 대한 편견을 없애는 여정으로 재정의하는 데서 출발했다. '열린 세계는 열린 마음에서 시작한다'가 핵심 메시지였다. 모몬도의 이 프로젝트는 유튜브를 통해 조회 수 1,800만 회를 넘을 정도로 인기를 끌었다. 2016년 유로베스트 광고제에서는 필름 부문 금상을 수상했다. 프로젝트가 세계 각국에서 호평을 받자 2017년에는 미국과 캐나다를 대상으로 실시됐다.

모몬도 DNA 여행의 참가자들과 프로젝트 영상을 유튜브로 본 1,000만 명 넘는 사람들의 공통점이 있다. 바로 감정이다. 만약 영상에 참여한 사람들이 모두 무감각하게 DNA 테스트를 받아들였다면 광고는 실패했을 것이다. 세계 각지에서 유튜브로 이 동영상을 본 사람들의 감동스런 반응 역시 없었을 것이다. 그러나 DNA 여행 동영상에 등장한 참가자들은 모두 놀라움과 함께 감동의 눈물을 보인다. 당연히 동영상을 본 사람들도 그만큼의 감동을 받지 않을 수 없다. 유튜브 동영상에 달린 댓글은 이렇게 말한다. "나의 DNA 테스트는 내가 인간이라고 말한다. 난 그게 자랑스럽다." 그만큼 공감은 감정과 같이 움직인다.

삼성생명은 2018년 11월 '인생사진관'이라는 콘텐츠 마케팅을 시작했다. "당신의 나이 든 모습 본적이 있나요?"라는 카피로 시작하는 동영상은 사진관을 찾은 평범한 사람들을 나이 든 모습으로 분장시켜 사진을 찍도록 한다. 사진을 찍은 부부, 친구, 모녀는 나이 든 모습에 어색해하면서도 재미있다는 듯 웃다가 금세 숙연해진다. 마지막 장면의 그들은 상대방 모습에 눈물을 흘린다. 유튜브에서 캠페인을 시작한 지 3개월 만에 629만의 조회 수를 기록한 이 동영상은 소셜 플랫폼들에 계속 남아 스토리와 공감의 이미지를 계속 확산시킨다.

한편 파워풀한 마이크로 인플루언서의 부상도 무시할 수 없다. 초연결 사회에서 많은 사람들은 커뮤니케이션에 심리 장벽을 세워두고 있다. 설득의 진입 장벽이 높아져서 보거나 들어도 효과로 연결되기에는 더 어려워졌다. 더군다나 정보를 중심으로 한 기능적 소구[35]에서 체험과 경험을 강조하는 공감적 소구가 중요해지고 있기 때문에, 개인의 심리 장벽은 더욱 깐깐해질 전망이다.

고집스럽고 깐깐해진 개인의 심리적인 커뮤니케이션 필터링은 개인화된 알고리즘의 물리적 필터링과 결합하면 거의 고립 수준에 가까워진다. 물리적 장벽의 경우 온라인 연결을 거의 끊다시피 할 정도의 온라인 커뮤니케이션 다이어트 현상을 의미하며, 심리적 장벽은 온라인상의 낯선 사람과의 연결과 정보를 불신하는 흐름을 말한다. 이런 시대에 개인과 조직의 담을 넘어 마음속으로 다가설 수 있는 메신저는 심리적, 물리적 이중 장벽을 뚫는 마법사에 가까운 영향력을 발휘한다.

이 때문에 인스타그램 또는 페이스북 같은 소셜 미디어 속의 마이크로 인플루언서는 유명 연예인이나 프로스포츠 선수보다 제품 구매를 이끌어내는 영향력이 크다. 마이크로 인플루언서들의 웜 마케팅 또는 버즈 마케팅은 사람들과의 면대면 커뮤니케이션 방식으로 이뤄지는 경향이 높고, 이 때문에 더 잘 설명하고 더 높은 신뢰를 받는다. 인플루언서에 대한 연구로 유명한 조나 버거(Jonah Berger)는 이들의 구매 권유는 보통 사람들에 비해 22배의 높은 영향력을 발휘할 수 있다고 설명한다.[36]

미국에서 각광받고 있는 웜 마케팅(warm marketing)의 선두 주자 중 하나인 베이너미디어(VaynerMedia) 설립자 게리 베이너척(Gary Vaynerchuk)은 마이크로 인플루언서들을 활용하는 웜 마케팅 모델을 실현했다. 베이너미디어는 소셜 네트워크에 메시지를 얹혀놓기만 하는 기존 웜 마케팅 전략을 벗어났다. 이들은 사람들의 관계 속에 숨어서 '보이지 않는 인플루언서'(invisible influencer)들을 찾아냈고, 이들을 중심으로 소셜 플랫폼 이벤트들을 기획하고 메시지를 전파해 마케팅 효과를 거뒀다. 사람들이 관계 속에서 주고받는 실질적인 것들에 주목했다. 그래서 베이너미디어에는 다른 기업들에는 흔하지 않은(거의 없는) 구성원 심리 담당 최고책임자(Chief Heart Officer, CHO)가 있다. 그리고 베이너미디어의 지향 가치는 '사람이 먼저'(People

First)다.

사실 베이너미디어가 지향하는 마이크로 인플루언서 전략은 커뮤니케이션 효과이론에서 말하는 2단계 유통이론의 재발견이라고도 할 수 있다. 다만 전통적인 파워 노드 중심의 마케팅과 달리 파워 노드가 없는 거의 수평적이고 고립된 네트워크에서 어떻게 정보를 확산시켜 설득을 이끌어낼 것인가가 관건인 점이 다르다.

웹 마케팅 트렌드 서적으로 유명한 《허드》를 쓴 마크 얼스(Mark Earls)는 기존 오피니언 리더를 대체하는 새로운 유형의 사람들을 '소셜 인플루언서'(social influencer)라고 불렀다. 소셜 인플루언서들은 전형적인 온라인 허브 노드(online hub node)에 해당하는 인물이거나 오프라인에서 대인 관계가 좋은 이웃집 또는 교회 같은 커뮤니티의 아저씨, 아주머니일 수 있다. 얼스는 소셜 인플루언서의 중요성을 강조했다. "대부분의 기업 커뮤니케이션에서 인지되는 조작과 달리 사회적 영향력 행사자들은 진실성이 높고, 숨은 의도가 없다는 점 때문에 동료들의 신뢰를 받는다."[37] 소셜 인플루언서들은 고립된 개인들에게 모방의 대상이자 '감정 전염'의 원천이다.

종합해보면 초연결은 조직이나 개인의 커뮤니케이션 기회와 양을 폭발적으로 늘렸다. 그러나 그 양과 규모, 속도에 의해 커뮤니케이션 맹목 현상도 심해지고 있다. 더 이상 커뮤니케이션 효과는 양과 규모, 속도에 비례해서 적층되지 않는다. 효과라는 개념 자체를 폐기해야 할 상황이 올 수도 있다. 수없이 반복해 띄운 메시지가 사람들의 두뇌 속 인지 사전에 등록된다고 해서 곧장 태도 변화로 연결되지는 않는다. 마케팅 관점에서 본다면 인지 등록기가 구매 버튼은 아니며, 선거 관점에서 본다면 인지 등록기가 투표함의 도장으로 연결되지는 않는다.

물론 인지 경쟁은 기본이다. 그러나 인지 경쟁의 승리가 곧바로 최종 승리를 보장하지는 않는다. 문제는 인지 경쟁의 승리를 최종 승리로 어떻게 연결시키는가에 있다. 우리는 종종 인지 경쟁에 모든 에너지를 쏟아붓고 게임의 승부처에서는 손을 놓는 경우가 있다. 중요한 것은 커뮤니케이션 전쟁(에델만의 표현대로라면 신뢰 전쟁)에서 어떻게 사람들의 마음을 얻는가에 있고, 이제는 전략의 패러다임을 바꿀 때가 됐다. 이너프 커뮤니케이션은 양과 규모, 속도 중심의 전통적인 전략이 통하지 않는 시대에 대한 답이 될 것이다.

커뮤니케이션이라는
불안한 권력

"사실 진리는 언제나 박해를 이긴다는 격언은 사람들이 너도나도 반복하다 보니 흔한 말이 됐지만 모든 경험에 의해 반박되는, 듣기에만 좋은 거짓말 가운데 하나다." 존 스튜어트 밀(John Stuart Mill)은 아내 해리엇 테일러 밀(Harriet Taylor Mill)의 도움을 받아 쓴《자유론》에서 이렇게 말했다.[1] 그의 주장은 분명했다. 사람들은 주장과 검증에서 자유로운 표현을 보장받아야 한다. 누구도 침묵을 강요받아서는 안 된다. 그는 대중과 군중, 공중이 아니라 사유하는 개인들의 공유로 진리가 완성된다고 생각했다.

이들은 진리의 힘은 신성함이 아니라 과정에 있다고 적었다. 그래서 커뮤니케이션의 자유를 강조했다. 특히 표현의 자유와 관용적인 토론, 자유로운 대화를 중요하게 여겼다. 그들은 19세기를 믿음이 결

핍되고 의심에 겁먹은 시대로 생각했고, 어떻게 자유를 지킬지 고민
했다.

밀과 르봉이 예견한 대중 혁명

밀에게 여론은 진리가 아니었다. "지금은 개인이 군중 속으로
흡수돼 사라졌다. 오늘날 정치에서는 대중의 여론이 세계를 지배한
다고 누구나 말한다. 이제 권력이라는 이름에 걸맞은 유일한 권력은
대중의 권력이며, 정부도 스스로 대중의 경향과 본능을 대변하는 기
관이 돼야만 권력이라는 이름에 걸맞는 권력이 된다."[2] 마치 오늘 아
침 신문의 사설처럼 읽힌다. 그에게 여론을 만드는 공중은 "소수의
현명한 개인과 다수의 어리석은 개인이 다양하게 결합된 집단"에 불
과했다.[3]

만약 오늘 밀에게 21세기를 경험할 기회를 준다면 그는 거부할지
모른다. 아마 160년 뒤에도 여전히 진리가 승리하지 못했다고 스스
로 결론 내릴지 모를 두려움 때문일 것이다.

밀이 살았던 19세기는 대용량 인쇄, 전신, 철도 등 새로운 기술들
이 도입되면서 대혁명이 세계를 휩쓸던 시기였다. 19세기 이전의 시
점에서 본다면 대연결의 시대가 열렸다. 정보에 눈을 뜬 자각의 커뮤
니케이션 혁명기였다. 1800년부터 1860년까지 영국에서 1,500개의

신문, 잡지가 창간됐다.[4] 미국에서 1846년에 〈AP통신〉이 설립됐고, 1851년 〈뉴욕타임스〉가 창간됐다. 뉴스를 포함한 정보 생산량이 늘었고 확산 속도도 급격히 빨라졌다. 자각의 혁명이 뒤따랐고 그 흐름을 커뮤니케이션 기술이 앞에서 이끌었다. 세계가 받은 충격은 21세기 디지털 혁명 이상이었다. 당연히 두려움이 뒤따랐다. 권력에 대해 새롭게 말하는 사람들이 등장했고, 반대편은 이를 두려워했다.

여론이 만들어지는 이성적 토론 공간을 의미하는 공론장(public sphere)이 그랬다. 공론장 이론의 대가인 위르겐 하버마스(Jürgen Habermas)는 17세기 영국 정부가 커피하우스에서 벌어지는 시민들의 대화에 느낀 불안을 이렇게 인용했다. "사람들은 커피하우스에서뿐만 아니라 공적이거나 사적인 다른 곳, 다른 모임에서도 그들이 이해하지 못하는 것을 악담하고 폐하의 선한 백성의 마음에 보편적 질투와 불만을 만들어내고 조장하려 노력함으로써, 국사를 비난하고 중상하는 자유를 가진 것으로 생각했다."

이 때문에 영국 정부는 커피하우스의 대화가 지닌 위험성에 대한 포고를 고민했다. 카페에서의 대화 문화가 일상화된 요즘 시각으로는 이해하기 어렵다. 그러나 당시에는 공개된 공간에서의 대화와 정보 공유, 즉 커뮤니케이션 자체가 권력이자 독점의 대상이었다. 따라서 자유로운 커피하우스들은 정치적 불안의 온상이었다.[5]

17세기부터 급증한 신문도 영국 정부를 걱정에 빠뜨렸다. 한 연구에 따르면 1600년대 영국의 지방 신문은 모두 563개였다. 정치적으로 자유주의를 표방하는 신문이 231개, 보수적 신문이 174개, 중립적 신문 158개였다.[6] 그 당시 '권위가 아니라 진리가 법을 만든다'(veritas non autoritas facit legim)는 말을 왕정은 두려워할 수밖에 없었다.[7]

새로운 커뮤니케이션 기술은 사회를 변화시키고 기존 권력의 지도를 바꿨다. 정보를 얻어 지식을 소유하고 중요하게 생각하는 문제에 대해 의견을 말하되, 개인의 목소리에 그치지 않고 다수의 의견으로 응집할 수 있는 계기가 되었다. 이것이 커뮤니케이션이며 새로운 미디어 덕택에 가능해졌다. 밀에게는 신문이 해당됐다. "훨씬 더 새로운 사실은 이제 대중은 그들의 의견을 교회나 국가의 고위층, 지도자라는 사람들, 책으로부터 얻지 않는다는 것이다. 그들 자신과 거의 똑같은 사람들이 그들을 대신해 그때그때의 상황에 따라 신문을 통해 그들에게 전달하거나 그들의 이름으로 말한다."[8]

커피하우스의 불온한 대화는 공간의 물리적 제약 때문에 대중적으로 확산되는 데 한계가 있었다. 그러나 전신과 결합한 신문은 달랐다. 커피하우스를 모든 영국의 가정에 차려놓은 것과 다름이 없었다. 관건은 정보와 소통의 물리적 증가, 즉 양적 팽창이 사회가 추구해야 할 보편 진리를 찾아내고 실현하는 데 어떤 영향을 주는가에 있었다.

밀이 《자유론》을 발간한 지 12년 후인 1871년 프랑스에서 군중심리학의 대부 귀스타브 르봉(Gustave Le Bon)은 파리 코뮌을 겪었다.[9] 르봉은 군중을 언론으로 무장한 권력 집단으로 생각했다.

○ 예전에 여론을 지도했던 언론도 정부와 마찬가지로 군중 세력 앞에 무릎을 꿇은 지 오래다. 물론 언론은 여전히 무시할 수 없는 영향력을 발휘하고 있지만, 그 이유는 그것이 군중의 여론과 그 여론의 끝없는 변덕을 반영하는 유일한 매체라는 데 있다. 단순한 정보 전달자로 전락한 언론은 이제 어떤 사상이나 신조를 강조하려는 모든 노력을 완전히 포기해버렸다. 그런 언론은 대중의 생각이 변하는 모든 과정을 취재하지만, 그마저도 치열한 독자 유치 경쟁에서 살아남기 위해 필요한 경우에 국한해서만 이뤄진다.[10]

당시 르봉에게 있어서 사람들은 두 가지 유형 중 하나일 뿐이었다. 집에 혼자 있는 고립된 개인이거나, 아니면 선동에 휩쓸린 비이성적 군중이었다.

르봉에게 군중은 믿을 수 없는 존재였다. 군중은 권력을 가지고 있지만 이를 자각하지 못했고, 언제든 통제하고 조정할 수 있는 대상이었다. 르봉은, 지금으로 말하면 '프레이밍'(framing)에 해당하는 관점의 변화 전략으로 군중을 설득하는 방법까지 설명했다. 그는 '군중의 상상력을 자극하는 단어'를 사용해 설득할 수 있다고 생각했다. 예를 들어 지대는 토지세, 염세는 소비세, 보충세는 간접세 및 종합세, 기업 및 길드 인가세는 면허세와 같은 표현으로 바꾸면 군중을 더 쉽게 설득할 수 있다는 것이다.[11] 프레임 이론으로 유명한 인지언어학자 조지 레이코프(George P. Lakoff)보다 거의 100년 앞선 혜안이었다. 이 때문에 르봉은 군중심리학의 창시자로 불린다.

인간의 집단들은 늘 흥망을 반복하며 불안정했고 밀과 르봉은 그 본질을 꿰뚫어봤다. 두 사람은 권력을 둘러싼 인간 본성의 불안한 균형을 이해했다. 밀과 르봉이 보기에 군중 또는 공중의 본성과 권력 사이 선순환 경로는 처음부터 존재하지 않거나 불완전했다. 밀과 르봉은 커뮤니케이션을 불안한 권력으로 이해했다. 따라서 이들의 관점에서 불안정성과 불완전성이 배선되어 있는 커뮤니케이션 구조에서 만들어진 여론은 일부 진리의 반영일 뿐이었다. 유일한 진리는 아니었다. 여론은 쉽게 권력이 되고 그럴 때 진리는 전리품으로 전락할 수도 있다.

트럼프가 힐러리보다 소셜한 이유

G20과 EU 시대는 저물었고 G2로 불리는 미국과 중국은 글로벌 파워를 두고 결전 중이다. 트럼프와 시진핑의 무역 대결은 드라마 〈왕좌의 게임〉을 연상케 할 정도로 잔인하고 치열하다. 2019년 5월 5일 트럼프 대통령은 갑자기 중국산 수입품의 관세를 25% 인상하겠다고 트윗 메시지를 날렸다. 다음 날 상하이 증시는 이 트윗의 직격탄을 맞고 5.58% 하락했다. 3년 사이 가장 큰 낙폭이었다. 트럼프 대통령의 트윗 하나로 홍콩 항셍 지수는 2.95% 하락했다. 국제 유가는

2%가량 떨어졌다. 그날 각국 지도자들이나 기업 CEO들은 트위터의 서버를 끄거나 트럼프에게서 스마트폰을 빼앗아 던지고 싶었을지도 모른다.

원래 정치 지도자들은 레토릭을 이용해서 말의 무게를 가감한다. 확대 해석되거나 잘못 이해되어 정치적 타격을 입을까 우려한다. 그래서 실제로 대통령의 연설은 사람들이 생각하는 만큼 효과가 없을 수도 있다. 미국의 퓨리서치센터(Pew Research Center)는 중요한 이슈를 앞두고 대통령 연설이 당초 의도대로 문제를 푸는 데 효과가 있었는지 연설 이후의 실제 결과와 비교했다. 결과는 일반적인 생각과 달리 별 효과가 없었다.[12]

흔히 정치 지도자들은 임팩트보다는 신중함을 더 선호한다. 예를 들어 토니 블레어(Tony Blair)의 경우 레토릭이 문제가 아니었다. 노동당을 이끌고 영국 총리로 10년간 재임했던 블레어는 의회에서 총리 질의응답과 토론이 벌어질 때마다 신중했다. 말을 아꼈다.

그러나 트럼프는 다르다. 그의 메시지는 직설적이고 레토릭은 트위터 280자다. 국내 정치는 물론 무역과 외교 현안에 이르기까지 모든 문제를 자기의 언어와 문법으로 전달했다. 오로지 그의 커뮤니케이션에 존재하는 견제 장치는 트위터의 280자 제한뿐이다. 신중함이란 필터가 없기 때문에 메시지의 임팩트도 퓨리서치센터 연구를 뒤엎었다. 그의 트윗은 전 세계 언론은 물론 각국 정부 수반과 기업의 최고경영진들을 안달나게 했다. 트럼프에게는 트위터가 최고의 무기였다. 트럼프는 양과 규모, 속도 측면에서 커뮤니케이션이라는 불안한 권력을 불안정하게 다룰 줄 알았다. 정치적 충격은 확실했다.

양과 규모, 속도는 정부 차원에서도 커뮤니케이션의 영향력을 확대하는 전략 수단으로 각광받는다. 미국 정부가 세계 곳곳에서 민주화 운동을 벌이는 반체제 활동가들을 돕는 데 소셜 미디어를 이용하는 것이 대표적이다. 국무부는 반체제 활동가들에게 정부의 인터넷 검열과 감시를 회피하는 기술을 교육시켰다. 힐러리는 오바마 행정부에서 국무장관을 지낸 경험을 자서전으로 썼는데, 국무부가 세계 각 지역의 민주화 인권운동가들을 소셜 미디어를 통해 지원했다고 상세히 공개했다. 힐러리도 참석한 한 캠프는 리투아니아에서 실시됐으며 18개국에서 온 80여 명의 활동가들이 거기서 교육을 받았다. 캠프에는 트위터, 페이스북, 마이크로소프트(Microsoft), 스카이프(Skype)의 임원들도 참석해 활동가들에게 필요한 도움을 주었다.[13]

2009년 6월 이란 대통령 선거에서 불법이 발견되면서 대규모 민주화 시위가 벌어졌을 때 시위대가 집회를 조직하는 데 트위터를 이용한 것은 잘 알려진 사실이다. 이때 트위터 본사가 시스템 업그레이드를 위해 서비스를 중단할 계획이었는데, 공교롭게도 시위를 조직하기 위해 트위터를 한창 이용할 시간이었다. 당시 국무부 정책기획실의 담당 직원이었던 재러드 코언(Jared Cohen)은 트위터 본사에 이를 알려 시스템 업그레이드 시간대 연기를 요청했다. 트위터 본사는 이를 받아들여 연기했다. 이 조치를 두고 이란 정부는 강력하게 항의했다.

미국 국무부는 이런 조치들 말고도 세계 곳곳의 민주화 운동가들의 소셜 미디어 이용을 돕는 애플리케이션과 프로그램을 개발했다. 민주화 운동가들이 이용할 수 있는 온라인 툴에서부터 시위대원이 위급한 상황에서 휴대폰의 긴급 버튼을 누르면 동료들에게 긴급 신호를 보내는 동시에 개인 연락처를 삭제하는 프로그램도 개발했다.[14]

힐러리는 미국 대사들에게도 소셜 미디어를 적극 이용하라고 권장했다. 예를 들어 러시아 주재 미국 대사였던 마이클 맥폴(Michael McFaul)은 권유를 받아들여 부임하자마자 다양한 의견과 활동 내용을 트위터에 올려 인기를 끌었다. 맥폴 대사가 농구 경기 도중 손가락이 부러지는 사고를 당해 이 내용을 트위터에 올렸다. 나중에 공식석상에서 부상 이유를 설명하려고 하자 옆에 있던 러시아 대통령 드미트리 메드베데프(Dmitry Medvedev)가 "인터넷에서 읽어 이미 다 알고 있소"라고 손사래를 쳤다. 맥폴은 취임 초기 러시아 외무부와 트위터로 설전을 벌이기도 했다. 이때 트위터광인 스웨덴 외무장관도 가세했다. "러시아 외무부가 맥폴 미국 대사를 상대로 트위터전을 벌였다. 그것이 바로 핵무기 대신 팔로어를 앞세운 신세계다. 이 편이 훨씬 낫다."

다시 트럼프로 돌아가보자. 흔히 소셜 미디어를 무기로 경쟁에서 승리한 인물은 세련되고 유행에 민감하며, 커뮤니케이션 능력이 좋아 사람들에게 호감을 줄 것으로 생각한다. 간단히 말하자면 매력적이다. 오바마 전 대통령을 생각하면 된다. 2008년 미국 대통령 선거

때 오바마의 캠페인 웹사이트 기획은 페이스북 공동 창립자인 크리스 휴스(Chris Hughes)가 맡았다. 메시지 전파는 물론 선거자금을 모으는 데도 페이스북은 탁월한 효과를 발휘했다.

트럼프 대통령도 소셜 미디어로 승리한 것은 분명한데, 오바마의 경우와는 다르다. 대통령 선거의 상대였던 힐러리와는 더욱 차이가 있었다. 힐러리는 오바마 행정부에서 국무장관을 지낼 때 대사들에게 소셜 미디어의 이용을 권유할 정도로 감각에서는 뒤지지 않았다. 그러면 어디서 차이가 있었을까? 트럼프는 자신의 말로 논란을 주도했다. 반면 힐러리의 말은 국가와 정부의 말이었다. 자신의 문법이 없었다. 도덕적이었고 탈개인적이었다. 바람직했는가 여부와 상관없이 트럼프의 소셜이 더 개인화됐고 사람들의 감정을 자극했다.

커뮤니케이션은 독점이 불가능한 권력

정치 지도자의 커뮤니케이션 스타일이 어떻든 변하지 않는 사실이 하나 있다. 바로 구글, 페이스북, 트위터와 같은 플랫폼들의 힘이다. 이미 매스 미디어의 저널리즘과 엔터테인먼트 기능에 일상 커뮤니케이션까지 단일 플랫폼으로 통합되면서 매스 미디어의 시대는 저물었다. 온라인 세계는 구글, 페이스북, 아마존, 넷플릭스(Netflix), 알리바바, 텐센트(Tencent) 같은 플랫폼 기업들이 장악했다. 전문가들은 매스 미디어들을 전통 미디어가 아니라 '레거시 미디어'(legacy media)라고 부른다. 오래되고 낡은 유산이란 의미가 더해진 이 표현은 '올드 미디어'라는 표현보다 더 불명예스럽다.

반면 세계경제포럼이 'IT 공룡'이라 부른 10대 글로벌 기업들은 정치, 사회, 경제, 문화 전 영역에서 그 세계적인 영향력을 빠르게 확장하고 있다. 이 중에 애플(Apple), 아마존, 알파벳, 마이크로소프트, 페이스북이 탑5에 포함됐다. 이들 빅5는 시장 가치, 시장 점유율 등 모든 면에서 압도적 플랫폼 제국을 이룩했다. 2019년 3월 〈뉴욕타임스〉는 구글, 아마존, 페이스북을 악당이라 불렀다. "프라이버시를 악용하고, 경쟁을 억누르고, 증오를 퍼뜨렸다."[15] 2019년 3월 민주당 대통령 경선에 뛰어들었던 엘리자베스 워런(Elizabeth Warren)은 이들 테크 자이언트들을 해체할 것이라고 경고했다. 2017년 6월 트럼프 대통령과 아마존, 애플, 구글의 수장들이 백악관에서 만나 한 테이블에 앉은 장면은 두 거대 권력의 관계를 보여주는 상징이었다. 정치 권력과 테크 권력이 충돌하는 모습 자체였다. 이 장면은 권력 재편을 위한 새로운 전쟁의 선전포고였다.

전통적으로 권력은 "다른 집단과 개인들의 현재 또는 미래 행동을 지시하거나 막을 수 있는 능력"이기 때문에 본질적으로 경쟁적이며 제로섬 게임이다.[16] 권력은 누군가든 어떤 조직이든 더 가지면 다른 어딘가에서 그만큼 줄어든다. 배타적으로 소유하기를 원하는 것이 권력이다.

권력의 관점에서 다른 집단과 개인들의 행동을 특정한 방향으로 유도하거나 그렇게 하지 않도록 막으려면 태도 변화가 전제되어야 한다. 권력은 행동 이전에 마음과 태도의 변화를 끌어낼 설득에도 영향을 준다. 그러나 지금은 영향력을 행사하는 누구도 스스로 권력을 가졌다고 생각하지 않는다. 정치인이나 기업인, 전문가 모두 자신들은 힘이 없고 약하다고 말한다.

커뮤니케이션의 빈익빈 부익부 현상을 보면 소수 개인에 권력이 집중되는 것은 분명하다. 네트워크의 80%는 20%의 소수에 집중되어 있다. 제프 베이조스(Jeff Bezos), 유발 하라리(Yuval Harari), 워런 버핏(Warren Buffett), 피터 틸(Peter Thiel)은 트위터에서 아무도 팔로잉하지 않는다. 베이조스는 86만 명, 하라리는 12만 명, 버핏은 148만 명의 팔로어를 거느리고 있다. 그중에는 빌 게이츠(Bill Gates), 오바마도 포함됐다. 이렇게 수십만 명의 팔로어를 거느리고 있지만 이들의 팔로잉은 제로다.

미국 선거 캠페인 역사에서 기념비적인 변화를 가져온 정치컨설턴트 니코 멜레(Nicco Mele)도 마찬가지다. 그는 기성 권력의 붕괴를 가져온 장본인 가운데 한 사람이면서도 정작 자신은 그런 영향력을 가졌다고 생각하지 않는다. 그는 권력을 "사람들이 전통적인 기관이 아니라 기술을 이용해 원하는 것을 서로에게서 얻어내는 사회적 현상"으로 설명했다.[17] 한국에서 중고등학교 시절을 보낸 멜레는 2004년 민주당 대통령 후보경선에서 온라인 캠페인 전략으로 하워드 딘

(Howard Dean)을 스타로 만들었던 인물이다.

반면 전문가들이 힘을 가져갔다고 지목한 대상은 동일하다. 바로 시민, 유권자 그리고 소비자다. 모이제스 나임(Moises Naim), 마누엘 카스텔(Manual Castells), 제러미 하이먼즈(Jeremy Heimans), 에릭 슈미트는 한결같이 시민, 유권자, 소비자에게로 전통적인 권력이 이동했다고 주장한다. 실제로도 그렇다.

시민과 유권자, 소비자는 반문할 수 있다. "도대체 우리가 무슨 힘이 있다는 거지? 시민과 유권자, 소비자라는 이름은 정부와 정당, 기업이 자신들의 목적과 편의를 위해 붙인 것일 뿐 우리는 그저 SNS로 대화하는 게 전부다." 시민, 유권자, 소비자는 집단을 이루지 않고서 그 힘을 행사하기 어렵다. 우리나라의 청와대 국민청원을 보면 알수 있다. 20만이라는 규모를 넘지 않으면 주목받을 수 없다. 시민, 유권자, 소비자는 규모의 커뮤니케이션을 하지 않고는 힘을 느낄 수 없다. 다른 사람들의 요구가 모여 규모가 커지고 언론에 보도되어 시선을 끌 정도가 되면 간접적으로 효능감을 체험할 수 있을 뿐이다. 그러나 그 순간에도 여전히 권력은 시민과 소비자의 주머니에 들어 있지 않다. 네트워크와 스마트폰 사이 어딘가에 흐르고 있다. 《포노 사피엔스》로 주목받은 성균관대학교 최재붕 교수도 권력 분산의 원인을 네트워크와 스마트폰에서 찾는다. 시장의 권력은 이미 소비자에게 넘어갔다고 선언한다. "시민의 선택으로 시작된 혁명은 과격하고 잔인하며 언제나 그랬듯 막을 수도 없다. 그래서 무서운 거다. 지금

시장은 역사상 가장 무서운 왕을 모시고 있다."[18]

권력은 플로우 형태로 존재하며 총량에는 증감이 없다. 혁신은 권력을 분점하는 방식에서 일어난다. 마치 혁신으로 권력의 총량이 늘어난 것처럼 보이지만, 그렇지 않다. 이전에는 힘을 행사하지 못했던 집단들이 기술 덕택에 영향력을 가지면서 그렇게 보일 뿐이다. 권력이 다양한 형태로 가시화된 사회 현상이 늘었기 때문이다. 다만 이들은 권력이라고 생각하면서 휘두르지 않는다. 이 때문에 영향력을 행사하는 이들이 권력을 느끼는가 여부에 상관없이 힘의 형태로 나타난다. 권력을 분점하는 다수의 집단들 사이에는 팽팽한 긴장 상태가 유지된다.

양과 규모, 속도는 어떻게 두려움의 장벽을 허물었는가

구글의 CEO와 회장을 15년 이상 맡아온 에릭 슈미트는 기술 민주주의를 신뢰한다. 그렇다고 기술을 절대적으로 신봉하지는 않는다. 모든 것이 그대로인데 단지 기술만으로 세상이 바뀌지는 않는다. 기술은 중립적이지만 사람은 그렇지 않기 때문에 의식 있는 개인들이 움직여야 하고, 인터넷은 그것을 돕는다. 슈미트가 부시 행정부에서 국무장관을 지낸 콘돌리자 라이스(Condoleezza Rice)와 스탠퍼드대학교에서 대담을 나눴던 적이 있다. 그 자리에서 슈미트는 기술 기업들이 좀 더 높은 책임 의식을 가져야 한다고 조언했다.[19] 정치, 사회, 문화적 난제들을 사람들이 풀 수 있도록 도와야 한다는 것이다. 세상에서 가장 똑똑한 사람들이 실리콘밸리에 모여 앉아 트래픽 신화를 만들 생각만을 해서는 안 된다고 봤다.

슈미트는 인터넷과 모바일 중심의 디지털 네트워크가 독재 국가에 민주주의를 가져오는 열쇠라고 판단했다. "'두려움의 장벽'(fear barrier)이란 것이 허물어지고 정부가 약해 보이기 시작하면, 원래는 복종하며 조용하게 지냈을 시민들 다수가 주저하지 않고 혁명에 동참할 것이다."[20]

개인들이 의식을 가지고 연결되면 지역과 국가를 넘어선 세계적 연대가 가능해진다. 집 안의 고립된 개인들이 물리적, 공간적 한계를 넘어 하나의 힘으로 묶일 수 있다. 그는 이 힘이 작동하는 고리를 '피드백 루프'(feedback loop)라고 불렀다. 단지 물리적으로 서로 연결되어 있다고 해서 피드백 루프가 생기지 않는다. 연결된 개인들이 공동의 관심사에 대해 정보를 공유하고, 대화와 토론을 하고, 이를 바탕으로 지역과 사회 및 국가를 넘어 연대할 때 네트워크의 힘이 작동한다. 피드백 루프는 네트워크의 힘을 만들어내는 문화를 말한다. 피드백 루프는 시민들의 고립 의식과 두려움을 해소하고 행동으로 이어지도록 돕는다.

슈미트가 말하는 두려움의 장벽을 허무는 피드백 루프가 제대로 작동하려면 세 가지 커뮤니케이션 요인이 필요하다. 물리적 네트워크에 그치지 않고 사회 현상을 일으키는 힘으로 작용하려면 양과 규모, 속도가 있어야 한다. 양은 커뮤니케이션의 빈도다. 정부, 정당, 기업 같은 조직이나 개인이 영향력을 발휘할 때 필요로 하는 것이다. 커뮤니케이터의 목적과 상황에 맞춰 적절하게 통제된 유효 빈도로 전달된 메시지는 최적의 효과를 거둘 수 있다. 오랜 시간 반복해서 누적된 빈도의 커뮤니케이션은 동시대에 동조 집단과 지배 여론을 만들 수도 있다. 비즈니스에서는 기업과 브랜드 이미지를 견고하게 만들고 CEO 평판으로도 이어진다.

또한 동의하는 대중과 집단의 크기가 클수록 지배 여론이 되며 주도하는 세력이 된다. 축적된 규모는 사실을 규정하는 힘이 되고 조직의 역사를 만든다. 그리고 확산 과정이 빠를수록 충격과 강도는 커진다. 이러한 작동 원리는 정치, 사회, 경제 어느 분야이든 동일하다. 정부, 정당, 기업, 시민 단체, 어느 조직이든 양과 규모, 속도는 영향력 전략의 핵심이다.

그렇다면 양과 규모, 속도의 커뮤니케이션은 어떻게 사회 현상으로 이어지는가? 정부, 정당, 기업 또는 시민, 유권자, 소비자 사이의 커뮤니케이션은 정보 소유와 해석, 의제 설정을 두고 이뤄진다. 우선 정보를 배타적, 독점적으로 소유하면 힘이 생긴다. 가장 원시적이지만 효과가 크다. 정보를 빠르고, 많이, 배타적으로 소유하는 것이 경쟁에서 이기는 지름길이다. 글로벌 금융 허브인 런던 카나리워프나 뉴욕 월스트리트에서 투자사들이 엄청난 비용을 지불하면서 전용 광통신망을 유지하는 이유가 바로 이것에 대한 욕망 때문이다. 2000년대 초반 스프레드 네트워크(Spread Network)라는 기업이 상업거래소가 있는 시카고와 나스닥 데이터센터가 있는 뉴저지의 카터레트(Carteret)를 연결하는 광통신망을 개설했다. 약 1,331킬로미터 길이의 광통신 케이블 설치 비용은 자그마치 약 3억 달러였다.

스프레드 네트워크는 직선 형태의 최단거리로 케이블을 깔기 위해 큰돈을 들였다. 그 덕분에 이 통신망의 정보 전달 속도는 1,000분의 1초를 뜻하는 밀리세컨드(milliseconds) 단위였다.[21] 이 정도 속도면 시간이 생명인 초단타 매매(high frequency trading) 위주의 투자 회사에 매우 유리했다. 당연히 스프레드 네트워크의 고객은 월스트리트의 초단타 매매를 전문으로 하는 투자 회사들이었다. 투자 회사들은 조금이라도 거래 속도를 높이려고 거래소 가까이에 컴퓨터를 놓길 원했다. 그러니 스프레드 네트워크가 1,331킬로미터의 케이블을 거의 직선에 가까운 형태로 깔려고 한 이유를 알 수 있다. 속도는 승부를 결정짓는 중요한 요인 중 하나였다.

더욱 불안정해진 커뮤니케이션 권력

역사적으로 정보의 독점과 속도는 권력 유지의 수단이었다. 중세 종교 권력의 진입 장벽도 이것이었다. 성경의 소유와 해석은 지식인과 성직자들이 독점했고 이를 토대로 교회는 견고한 권력을 구축해 왔다. 그리고 15세기 중반 요하네스 구텐베르크(Johannes Guttenberg)의 인쇄 혁명으로 그 독점이 깨졌다. 1517년 10월 31일 마르틴 루터(Martin Luther)는 종교 개혁의 도화선이 된 95개조 반박문을 발표했고, 이를 인쇄해 전 독일로 퍼지게 하는 데 14일이 걸렸다. 수세기 동안 교회 권력이 누려온 거대한 성벽이 불과 2주 만에 무너지기 시작했다. 그 뒤로 수세기에 걸쳐 개량된 윤전 기술은 책과 신문의 대량 생산을 가능하게 하면서 문맹률 개선과 정보의 대중화 시대를 열었다. 1850년대에 이르면 스코틀랜드와 독일의 성인 문맹률이 30% 이하였으며, 프랑스와 잉글랜드는 30~50% 사이였다.[22] 다시 말해 이 나라들에서는 성인 10명 중 5~7명은 글을 읽을 수 있었고 이것은 정보의 대중적 확산에 큰 영향을 주었다.

서로 다른 지역의 사람들이 구전이 아니라 신문이나 책자를 통해 동일한 정보를 보면서 의식의 공유가 이뤄졌다. 여기서 한 단계 더 나가면 해석이 시작된다. 정보의 독점에는 정교한 기술이 필요 없지만 해석은 그렇지 않다. 분석과 진단을 통한 설명, 예측, 전망이 필요하다. 전문 능력이 요구되며, 이 때문에 엘리트의 파워가 커진다. 커뮤니케이션은 엘리트 전문가 중심으로 일방향의 독점 형태로 구조화된다. 당연히 이런 구조에서 대중은 수동적, 소극적 수용자에 머무를 수밖에 없다. 매스 미디어가 보내는 자극대로 사람들은 따를 뿐이다. 시장은 마케팅이, 정치는 캠페인이 주도했다. 매스 미디어 혁명의 시기였지만 군중과 공중은 다시 대중으로 밀려났다. 사실상 커뮤니케이션 권력의 진입 장벽은 다시 강화됐다.

그러나 21세기에 들어서 디지털 모바일과 소셜 미디어 혁명 때문에 매스 미디어 중심의 커뮤니케이션 구조가 무너졌다. 바로 디지털 네트워크 때문이다. 앞선 인쇄 혁명이나 매스 미디어 시대와 본질적으로 다르다. 정보, 지식의 해석 그리고 이를 활용한 의제 설정의 독점이 모두 동시에 깨졌다. 많은 석학들이 한결같이 21세기를 혁명의 시대로 규정했다. 혁명은 학자와 전문가가 아니라 대중의 단어가 됐다. 지금까지 이처럼 혁명이 많이 말해진 적이 없다.

구글, 페이스북, 아마존, 애플, 넷플릭스가 만들어낸 거대 플랫폼과 스타트업 시대는 새로운 기업 생태계를 만들고 있다. 스마트 군중(smart mob), 집단 지성, 롱테일 효과(long tail effect), 크라우드소싱(crowd sourcing), 구독 경제 그리고 아랍의 봄, 페이크 뉴스(fake news), 트럼프의 트위터 등의 현상들은 단일한 개념으로 묶기에는 너무 거대하다. 혁명이란 용어도 지나치게 반복되면서 사람들에게 주는 충격 강도 역시 낮아졌다. 초격차, 초연결처럼 더 자극적인 단어들이 등장한 이유다. 그럼에도 커뮤니케이션은 새로운 권력으로 떠올랐고 재분배됐다. 더불어 영구적인 소유 역시 확실히 어려워졌다. 항구적으로 분배와 재분배가 반복되는 불안정한 시대가 됐다. 그래서 미국에서 떠오르는 캠페인 컨설팅 기업 중 한 곳인 블루스테이트디지털(Blue State Digital)의 표어가 '더 빠른 변화'(change faster)다. 오늘날 마케팅 현장에서는 소비자들을 6초 안에 사로잡으려 한다.

지금은 연결 시대를 넘어선 초연결 시대다. 연결의 시대에는 온라인과 오프라인의 구분이 실재했다면, 초연결 시대에는 이런 구분이 존재하지 않는다. 이른바 '온라이프'(onlife) 시대다. 1990년대 후반에서 2000년 초반까지 휴대폰과 인터넷의 뒤를 이은 스마트폰, 소셜미디어 시점까지를 연결의 시대라고 한다면, 그 뒤의 시대가 바로 온라이프 시대다. 모든 것이 연결되고 기존 연결은 더욱 강화된다. 주류 세대도 밀레니얼 세대(millennials)와 제트 세대(generation Z)로 넘어갔다. 특히 제트 세대는 손에 스마트폰을 쥐고 태어난 세대다. 밀레니얼과 이전 세대는 아날로그와 디지털 세상을 동시에 겪었다. 아날로그에서 디지털로 전환되는 과정을 경험했기 때문에 몸과 의식에는 두 시대를 구분하는 경계가 존재한다. 그러나 제트 세대는 다르다. 이들은 온라이프 환경에서 태어났기 때문에 아날로그도 디지털을 기반으로 받아들이고 느낀다.

초연결 시대에 커뮤니케이션의 영향력을 결정하는 양과 규모, 속도는 이전과 다르게 작동한다. 초연결 시대에 새로 등장하는 두려움의 장벽 역시 이전과는 다르다. 국가와 정부가 아니라 개인이 두려움의 장벽을 세울 수 있다. 그리고 그 벽을 다시 무너뜨릴 수 있는 힘과 연대 역시 다르게 재구축된다. 정부, 정당, 기업 그리고 시민, 유권자, 소비자 어느 쪽이든 마찬가지다. 경제사학자이면서 IT 분야에도 탁월한 식견을 가진 니얼 퍼거슨은 정확하게 진단한다.

유형	인쇄 혁명	매스 미디어 혁명	디지털 네트워크 혁명
시기	15세기 중반	20세기 중반~후반	21세기 초
발단이 된 커뮤니케이션 기술	인쇄술	라디오, TV	디지털 모바일, 소셜 미디어
커뮤니케이션 목표	정보의 소유와 해석 독점	엘리트 중심의 일방향적 설득과 효과	항구적 불안정성, 불완정성에 대한 적응
핵심 커뮤니케이션 전략	독점 전략	양과 규모, 속도 기반의 캠페인 전략	네트워크, 경험, 임팩트 기반의 새로운 접근
결과	종교 혁명	대중 사회, 소비 사회	권력의 항구적인 재분배 사이클의 시작(영원히 멈추지 않을 수 있음)

○ 우리의 세계는 어떻게 변화한 것인가? 그 답은 이러하다. 기술로 인해 모든 종류의 네트워크들이 전통적인 위계적 권력 구조들에 비해 상대적으로 엄청나게 큰 권능을 가지게 되었지만, 그러한 변화가 어떠한 결과를 가져올지는 그 네트워크들의 구조, 창발적 성격들, 상호작용 등으로 결정되리라는 것이다.[23]

초연결 시대의 설득전략은 무엇이 달라야 하는가

3장

디지털 다윗과
초연결 대중의 탄생

2013년 6월 17일 오후 6시, 터키 이스탄불의 탁심 광장은 전날의 격렬한 반정부 시위와 경찰 진압 때문에 지치고 무거운 공기로 가득했다. 이때 광장 복판으로 한 남자가 걸어왔다. 광장 가운데에 멈춘 그는 바지 주머니에 손을 넣고 두 발 사이 바닥에 가방을 놓고 서 있었다. 그 남자는 광장 건너편 아타튀르크 문화센터에 걸린 터키 국기와 초대 대통령 케말 아타튀르크(Kemal Atatürk)의 대형 초상화를 응시했다. 그렇게 그는 8시간을 말 없이 서 있었고, 새벽 2시에 침묵을 그만둘 때는 혼자가 아니었다.

그 남자는 행위예술가 에르뎀 균듀즈(Erdem Gündüz)였다. 당시 터키 국민들은 레제프 타이이프 에르도안(Recep Tayyip Erdogan) 정부에 쌓인 불만이 커지고 있었다. 조그만 시위도 반정부 집회로 금세 확대됐다. 진압 과정에서 경찰은 부상당한 시위대를 치료하는 의료진까지 공격했다. 보건부 장관이 이들 의료진의 면허 취소까지 언급하면서 사태는 확산됐다. 균듀즈는 시위의 성지였던 탁심 광장에서 '침묵의 스탠딩'으로 저항을 대신했다. 균듀즈의 스탠딩 침묵 시위는 바로 그날 밤 트위터, 페이스북, 유튜브를 타고 전국에 퍼졌다. 터키에서 스탠딩 침묵 시위는 터키 말로 '서 있는 남자'라는 뜻의 '듀란 아담'(#duranadam), 해외에서는 '스탠딩 맨'(#standingman) 해시태그를 달고 확산됐다.[1]

에르뎀 균듀즈의 8시간

다음 날 터키 곳곳에서 비슷한 침묵 시위들이 이어졌고, 세계 언론들이 이를 보도했다. 영국 〈BBC〉와 미국 〈CNN〉이 보도한 후에 스탠딩 침묵 시위는 새로운 형태의 시위로 평가됐다. 균듀즈는 쇄도한 인터뷰에서 침묵을 깼다. 〈BBC〉와의 인터뷰에서 그는 세계에 호소했다. "내가 중요한 게 아니다. 사람들이 정부에 왜 저항하는지를 알아야 한다. 정부는 사람들이 거리에 나온 이유를 이해하지 못하며, 알려고 하지도 않는다. 이것은 정말로 침묵의 저항이다. 나는 사람들이 멈춰 서서 무슨 일이 있는지를 생각해봤으면 한다."[2]

균듀즈의 시위는 독특했다. 구호 없는 메시지로 세계 수많은 사람들을 감동시켜 동참하게 만들었다. 만약 균듀즈가 런던의 트라팔가 광장이나 뉴욕의 타임스퀘어에 서 있었다면 행인과 관광객의 주목을 놓고 경쟁하는 행위예술가와 선동가들 속에 묻힐 것이 뻔했다. 그러나 그날의 탁심 광장은 그렇지 않았다. 전날까지 계속된 시위와 진압으로 날카로운 분위기가 가득했다. 누군가 나서면 금세 격렬한 싸움이 재개될 수도 있었다. 균듀즈는 말 한마디 없이 사람들의 참여를 이끌어냈다.

당시 터키의 민주화 운동을 다룬 한 연구에 따르면, 균듀즈가 6월 17일 스탠딩 침묵 시위를 시작한 후 3일 동안 40만 7,238개의 '#duranadam' 해시태그를 단 메시지가 작성됐다.[3] 균듀즈는 8시간 말 없이 서 있다가 광장을 떠났지만 세계는 진동했다. 단어 하나 없는 메시지에 세계가 반응한 것이다.

디지털 다윗은 신화가 아니다

균듀즈의 스탠딩 침묵 시위가 터키의 복잡한 정치를 바꾸지는 못했다. 그러나 터키 정부에 대한 국민들의 불만이 무엇이었는지를 이전의 시위들보다 잘 보여줬다. 당시 터키 정부를 이끌던 에르도안은 2002년 실용 중도 노선의 이슬람 정당 정의개발당(Adalet ve Kalkınma Partisi, AKP)의 대표로 총선에서 승리해 총리에 올랐다. 에르도안은 낙후된 경제를 일으켜 빈부 격차를 줄이는 데 성공해 큰 인기를 끌었다. 에르도안이 총리로 집권한 10년 동안 터키의 1인당 국민소득은 3배 이상 올랐고, 2010년에는 44년 만의 최저 인플레이션율을 기록했다. 터키 내정이 안정되면서 에르도안은 아랍권의 불안한 정치 상황에도 개입해 중재 역할을 자임했다. 덕분에 2011년 미국 브루킹스연구소가 진행한 아랍권 여론 조사에서 아랍인이 가장 존경하는 지도자로 선정되기까지 했다.[4]

그러나 에르도안은 2011년 총선 승리로 세 번째 연임에 성공하면서 달라졌다. 장기 집권을 위해 이슬람과 정치를 분리하는 세속주의 노선을 버리고 당내 온건파를 숙청하는 등 반대 정파를 억눌렀다. 당시 터키에서는 총리의 4번 연임을 금지했기 때문에 장기 집권을 위해서는 개헌이 필요했다. 시민들은 이슬람식 권위주의를 드러낸 에르도안 정부에 반대하고 민주화를 요구했다. 이런 상황에서 귄듀즈의 침묵은 터키의 복잡한 정국에 대한 세계의 인식을 며칠 만에 바꿀 정도로 효과가 있었다.[5]

어느 나라에서든 정부에 대해 세계가 주목할 만한 국민적 저항이 발생하면, 글로벌 언론들은 그 배경에 소셜 미디어가 어떤 작용을 했는지 궁금해한다. 평범한 보통 사람들이 소셜 미디어를 어떻게 활용해 저항의 분위기를 형성하고 확산시켰는지에 관심을 가진다. '혁명'과 '신화'로 이름 붙일 수 있기를 기대하며, 될 수 있으면 소셜 미디어를 돌팔매 삼아 정부라는 거인을 쓰러뜨린 '디지털 다윗의 신화'를 원한다. 사실 이전부터 디지털 다윗들의 등장은 예견됐었다. 국제 전략가 모이제스 나임은 글로벌 차원에서 2000년대 초부터 시작된 양적 증가, 이동, 의식 세 차원의 혁명이 전통 권력의 종말을 가져올 것으로 예언했다. 구질서를 뒤흔든 사람들은 "반정부 세력, 극단적 정치 집단, 혁신적 벤처 기업, 해커, 느슨하게 연계된 사회운동가, 새로운 시민언론, 도시 광장에 모인 지도자 없는 젊은이들, 어디선가 홀연히 나타난 듯한 카리스마 넘치는 개인들"이었다.[6] 나임이 말한 사람들이 전통 권력이라는 거인을 무너뜨린 디지털 다윗들이다. 이들은 연결된 사회에서 커뮤니케이션이 가장 강력한 권력이 될 수 있음을 보여줬다. 국가의 물리적 권력이 연결 사회의 커뮤니케이션 권력과 충돌했을 때 이전과 어떻게 다를 수 있는지를 보여줬다.

2018년 말 프랑스에서 시작해 유럽 여러 나라에 퍼졌던 노란 조끼 시위도 비슷하다. 노란 조끼 시위는 2018년 10월 마크롱 정부의 유류세 인상에 반대하는 시위에서 시작해 정체된 임금, 공무원 감축, 해고를 쉽게 한 노동법 개정 등 정부 정책 반대로 확대됐다. 시위대를 노란 조끼로 부른 데는 참여자들이 자동차 운전 중 비상 상황에 대비해 비치해둔 노란 형광 조끼를 입고 나온 데서 비롯됐다. 12월 초 노란 조끼 시위가 전국으로 확대되면서 상가 약탈, 자동차 방화 등의 폭력 양상도 심해졌다. 개선문 안에 있는 프랑스 혁명 정신의 상징인 마리안 상은 얼굴 일부가 깨졌다. 정부가 비상 사태 검토를 언급할 정도로 우려스런 상황이었다. 결국 마크롱 대통령은 사과와 함께 저소득층 은퇴자 세금 인상 철회, 최저 임금 인상 등을 발표했다. 글로벌 언론들은 이를 두고 "마크롱이 시위대에 굴복"한 것이라 표현했다.[7]

노란 조끼 시위가 절정에 달했을 때 언론들은 노란 조끼 시위에서 디지털 다윗을 찾기 시작했다. 프랑스의 국제 보도 전문 채널 〈프랑스24〉는 노란 조끼 시위에 트위터와 페이스북이 끼친 영향을 다루면서, 자클린 무로(Jacline Mouraud)라는 50대 여성의 동영상에 주목했다. 무로는 언론이 찾던 디지털 다윗이었다.[8] 그녀는 10월 중반 페이스북에 올린 동영상에서 침묵하지 말고 뭔가 할 것을 촉구했다. 특히 그녀는 마크롱 대통령이 엘리제궁을 바꾼 것 말고는 한 게 없다는 지적으로 많은 공감을 얻었다. 12월 초 그녀의 영상은 조회 수가 624만 회였고, 26만 3,000번 공유됐다.

마크롱 대통령의 항복 이후 글로벌 언론들은 노란 조끼 시위를 프랑스의 페이스북 혁명으로 부를 수 있는지 분석했다. 초반에는 시위대의 폭력성에 초점을 뒀다면, 이제는 약자와 강자가 대립할 때 나타나는 전형적인 언더독(underdog) 프레임이 작동했다. 언더독 프레임은 약자 친화적이다. 강자와 약자의 대결이라는 게임구도에서 강자는 이겨도 비판을 받고, 약자는 져도 진 게임이 아니다. 〈뉴욕타임스〉, 〈가디언〉, 〈포브스〉 같은 많은 글로벌 언론들은 노란 조끼 시위에 대해 '폭동'(riot), '반달리즘'(vandalism) 등과 '저항'(protest)이라는 용어를 혼용했다. 그러나 약자인 시위대의 승리로 끝나자 혁명이라는 표현이 등장하기 시작했고 또 하나의 신화로 선언됐다. 한국 언론도 마찬가지다. 〈조선일보〉는 12월 11일자 기사 제목을 "마크롱 항복한 '노란 조끼'…SNS 타고 정책 바꾼 '현대판 프랑스 혁명'"이라 달았다.[9]

디지털 다윗의 신화가 만들어지면서 노란 조끼 시위에서 발생했던 폭력은 혁명에 불가피한 부산물로 다뤄졌다. 약자의 '분노'라는 것이 '폭력적인 저항'에 대한 도덕적 명분이 되었다. 신화는 분노가 유발한 폭력을 도덕적으로 보이도록 만든다. 행동경제학자 댄 애리얼리(Dan Ariely)는 분노가 사람들의 행동을 어떻게 정당화하는지 실험으로 보여줬다. 애리얼리 스스로가 독일의 유명한 자동차 브랜드로부터 겪은 불편한 경험을 소재 삼아 분노와 복수 실험을 할 정도였다. 그리고 자신의 베스트셀러 《경제 심리학》의 한 부분을 이 실험 내용으로 채웠다. 그는 "복수에 대한 욕구는 인간의 가장 기본적인 욕구이며 타인을 신뢰하는 인간의 비이성적인 성향에 연결되어 있다"면서 자신의 복수를 과학적으로 정당화했다.[10] 분노는 폭력적인 언행을 수반할 가능성이 높아 사회가 오랫동안 견디기 어려운 감정이다. 오래 진행될수록 많은 사람들을 피로하게 만든다. 그러므로 분노가 남긴 상처와 흔적은 정당한 이유로 풀어내지 않으면 안 된다. 결국 다윗들의 승리라는 신화로 미화될 수밖에 없다.

디지털 다윗들이 행동에 나서기 전 그들의 생각은 키보드와 스마트폰 앞에 집중된다. 반면 그들의 의식은 온오프라인의 경계를 넘어

쉽게 규합, 동원, 축적된다. 초연결 시대에 디지털 다윗들의 키보드와 스마트폰 그리고 규합, 동원, 축적된 감정 그 사이의 거리는 정부, 기업 어느 측면에서든 통제와 대응 불가능한 변화와 에너지의 진원지다. 초연결된 개인들의 감정이 디지털 다윗의 본질이다.

파워 게임의 시작

구글의 영어 도서 데이터베이스 엔그램 뷰어(Ngram Viewer)로 1800년대부터 2000년 사이 발행된 영어 서적에서 '커뮤니케이션'이란 단어가 언급된 빈도를 보면, 추세선이 두 개의 낙타 봉우리 모양을 그린다. 하나는 1800년대 중반, 다른 하나는 1960년대부터 상승 곡선을 그려 1980년대 이후 최고점에 이른다. 계몽적인 커뮤니케이션 혁명의 시대는 바로 1800년대 중반에 해당한다. 이 시기는 전신, 책, 신문의 시대다.

사람들은 가족, 이웃, 마을의 광장을 넘어 지역, 국가, 이웃 나라와 세계를 의식하기 시작했다. 타인의 마음과 생각에 대한 의식은 사회적 유대와 연대의 전제 조건이다. 타인을 의식하지 않고는 유대와 연대의식은 형성될 수 없다. 여론 역시 타인에 대한 의식에서 출발해서 유대, 연대라는 관계에서 완성된다. 19세기 지식과 정보의 대중화로 시작된 보통 사람들의 연결 의식은 여론에 권력이라는 힘을 주었다.

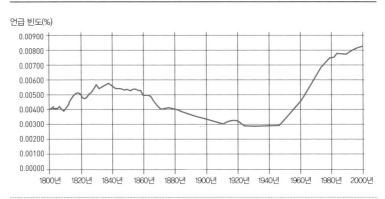

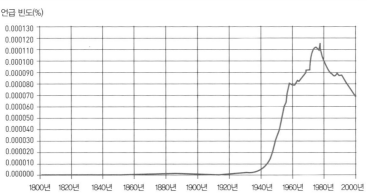

출처: 구글 엔그램 뷰어

더 이상 지식과 정보의 독점이 주는 전통적인 권력 구조는 유효하지 않았다. 그래서 엘리트들은 권력 구조의 붕괴를 두려워했고, 새로 등장한 군중과 대중, 공중을 신뢰하지 않았다.

두 번째 상승 곡선은 1980년대부터 정점에 이르렀는데, 이때는

TV가 이끈 매스 미디어의 최고 전성기였다. 첫째와 둘째 상승 사이의 약 80년에서 100년 동안에는 신문과 TV, 라디오, 영화를 중심으로 매스 미디어가 상업 체제를 갖췄다. 군중과 대중, 공중에 내줬던 권력을 매스 미디어 기업이 회수해 시장 체제를 견고하게 다졌다. 군중과 대중, 공중은 상업화된 매스 미디어의 수동적인 수용자이자 소비자로 전락했다.

사회과학자들이 커뮤니케이션의 사회 조율 기능에 관심을 가지고 연구를 시작한 것도 이러한 흐름과 궤적을 같이 한다. 1920년대부터 미국의 사회과학계를 중심으로 매스 커뮤니케이션의 초기 강효과론이 부상한 것이 한 예다. 당시는 라디오와 영화가 대중에 큰 영향을 주었고, 학자들은 이 효과를 탄환 효과 또는 피하주사 효과라 불렀다. 사람이 총이나 주사를 맞으면 몸에 반응이 즉시 나타나는 것처럼 매스 미디어가 사람들의 심리에 바로 영향을 준다는 것이 학자들의 설명이었다. 사회 현상을 문학적 은유까지 곁들여 세련된 개념으로 설명하는 요즘 추세에 비춰보면 공격적인 표현일 수 있다. 이런 표현은 매스 미디어의 영향력을 충격적으로 보여준 사건들이 있었기에 가능했다.

1938년 〈우주 전쟁(War of the Worlds)〉이라는 라디오 드라마가 미국 전역에 대혼란을 유발했다. 영화 〈시민 케인〉으로 유명한 영화감독 오슨 웰스(Orson Welles)는 화성인이 지구를 침공했다는 가상 스토리로 꾸며진 드라마를 〈CBS라디오〉에서 선보였다. 드라마의 앞부분은 라디오 뉴스 형식으로 꾸며졌는데, 이를 사실로 믿는 시민들이 거리로 뛰쳐나오면서 혼란이 벌어졌다. 이 소동은 미국의 방송 역사에서 매스 미디어가 일으킨 가장 악명 높은 사건으로 분류된다. 뉴욕의 일간지 〈뉴욕데일리뉴스〉는 방송 다음 날에 1면 헤드라인을 "가짜 라디오 전쟁이 미국을 공포로 떨게 하다"라고 내걸 정도였다. 그런데 2000년대 들어 웰스의 라디오 드라마가 정말로 소동의 원인이었는지를 두고 다른 해석이 나오기 시작했다. 라디오의 영향력을 시샘한 신문들이 과장했다는 것이다.

〈우주 전쟁〉이 방송된 지 75년이 된 2013년 미국 언론 〈슬레이트〉에는 이 소동이 과장됐다는 분석이 실렸다. 미국 뮬렌버그대학교의 커뮤니케이션학 교수인 제퍼슨 풀리(Jefferson Pooley)와 메인대학교의 마이클 소콜로우(Michael J. Socolow)는 〈우주 전쟁〉의 패닉 신화는 매스 미디어의 영향력에 대한 공포가 만들어낸 허구라고 지적했다.[11] 실제로 〈우주 전쟁〉이 방송됐던 1938년 10월 30일 저녁의 〈CBS라디오〉 시청률은 2%도 안 됐다. 이 프로그램이 방송된 뉴욕의 지역 신문 〈데일리뉴스〉의 편집자 벤 그로스(Ben Gross)도 당일 저녁 신문사로 가는 길에 소동을 보지 못했다는 기록을 남겼다. 당시 광고주를 빼앗아간 라디오를 공격하기 위해 신문사들이 작은 소동을 과장했다는 것이 풀리와 소콜로우의 주장이다. 그럼에도 〈우주 전쟁〉의 신화가 지금까지 회자되는 이유는 그만큼 매스 미디어의 효과에 대한 두려움과 경각심 때문이다. 매스 미디어의 효과가 초기강효과론에서 소효과론, 중효과론을 거쳐 다시 강효과론을 포함해 여러 갈래로 뻗어나오는 동안에도 근저에는 패닉 신화가 잠재해 있었다. 한국 〈JTBC〉의 '뉴스룸'에서 〈우주 전쟁〉 사례를 손석희 앵커가 인용할 정도니 소동의 과장 여부를 떠나 신화적 영향력은 여전히 건재한 셈이다.[12]

새로운 승자인가 아니면 장벽을 넘는 좀비들인가

구글 엔그램 뷰어의 그래프로 돌아가보자. 그래프가 멈춘 2000년 이후의 곡선은 어떤 모양일지 궁금하다. 더 가파르게 상승한 모양의 곡선일 것이 분명하다. 2000년대 이후 인간의 커뮤니케이션은 인터넷, 모바일, 네트워크, 소셜 미디어라는 키워드로 압축된다. 디지털 모바일 네트워크와 소셜 미디어 때문에 정치, 시장, 사회에서 벌어진 변화는 엄청나다. 커뮤니케이션은 정치와 시장, 사회에서 권력이 흐르는 채널이자 경로다. 사회적 개인으로서 소비자, 유권자, 시민이 사회적 조직으로서 정부, 정당, 기업과 다양한 이해관계를 두고 상호작용할 때 매개의 역할을 한다.

권력의 붕괴를 설명하는 석학들은 인터넷 네트워크, 디지털 모바일, 소셜 미디어로 인한 충격을 강조한다. 특히 기성 미디어 중심의 독점적인 커뮤니케이션 구조에 종말을 고했다. 모이제스 나임은 모바일 네트워크로 무장한 개인과 사회 단체 등을 미시 권력으로 부르고, 이들의 "열망이 모든 확신을 공격한다"고 표현했다. "당연한 것은 없다. 충성 비용은 점점 증가하고 현상 유지를 위한 유인책은 미약"한 상황은 만인을 상대로 만인의 커뮤니케이션 경쟁을 만들었다.[13]

나임의 말처럼 커뮤니케이션이 권력으로 인식되고, 실제로 그렇게 작동하면 사회의 불안정성은 더 높아지고 상황 의존적이 된다. 초연결 시대에 누가 더 영향력을 발휘하는가는 상황에 따라 매번 달라진다. 커뮤니케이션 권력은 영구적으로 소유하는 것이 아니라 분산적, 수평적이며 동원된 자원과 맥락에 따라 분배되기 때문이다. 이러한 구조적 불안정성은 수직적 권력에 익숙해진 정부, 정당, 기업 같은 조직들에게 불안감을 준다. 당연히 정부, 정당, 기업들은 더 자극적이고 선동적인 대응을 하거나 종전의 방식에 집착해 낭패를 겪는다.

예를 들어 조직들은 선전과 선동으로 대중의 경험을 공격한다. 거칠게 건드린다. 대중의 경험 세계를 끊임없이 자극하고 재설계해서 재구성한다. 사람들이 이해하고 받아들이는 세계를 머리 속에 재설계해서 간접적으로 경험할 수 있게 한다. 2016년 영국의 EU 탈퇴를 결정한 국민투표를 보자. 당시 상당수의 영국 국민들은 브렉시트(Brexit)가 무엇을 의미하는지 몰랐고 매스 미디어와 정치인, 정치컨설턴트들의 선동 속에서만 그려봤을 뿐이다.

브렉시트 캠페인에서 이 틈을 노려 성공한 인물이 도미닉 커밍스(Dominic Cummings)다. 커밍스는 너무 과격하고 선동적이어서 데이비드 캐머런(David Cameron) 총리가 '커리어 사이코패스'라고까지 평가했었다.[14] 커밍스의 메시지는 간단했다. 사람들이 주변에서 경험한 위험과 위협을 자극적으로 건드렸다. 그는 EU로부터 영국의 "통제권을 되찾아오자"고 주장했다. 유럽의 다른 나라들과 부를 공유하지 말고 영국 국민들에게 쓰자는 것이다. 특히 무분별한 이민자 유입 때문에 복지 지출이 늘고 영국 노동자들의 일자리가 줄어드는 것을 막자고 주장했다. 반면 EU 잔류를 주장하는 측의 메시지는 영국의 교역 위축, 금융 허브 지위의 위협, 경제 성장률 하락 등과 같이 방어적이고 추상적이었다. 막상 탈퇴 찬성이라는 투표 결과가 나오자 영국 국민들은 경악했고 재투표 캠페인까지 벌어졌다. 브렉시트의 충격은 할리우드에서 영화로 제작될 정도로 드라마틱했다. 미국의 케이블 방송 〈HBO〉는 우리나라에서도 인기가 많은 영국 배우 베네딕트 컴버배치(Benedict Cumberbatch)에게 커밍스 역을 맡겨 브렉시트를 다룬 영화를 제작하기도 했다.

초연결 사회에서 커뮤니케이션은 대중의 열망을 포착해 자극하고 규합한다. 결집된 열망은 세력이 되며 특정한 방향으로 질주할 힘을 가진다. 초연결된 대중은 움직이는 방향을 자각할 수도 있고 그렇지 못할 수도 있다. 결집된 열망만큼 축적된 에너지는 변화의 힘이 되지만 축적된 수준만큼 방향을 가늠하기 어려워진다. 아랍의 봄과 브렉시트에서 보듯 커뮤니케이션은 스마트한 에너지가 될 수도 있고, 거대한 최면에 걸린 것처럼 자각 의식이 실종된 상태에서 질주하게 만들 수도 있다. 좀비 영화 〈월드워Z〉의 유명한 장면인 거대한 장벽을 넘는 좀비들처럼 무섭게 전통적인 권력을 공격하게 만들 수도 있다.

그럼 초연결 커뮤니케이션의 주도권 경쟁에서 승자는 누구인가? 소프트 파워의 주인공으로 부상한 시민, 유권자, 소비자인가 아니면 정부, 정당, 기업인가? 페이스북과 구글, 유튜브, 인스타그램 같은 테크놀로지 기업인가? 해답을 찾으려면 기술로 무장한 새로운 군중부터 살펴봐야 한다. 미국의 IT 전문가이자 저술가 하워드 라인골드(Howard Rheingold)는 새로운 커뮤니케이션 기술로 무장한 군중을 '장벽을 넘는 좀비들'이 아니라 '새로운 인류'로 봤다. 그는 2000년대 초반 이 현상을 직감하고 '스마트 군중' 개념으로 압축했다.

스마트 군중의 등장, 그 이후

라인골드가 스마트 군중을 개념화한 지 7년이 지났다. 라인골드는 2002년 모바일과 인터넷으로 연결된 보통 사람들이 가까운 미래에 가질 파괴력을 예언했다. 그가 '협력의 연금술'이라고 부른 기술 덕분에 사람들은 매스 미디어 시대의 무지한 수용자 대중에서 지혜롭고 행동하는 군중으로 진화했다.[15] 라인골드는 네트워크로 연결된 사람들을 '부재하는 사람들의 현존'이라 불렀고 3년 후 트위터와 페이스북이 이를 현실로 만들었다.

라인골드는 '스마트 군중' 아이디어를 도쿄 시부야의 스크램블 교차로에서 고안했다.[16] 라인골드는 시부야 교차로 한가운데에 서서 네 개의 도로를 대각선 또는 일직선으로 건너는 수많은 사람들을 보았다. 수백, 수천 명의 사람들이 동시에 건너면서 사방에서 마주치는 사람들과 부딪치지 않고 방향과 속도를 조절해 정해진 시간 안에 반대편 길에 오른다. 그는 교차로 한가운데서 '놀랄 만큼 조화된 군중들과의 교감'을 경험했다. 수많은 낯선 사람들이 교차로에서 엮어낸 즉흥적인 질서, 신호등의 초록 신호가 작동하는 잠깐 동안의 질서 안에 존재하는 교감과 조율이 새로운 군중의 에너지였다. 그는 전율했다. 이 에너지가 네트워크로 응축되어 새로운 힘이 된다면 미래는 이전과는 완전히 다른 세상이 될 것이 확실했다.

1990년대 말까지 대부분의 사람들은 다른 사람들이 어떻게 생각하는지, 어떤 마음을 가졌는지를 알 방법이 없었다. 미디어가 매개하는 '만들어진 현실'을 통해서만 알 수 있었다. 전문가들이 '사회적 현실의 재구성'이라고 부르는 매스 미디어 속 세상의 고립된 개인이 바로 우리였다.

당연히 이런 시기에 커뮤니케이션은 정부, 정당, 기업 같은 조직이 가질 수 있는 권력이었다. 정책 홍보와 선거 캠페인은 심리적 폭력에 가까울 정도로 일방적이었다. 정부와 정당은 하고 싶은 말만 했고 고립된 개인들은 그것을 믿었다. 미국이든 영국이든 어느 나라나 마찬가지였다. 기업도 소비자를 다루기 쉬웠다. 이러한 설득 모델을 캐스케이드 모델(cascade model), 즉 톱다운 방식의 폭포수 모델이라고 불렀다. 정부, 정당, 기업 그리고 엘리트들이 메시지를 만들면 매스 미디어가 받아 대중 수용자에게 전달해 여론과 분위기를 형성한다. 따라서 매스 미디어가 다루지 않는 한 조직의 위기는 존재하지 않았다. 라인골드는 이런 시대의 종말을 직감했다.

라인골드는 모바일 통신이 활성화됐던 도쿄와 헬싱키, 워싱턴을 오가며 보이진 않지만 연결된 스마트한 군중들의 세계를 상상하고 책에 담았다. 이 책이 바로 집단 지성, 크라우드소싱, 군중의 지혜 등 2010년대 인터넷 세계를 주도했던 개념들의 원조인 《참여 군중》이다.

이 무렵 미국에서는 2004년 대통령 선거를 앞두고 공화당, 민주당의 경선이 한창이었다. 민주당 경선에서 버몬트 주지사 하워드 딘은 매스 미디어가 아닌 인터넷을 이용한 풀뿌리 선거 운동을 벌여 당시 미국 정계에 큰 충격을 안겼다. 400억 원이 넘는 금액을 인터넷 소액 기부로 모금한 딘은 정치 캠페인 역사에서 인터넷을 선거에 적극 활용한 최초의 후보로 기록됐다. 딘의 캠페인을 도와 전략 자문을 했던 조 로스파스(Joe Rospars)는 나중에 캠페인 참모 세 명과 함께 블루스테이트디지털이라는 캠페인 컨설팅 회사를 설립해서 버락 오바마의 2008년과 20012년 선거를 도왔다.

비슷한 시기에 한국에서도 매스 미디어 붕괴의 서막과 함께 새로운 커뮤니케이션 시대가 열리고 있었다. 포털 네이버가 2000년 뉴스 서비스를 시작했고, 2003년 블로그와 인터넷 카페 서비스를 시작하면서 온라인 개인 미디어와 커뮤니티가 확산됐다. 만인에 의한 커뮤니케이션 시대가 열린 것이다. 특히 〈오마이뉴스〉와 같은 새로운 형태의 인터넷 언론이 등장하면서 2002년 16대 대통령 선거에서 노무현 후보의 당선에 큰 영향을 주었다. 매스 미디어로부터 커뮤니케이션 권리를 되찾은 개인들은 공중(public)으로 승화됐다.

미국의 저널리즘 전문가 댄 길모어(Dan Gillmor)는 세계 여러 나라에서 나타나는 혁명적인 커뮤니케이션 상황을 압축해서 선언했다. "우리가 미디어다!"(We are the Media!)라는 선언은 그대로 그의 유명한 책 제목이 됐다.

이런 흐름의 결과는 스마트 군중의 등장과 전통적 권위의 해체였다. 권위의 원천은 지식과 정보의 독점과 해석이 아니라 다수로의 확산과 동조로 바뀌었다. 독점적, 수직적 권위는 분산적, 수평적으로 전환됐다. 연결된 사회는 정보와 지식의 공유를 가능하게 했고 감정을 결집시켰다. 대중은 정보와 지식, 감정을 되찾았다. 대중은 빠르게 적응했지만 정부와 정당, 기업은 느렸다. 그 격차만큼 사회적 충격이 컸다. 대중에게 새로운 시대적 효능감을 주었다. 유권자는 정치적 측면뿐만 아니라 시장에서 기업을 송두리째 뒤집을 수 있는 영향력을 가진 소비자로 재탄생했다.

평범한 대중, 인플루언서로 재탄생하다

2016년 에미레이트항공(Emirates Airlines)은 유명 온라인 방송인케이시 네이스탯(Casey Neistat)에게 재미있는 마케팅 제안을 했다. 두바이에서 뉴욕까지 가는 에미레이트항공 1등석을 무료로 제공하고, 대신 네이스탯은 1등석 기내 체험을 재미있는 동영상으로 만들어 유튜브에 올리면 되는 간단한 계약이었다. 네이스탯은 당연히 승낙했다.

그는 2만 1,000달러가 넘는 1등석 항공권을 받고 출국에서부터 14시간 동안의 비행 전 과정을 동영상으로 만들었다. 1등석에 앉자마자 좌석에 달려 있는 대형 모니터에서부터 창문의 자동셔터까지 모든 버튼을 하나하나 눌러가며 품평했다. 캐비어가 곁들여진 기내식 식사, 숙면 후 화려한 욕실에서의 세면 등 다양한 장면들을 재치 있게 9분가량의 동영상에 담았다. 이 동영상은 유튜브에 올려진 후 6,400만 조회 수를 기록했다. 동영상의 '좋아요' 수는 약 87만 건이었다. 네이스탯의 에미레이트항공 1등석 체험기와 그 동영상에 대한 반응은 바로 〈GQ〉, 〈애드위크〉, 〈맥심〉, 〈매셔블〉, 〈허핑턴포스트〉와 같은 유명 미디어에 게재되면서 다시 한 번 대중에게 확산되는 기회를 잡았다.

에미레이트항공은 네이스탯에게 제안하기 전에 할리우드의 유명 배우였던 제니퍼 애니스톤(Jennifer Aniston)과 500만 달러짜리 광고 프로젝트를 진행했었다. 세계에서 큰 인기를 끌었던 시트콤 〈프렌즈〉의 주인공 중 한 명이었던 애니스톤을 모델로 한 메시지는 가족 같은 편안함이었다. 두바이 노선에 취항 중인 미국 항공사들과의 차별화가 포인트였다. 애니스톤을 활용한 동영상 광고는 유튜브에서 총 600만 회의 조회 수를 기록했다.[17]

통계만을 단순 비교하면, 500만 달러를 지불한 애니스톤보다 2만 1,000달러 1등석 항공권을 지불한 네이스탯의 광고 효과가 10배 이상 높았다. 더군다나 동영상 자체의 확산성과 지속성을 놓고 볼 때도 네이스탯의 유튜브 동영상이 훨씬 효과적이었다. 소셜 미디어 세계에서 네이스탯이 가진 구전 영향력은 애니스톤을 능가했다. 애니스톤의 동영상은 따뜻하고 인상적이었지만 흔한 광고였다. 반면 네이스탯은 1등석에 대한 사람들의 호기심과 궁금증을 자극하고 만족시켰다. 다른 사람들과의 공유를 통해 확산되고 반복 시청될 가능성이 더 높았다. 즉 구전력(口傳力)이 있었다.

네이스탯처럼 많은 수의 팔로어를 기반으로 소셜 미디어에서 영향력을 행사하는 사람을 인플루언서라고 한다. 인플루언서는 동영상 생중계나 사진 공유 등으로 팔로어들과 상호작용을 계속하고 이를 바탕으로 신뢰 관계를 유지한다. 이 때문에 인플루언서들의 영향력은 기존 미디어 기반의 유명인들과는 다르다. 영화배우, 탤런트, 가수처럼 인지도 높은 연예인이나 유명한 전문가처럼 기존 명성을 기반으로 소셜 미디어에서 많은 팔로어를 거느린 경우에도 인플루언서가 될 수 있다. 그러나 온라인 마케팅 전문가들이 말하는 인플루언서는 다르다. 네이스탯처럼 평범한 보통 사람이다. 그래서 사람들은 이들에게 진정성을 느낀다. 밑에서부터 시작된 대중의 재탄생이라고 할 수 있다.

우리나라의 인플루언서로 73세의 박막례가 있다. 2017년 손녀의 권유로 유튜브 활동을 시작한 박막례는 여행, 요리 등 일상 생활을 솔직하게 보여주면서 인기를 끌었다. 구독자 수만 86만 명에 달하는 박막례의 동영상 프로그램에 유튜브 본사의 CEO 수전 워치츠키(Susan Wojcicki)가 출연하기도 했다. '박막례쇼'에서 워치츠키는 "유튜브를 통해 할머니 이야기가 전해졌던 것처럼 전 세계 사람들이 자기 이야기를 할 기회를 갖길 바란다"고 말했다.[18] 마케팅 전문가는 인플루언서 마케팅을 두고 다음과 같이 평했다. "TV는 두뇌에 영향을 준다. 반면 인플루언서 마케팅은 가슴에 영향을 준다."[19]

한 조사에 따르면 마케팅 담당자들의 80%가 인플루언서 마케팅의 효과를 믿는다. 이들 중 89%는 인플루언서 마케팅의 수익률이 다른 방법보다 높다고 믿었다. 가장 효과가 좋은 인플루언서 마케팅 플랫폼으로는 인스타그램 포스트, 인스타그램 스토리, 유튜브 비디오를 선호했다. 그리고 인플루언서를 활용한 광고에는 비주얼 콘텐츠가 적합하다고 평가받았다.[20] 이런 믿음 때문에 2017년 인스타그램의 인플루언서 마케팅 포스트들이 1년 전에 비해 두 배로 증가해 약 150만 건에 달했다.[21]

상당수의 인플루언서들은 1990년대 후반 이후에 태어난 제트 세대 또는 현재 20, 30대인 밀레니얼 세대에 속한다. 특히 인스타그램 인플루언서들은 3/4 정도가 18세에서 34세에 해당한다. 이 중 42%

는 18세에서 24세일 정도로 젊었다. 인플루언서에 환호하는 소비자들 역시 비슷한 연령대의 젊은층이었다. 이들이 2017년 한 해에만 인스타그램 인플루언서 마케팅 포스트의 '좋아요'를 10억 회 눌렀다. 포스트 한 건당 682번 '좋아요'를 눌렀다.[22]

이 정도의 영향력이라면 '세상 모든 것을 파는 가게' 아마존이 놓칠 리 없다. 아마존은 2017년 인플루언서 프로그램을 런칭했다. 유튜브와 페이스북, 인스타그램, 트위터 등 빅4에 해당하는 소셜 미디어의 인플루언서들이 대상이다. 이 소셜 미디어에서 인플루언서로 활동하는 이용자들이 아마존 프로그램에 등록을 하면 계정을 받는다. 인플루언서들은 자신이 활동하는 소셜 미디어의 포스트에 캠페인 포스팅을 하고 여기에 아마존 링크 계정을 추가하면 된다. 이 계정으로 들어온 인플루언서의 팔로어들은 캠페인 포스팅에서 소개한 제품을 보게 된다. 아마존 프로그램의 특징은 다른 인플루언서 마케팅 캠페인과 달리 구매로 이어지는 효과 측정이 명확하다는 점이다.

지금까지 인플루언서 마케팅에는 두 가지 골칫거리가 있었다. 하나는 가짜 인플루언서들의 부작용이다. 팔로어들의 실제 존재 여부와 팔로어들과의 신뢰가 캠페인을 진행하기에 충분한지 등을 알 수 없었다. 또 다른 문제는 캠페인 효과를 측정하기 쉽지 않다는 점이다. '좋아요' 빈도, 댓글 수 등의 반응 데이터 또는 유튜브 비디오의 조회 수가 중요한 척도인 것은 맞다. 그러나 기업은 캠페인 효과가 실제 제품 매출로 이어지기를 원한다. 아마존 프로그램은 인플루언서 캠페인의 효과를 정확히 측정할 수 있었다. 발빠른 아마존의 움직임에 〈비즈니스인사이더〉는 비즈니스 세계를 "아마존 대 아마존에 대응하는 기업들의 연합군"으로 설명할 정도였다.[23]

우리나라에서도 공격적인 투자와 마케팅으로 유명한 전자상거래 플랫폼 쿠팡이 '쿠팡 파트너스'라는 이름으로 인플루언서를 활용하는 프로그램을 2018년에 런칭했다. 쿠팡은 일본의 손정의 소프트뱅크(SoftBank) 회장으로부터 두 차례에 걸쳐 3조 3,000억 원 규모의 투자를 받아 한국의 아마존으로 불렸다. 쿠팡 파트너스는 운영 5개월 만에 월평균 수백억 원대의 매출을 올렸다. 쿠팡은 쿠팡 파트너스에 가입한 인플루언서들이 많게는 월 300만 원대의 소득을 올리고 있으며, 월평균 소득은 100만 원대라고 밝혔다.[24]

인플루언서가 마케팅 주인공으로 떠오른 데는 연결의 힘이 컸다. 평범한 대중은 연결의 자양분으로 풍부한 감정과 신념을 제공했다. 마케팅에서의 연결은 기업들이 자체 커뮤니케이션 채널(owned media)을 가지고도 매스 미디어 못지않은 효과를 누릴 수 있도록 해줬다. 이렇게 마케팅 전문가들이 연결된 시장에서 새로운 특수를 누리는 동안 정치 세계에서는 큰 골칫거리가 생겼다. 소셜 미디어와 매스 미디어가 복잡하게 얽힌 연결의 공간에서 오래된 복병을 만났다. 바로 '페이크 뉴스'다.

페이크 뉴스는 뉴노멀인가

해마다 '올해의 단어'를 발표한 옥스퍼드 사전이 2016년에는 '탈진실'(post-truth)을 선정하면서 세계에 충격을 주었다. 옥스퍼드 사전은 2016년 영국의 EU 탈퇴를 결정한 국민투표(브렉시트)와 트럼프가 승리한 미국의 45대 대통령 선거를 선정 배경으로 달았다. 옥스퍼드 사전은 탈진실을 "객관적인 사실보다 개인의 감정과 신념이 여론 형성에 더 큰 영향을 미치는 현상 또는 환경"으로 풀이했다. 사실과 감정이 부딪치면 해석이 이긴다는 뜻이다.

옥스퍼드 사전이 탈진실을 '올해의 단어'로 선정한 것은 주관적인 감정과 신념이 이성과 사실에 승리했다는 것을 말한다. 바로 다음 해에 에델만이 "신념 감수성이 높은 소비자의 시대가 열렸고 이제 기업의 브랜드도 답해야 한다"고 선언한 것도 이런 흐름이 정치·사회를 넘어 기업과 시장으로까지 닿았음을 보여준다. 당연히 정부, 정당, 기업 같은 조직들은 두려울 수밖에 없다. 팩트가 상황을 규정하고 주도하는 시대가 끝났기 때문이다. 감정과 신념은 예측 불가능하며 끝임없이 변한다. 현대 사회 흐름을 이성과 합리가 주도하면서 무시받았던 감정의 역습이 시작됐다. 시장에서 승자는 품질이 아니라 소비자의 감정과 신념이라는데 어떤 기업이 영원한 승자를 장담할 수 있겠는가. 이 말을 극단적으로 표현하면 상황이 진실을 결정한다는 뜻이다. 지금은 사람들이 어떻게 느끼는가라는 감정적 진실이 사실에 기반한 객관적 진실을 이기는 시대다.

오바마 역시 비슷한 말을 했다. "뉴미디어 세계에서는 모든 게 진실이고 모든 게 진실이 아니다."[25] 그는 2016년 11월 대통령 선거가 있기 며칠 전 〈뉴요커〉 편집자 데이비드 렘닉(David Remnick)과의 인터뷰에서 이렇게 말했다. 오바마는 페이스북에서 노벨 물리학상 수상자와 평범한 일반인이 기후 변화에 대해 포스팅한 글이 동격으로 취급되는 현상에 우려했다. 그가 전문 권위자와 평범한 사람의 의견을 차별하자고 말한 것은 아니다. 오바마는 사실과 논증에 기반하지 않은 선정적이고 선동적인 주장이 사람들의 감정에 미치는 영향을 우려했다. 유권자들을 편향되게 양분시켜 결국 대화 자체를 불가능하게 만들기 때문이다.

옥스퍼드 사전은 탈진실 용어의 사용이 2016년에는 전년 대비 2,000%나 늘었다고 밝혔다. 옥스퍼드 사전 대표는 "뉴스 소스로서 소셜 미디어가 이용되고 팩트에 대한 불신이 늘어난 것이 탈진실이란 말의 사용이 늘어난 배경이다. (…) 2016년 6월 브렉시트 때 급격히 사용이 늘었고, 7월 트럼프가 공화당 대통령 후보가 되면서 다시 증가했다. 그 뒤로 사용량이 줄지 않았다"라고 말했다.[26] 결국 탈진실은 뉴노멀 시대의 또 다른 상징이 되었다. 정상이고 표준으로 간주되던 것들이 붕괴되고 그렇지 않은 것들이 새로운 기준이 되는 뉴노멀 시대를 탈진실만큼 정확히 설명하는 용어는 없다. 당연한 것들, 상식적인 것들이 더 이상 승자가 아닌 세상이 열렸다.

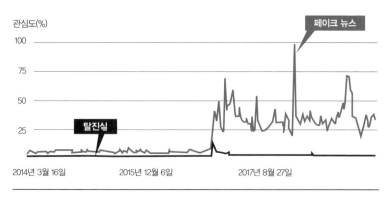

출처: 구글 트렌드

'탈진실 현상'의 확산 원인은 페이크 뉴스다. 구글 트렌드(Google trends)로 페이크 뉴스와 탈진실의 관심도를 비교해보면 2016년 10월 말에서 11월 초로 그 관심도의 증가 시기가 정확히 일치한다. 지역적으로도 페이크 뉴스의 충격을 경험한 영국과 미국의 관심도가 높았다. 영국의 브렉시트와 미국 45대 대통령 선거의 승자는 페이크 뉴스였다. 당연히 대중은 물론 각국 의회와 정부는 큰 충격에 빠졌다.

2016년 11월 트럼프가 미국 대통령으로 당선된 후 페이크 뉴스의 영향력을 우려한 영국 하원은 이듬해 소셜 미디어를 포함한 인터넷 기술과 페이크 뉴스 동향에 대한 심층 조사를 했다. 한국 국회의 과학기술방송통신정보위원회에 해당하는 하원 상임위는 심층 조사 결과 보고서를 〈허위 정보와 페이크 뉴스〉라는 제목으로 2018년 7월 발표했다. 이 보고서는 페이스북을 포함한 소셜 미디어가 세계 각국의 정치를 어떻게 위협했는지를 담았다.

보고서의 주장은 명료했다. 영국 정치의 위기를 경고했다. "우리의 민주주의는 위기에 처했다. 지금은 우리가 공유하는 가치와 정치 제도의 온전함을 지키기 위한 조치를 해야 할 때다."[27] 상임위는 보고서에서 정부가 페이크 뉴스라는 용어 대신에 '부정확한 정보'(misinformation, 의도성이 없는 틀린 정보) 또는 '허위 정보'(dis-information, 명백히 의도를 가지고 만든 가짜 정보)라는 단어를 쓰도록 권고했음을 밝혔다.

페이크 뉴스에 위험을 느낀 건 영국 정부만이 아니었다. EU는 2019년 유럽의회 선거를 앞두고 소셜 미디어를 통해 페이크 뉴스가 다시 한 번 기승을 부릴 것을 우려했다. 유럽에서 퍼지고 있는 일부 극우 정당들과 지지자들이 선거에서 유권자들을 현혹하고 이를 세 확장에 이용하기 위해 페이크 뉴스를 퍼뜨릴 가능성이 커졌기 때문이다. EU는 페이스북과 구글 등 글로벌 IT 기업에 대책을 요구했고, 결국 2018년 8월 주요 기업들은 EU의 행동 강령에 따르기로 했다.

그러나 정부와 IT 기업, 사회 단체들이 세운 대책이 페이크 뉴스의 양산과 확산을 막는 데 성공할지는 미지수다. 페이크 뉴스는 사람의 이성과 감정 사이의 시대적 간극 속에서 존재해왔다. 지금의 시대 속에서 벌어진 이 간극이 역사적으로 그 어느 때보다 넓어졌기 때문에 페이크 뉴스는 탈진실의 시대라는 문을 열었다. 따라서 페이크 뉴스에 대한 제도적 대책은 일시적으로 상황을 진정시키는 효과는 있을 수 있으나 본질적인 개선 효과를 얻기는 불가능하다.

예를 들어 페이크 뉴스 대책으로 가장 많이 이용되는 팩트 체크 (fact check)를 보자. 페이크 뉴스의 허위 정보를 밝혀내고 사실관계를 바로잡아 부작용을 상쇄한다는 것이 그 취지다. 하지만 대부분의 페이크 뉴스는 앵커링 효과를 의도한다. 선정적이고 감정적인 표현으로 사람을 끌어들인다. 이성적으로 단련됐고 정보도 충분히 가지고 있는 공중이라면 페이크 뉴스에 담긴 허위 정보에 현혹될 가능성은 낮다. 그러나 민주주의 사회가 필요로 하는 세련되고 멋진 공중은 많지 않다. 오히려 개인화된 알고리즘에 의해 한정되고 편향된 정보에만 노출되는 필터버블 효과(filter bubble effect) 때문에 보통 사람들의 네트워크는 밀실처럼 되어버렸다. 이런 밀실에 갇히면 폐쇄된 네트워크에서 동일 성향의 사람들만 소통하면서 극단적 편향이 강화되는 반향 효과(chamber effect) 현상으로 이어진다. 이런 악성 이중구조는 민주주의 시스템이 요구하는 이성적이고 합리적인 여론의 선순환 구조를 원천적으로 작동 불가능하게 만든다.

캠페인 전술이 되어버린 페이크 뉴스

미국의 인터넷 미디어 〈버즈피드〉가 2016년 11월 대통령 선거 전에 페이스북을 통해 언론의 제대로 된 뉴스와 페이크 뉴스 중 사람들이 어디에 더 강하게 반응했는지를 조사했다. 그 결과 2016년 8월 부터 11월 초까지 3개월 사이 페이크 뉴스에 대한 사용자 반응이 급격히 높아져 선거 직전에는 주류 언론의 뉴스를 넘었음이 밝혀졌다. 이런 결과를 이끌어낸 페이크 뉴스 사례들을 보면 충격적이다.[28]

○ "프란치스코 교황이 트럼프 지지를 발표해 세계를 놀라게 하다." (페이스북 사용자 반응 96만 회, 출처: 〈Ending the Fed〉)

"힐러리가 ISIS에 무기를 팔았다고 위키리크스가 확인하다." (페이스북 사용자 반응 78만 9,000회, 출처: 〈The Political Insider〉)

"이제 끝났다. 힐러리의 ISIS 메일이 유출됐다. 상상 이상으로 안 좋다." (페이스북 사용자 반응 75만 4,000회, 출처: 〈Ending the Fed〉)

"법을 봐라. 힐러리는 연방공직의 법적 자격이 없다." (페이스북 사용자 반응 70만 1,000회, 출처: 〈Ending the Fed〉)

"힐러리 이메일을 의심하던 FBI 요원이 자살한 채 발견됐으나 타살로 의심된다." (페이스북 사용자 반응 56만 7,000회, 출처: 〈Denver Guardian〉)

〈버즈피드〉가 분석한 페이크 뉴스의 사례를 보면 일부는 사람들이 조금만 신경을 쓰면 왜곡된 뉴스라고 판단할 수 있는 것이다. 반면 판단이 쉽지 않은 경우도 있다. 그래서 구글과 페이스북 등 주요 IT 기업이 페이크 뉴스에 대처하기 위해 조직한 퍼스트 드래프트 뉴스

(First Draft News)의 클레어 와디(Claire Wardie)는 페이크 뉴스를 7개 유형으로 정리했다. 해를 끼칠 의도는 없으나 그럴 가능성이 있는 '풍자와 패러디', 본문 내용과 무관한 헤드라인·제목·비주얼을 다는 '허위 관계', 사회 이슈나 개인에 대해 특정한 방향으로 프레이밍을 유도하는 '의도적 정보 유도', 본문 내용을 잘못된 맥락에서 읽히도록 만드는 '허위 콘텍스트', 뉴스에서 허위로 가공된 소스를 진짜 소스처럼 보이도록 만든 '내용의 사칭', 사진 조작처럼 특정한 방향으로 속이기 위해 일부 내용의 정보나 이미지를 가공하는 '내용 조작', 전체가 완전하게 허구인 '내용 가공' 등이다.[29] 7개 유형 모두가 위험하지만, 페이크 뉴스 제작자의 의도가 노골적으로 반영된 마지막 세 가지 유형은 특히 위협적이다. 앞서 〈버즈피드〉가 사례로 든 뉴스들에 해당한다.

전문가들은 페이크 뉴스 현상의 원인으로 네트워크 개인주의 경향과 선택 노출에 따른 유유상종 효과를 지목한다. 네트워크 개인주의 경향은 필터버블 효과와 같은 의미이며, 선택 노출에 따른 유유상종 현상 역시 밀실 반향 효과와 연결된다. 결국 페이크 뉴스 때문에 사회적인 신뢰가 저하되고, 정치적 냉소주의와 참여 효능감의 감소가 발생할 수 있다. 정치적으로 집단 분화와 극단주의 성향이 두드러질 우려도 있다.[30]

예를 들어 페이크 뉴스의 확산에는 고령층일수록 더 적극적이다. 미국의 페이스북 이용자 중 65세 이상인 사람들은 20대보다 허위 정보를 공유하고 확산시키는 데 7배가량 더 적극적이었다. 2016년 대통령 선거 기간에 페이스북 이용자들의 허위 정보 확산 패턴을 연구한 논문에서 이 현상은 이념과 정치 성향, 교육 수준에 상관없이 동일했다.[31]

페이크 뉴스는 정치인들의 여론 공방의 무기로 활용되면서 악명을 더했다. 정치인들이 자신을 골치 아프게 만드는 상대 진영의 주장을 페이크 뉴스라고 규정해버리는 일들이 늘었다. 이렇게 되면 모든 논쟁이 멈춰 섰고 그 틈에 정치인들은 곤경에서 탈출했다. 2016년 미국 대통령 선거에서 트럼프는 〈CNN〉을 비롯한 주류 언론의 비판 보도를 페이크 뉴스라고 맞대응하면서 지지자들을 결집시키는 효과를 거뒀다. 페이크 뉴스의 사실관계를 규명하는 이른바 팩트 체크 역시 공방의 도구로 이용되는 경우가 많다. 여론 관점에서 보면 페이크 뉴스의 목적은 사실관계의 왜곡을 통한 프레임, 해석의 관점을 장악하는 데 있다. 이 때문에 팩트 체크 역시 사실관계를 규명하면서 다른 누군가의 주장을 뒷받침하는 경우가 있다.

한편 페이크 뉴스 현상의 이면에는 기성 언론에 대한 불신이 자리한다. 뉴스를 믿지 못하는 사람들이 늘고 있다. 언론 신뢰도의 하락은 글로벌 현상이다. 특히 젊은층의 뉴스 미디어 신뢰도 하락이 두드러진다. 미국에서는 1997년부터 2005년 사이 20대의 매스 미디어 신뢰도가 56%였는데, 2007년부터 2018년 사이에는 그 평균이 38%로 무려 18%가 급락했다. 30, 40대가 10%, 50대 이상이 5~6%인 것

과 비교하면 매우 큰 폭의 감소였다.[32]

한국의 경우 그 정도가 특히 심하다. 한국언론진흥재단이 영국의 로이터저널리즘연구소와 공동으로 37개국에서 실시한 조사에 따르면, 주요 국가 가운데 뉴스에 대한 신뢰도가 가장 낮았다. 이 조사에서 뉴스 신뢰도를 '대부분의 뉴스를 항상 거의 신뢰한다'는 진술 문장에 대한 동의 정도를 물어서 확인했다. 그 결과 37개 나라의 응답자들에게 물었을 때 전체 평균은 2018년 조사의 경우 44%였다. 한국은 2017년에는 23%로 36개 나라 중 36위였고, 2018년에는 37개 나라 중 37위였다. 2020년에도 조사 대상 40개 나라 중 최하위를 기록했다.[33]

언론에 대한 신뢰도 하락 현상은 뉴스 시장의 경쟁 심화로 정제되지 않은 선동적인 뉴스가 대량 생산되면서 더 심화됐다. 이런 현상은 '소비하면서 비판하는' 회의적인 소비자들이 늘었기 때문이다. 뉴스의 속도와 품질, 이 두 가지는 언론 시장에서 승리하려고 모든 언론사가 탐내는 경쟁력이다. 소셜 미디어와 뉴스 미디어가 연결된 공간에서 언론은 속도와 품질 모두를 잃었다. 페이크 뉴스 현상에서 주목할 점은 언론사 간 경쟁보다 소비자와의 게임이 시작됐다는 데 있다.

4장

초연결 사회를 이끄는
본성

인간의 사회적 본성 뒤에 숨은 솔직한 욕망이 어떤 모습인지를 빅데이터로 보여준 사람이 있다. 구글의 데이터 애널리스트 세스 다비도위츠(Seth S. Davidowitz)다. 다비도위츠는 오바마의 대통령 당선 때 사람들의 속마음을 빅데이터로 보여주는 데 성공해 유명세를 탔다. 그가 찾아낸 데이터 세계는 인간 본성을 가감없이 보여줬다. 오바마의 당선은 인종 화합의 승리가 아니었다. 다비도위츠는 구글 검색에서 오바마 대통령이 당선된 2008년 11월 4일 미국의 일부 주에서 '최초의 흑인 대통령'이라는 검색어보다 '검둥이 대통령'이라는 인종주의 단어의 검색 비율이 더 높았다는 것을 밝혀냈다. 이 현상은 인종주의 성향이 강한 남부 일부 주 외에도 뉴욕 북부, 펜실베이니아 서부, 오하이오 동부, 산업 지역인 미시간, 농촌 지역인 일리노이에서도 나타났다. 일상에서 자연스럽게 즐겨 쓰는 단어에는 그 사람의 심리 구조가 반영된다. 단어는 사람의 마음과 생각을 붙잡고 구체화한다. 속마음, 굳은 생각일수록 단어는 깊이 박혀 있다. 그래서 단어는 마음 지문과도 같다.[1] 보는 사람이 없는 데서 키보드로 입력한 검색어가 그 사람의 속마음이자 깊은 생각 자체일 수 있는 이유다.

평범한 디지털 다윗들의 본성

다비도위츠는 미국에서 인종주의 성향을 가르는 전통적인 남북축 외에 동서축을 새로 발견했다. 그는 오바마 대통령의 당선을 다룬 검색 데이터를 토대로 미국의 인종주의 성향 지도를 새로 그렸다. 흥분한 다비도위츠는 이 결과를 담은 논문을 써서 여러 학술지에 제출했다. 그의 논문이 놀라운 발견으로 환영받을 것을 기대했다. 그러나 현실은 기대와 달랐다. 학술지 다섯 곳에서 게재를 거부했다. "그렇게 많은 미국인들이 그토록 악랄한 인종차별적 생각을 품고 있다는 것을 믿지 못하겠다"는 평가 때문이었다.[2] 다비도위츠의 논문 게재 심사를 한 전문가들은 충격을 받았을 것이다. 자신들을 포함해 보통 사람들의 속마음이 그렇다는 것이 놀랍고 싫었을 수 있다. 하지만 그것이 현실이다. 다비도위츠에 따르면 사람들은 의외로 섹스에 관련된 적나라한 검색을 많이 한다. 인종주의 표현을 이용한 검색 역시 마찬가지다. 사람들은 본성에 따라 움직이며 커뮤니케이션은 그 통로이자 자체다. 커뮤니케이션의 이면에는 숨은 본성의 세계가 있다. 그것은 커뮤니케이션을 움직이는 힘이다.

다비도위츠의 데이터는 디지털 다윗들의 본모습을 보여준다. 디지털 다윗들은 정의감에 불타는 운동가나 용맹한 전사가 아니라 모이고 응집하려는 본성에 충실한 개인이다. 군중과 공중, 대중은 필요에 따라 존재한다. 영원한 것은 본성이지 디지털이 아니다. 디지털은 군중과 공중, 대중이라는 사회적 본성에 스며든 시대적 변인일 뿐 항구적이지 않다.

노벨 문학상을 수상한 바 있으며, 군중 연구로 유명한 엘리아스 카네티(Elias Canetti)는 60년 전에 이미 그것을 간파했다. "그들은 결국 각자의 집으로 돌아가 각자의 침대에 누울 것이며, 각자의 소유물을 지니며, 자신의 이름을 결코 버리려 하지 않을 것이다. 그들은 자신에게 딸려 있는 권속을 버리지 않는다."[3]

디지털은 본성을 각자의 집과 침대에 묶어놓은 동시에 연결시켰다. 연결된 것은 군중, 공중, 대중이 아니라 집과 침대에 묶인 본성들이었다. 관용, 공감, 정의, 분노 같은 감정이 연결됐다. 감정이 개인을 벗어나 집단화하면서 사회적 본성은 새로운 동력을 얻었다. 디지털 액티비즘 전문가 예브게니 모로조프(Evgeny Morozov)는 이 점을 날카롭게 지적했다. "나는 사람들이 자주 이기적이고 자아도취적인 동기로 온라인 캠페인에 참여한다고 본다."[4]

이 때문에 디지털 다윗 현상에서는 커뮤니케이션이 과도하게 강조되며 그 자체가 목적이 된다. 하지만 커뮤니케이션은 모든 것이지만 때로는 모든 것이 아닐 수도 있다. 다윗의 승리만으로 시대가 나아가지 않는다. 역사 속 많은 경험에서도 이것이 증명됐다. 2010년과 2011년 사이 중동 국가들에서 일어난 민주주의 혁명 '아랍의 봄'이 그렇다. '트위터 혁명' 또는 '페이스북 혁명'이란 표현은 연금술이란 말과 같았다. 언론들은 모두 이런 표현을 담은 기사를 한두 차례씩 냈다. 미국의 인터넷 언론 〈허핑턴포스트〉는 아랍의 봄에서 소셜 미디어의 역할을 너무 과대평가하지 말라는 맬컴 글래드웰(Malcolm Gladwell)의 말을 인용하면서도 "소셜 미디어가 튀니지의 혁명을 가속화했다"고 평가했다.[5]

결국 사람들의 기억에서 아랍의 민주주의 정치는 2010년과 2011년에 머물러 있으며 아랍의 봄과 '소셜 미디어 혁명'으로 각인되어 있다. 사람들의 의식 속에서 아랍은 이런 신화들이 기록된 시점에 정지해 있을 뿐 더 이상 진화하지 않았다.

그렇다면 우리가 디지털 다윗 현상에서 얻을 수 있는 함의는 무엇인가? 항상 사회 현상은 인상 깊은 몇몇 장면이 각인된 이미지로 남아 기억되고, 분석과 설명은 그 뒤를 따른다. 우리 기억에 남아 있는 몇 개의 이미지로는 디지털 다윗 현상을 제대로 이해하기 어렵다. 더군다나 다비도위츠나 모로조프, 글래드웰의 말대로라면 선한 것은 결과였을 뿐 그 뒤에 숨은 커뮤니케이션 본성에는 어떤 일들이 있었는지를 알 수 없다. 다행히도 디지털은 인간 본성이 풀어야 할 과제를 주었지만 연결이라는 실마리도 주었다. 연결의 힘은 인간의 커뮤니케이션 본성이 디지털 다윗 현상으로 전환되는 과정을 이해할 수 있게 해준다.

연결은 불순한 동기를 선한 결과로 세탁하는 힘만 가진 것이 아니다. 본성이 아니라 과정을 진화시키는 힘을 가진다. 그것은 디지털 다윗 현상의 속성에서 드러난다. 예를 들면 첫째, 평범한 사람들의 리더 없는 시스템, 둘째, 소셜 방전과 상황 의존성, 셋째, 수와 규모 중심의 도덕적 정당성이 디지털 다윗 현상의 특징이자 성격이다.

▌평범한 사람들의 리더 없는 시스템

디지털 다윗 현상의 특징은 리더 없이 작동하는 평범한 사람들의 시스템이라는 데 있다. 초연결 사회의 군중은 수많은 디지털 다윗들로 이뤄진다. 마치 길거리 어디선가 보았을 것 같은 이웃집 사람들로 구성된다. 터키 국민들의 민주화 요구를 스탠딩 침묵 시위로 세계에 알린 에르뎀 균듀즈나 프랑스 노란 조끼 시위를 촉발시킨 자클린 무로는 미디어의 주목을 끌 만한 유명 인사가 아니었다. 페이스북과 트위터, 인스타그램 등 소셜 미디어는 명분과 대의만 주어지면 언제든 뛰어들 준비가 되어 있는 사람들로 가득하다. 평범한 사람들도 용기 있게 자신의 목소리를 낼 수 있는 기회가 열렸다. 여론 광장의 문턱이 크게 낮아졌다. 에릭 슈미트는 이런 현상을 두고 테크 기업의 수장답게 '두려움의 장벽'이 제거됐다고 표현했다.[6]

2019년 1월 사우디의 18세 소녀가 본국 송환을 앞두고 이틀 동안 트위터 생중계로 망명 의사와 도움을 요청해 성공했던 사례는 리더 없이 작동하는 보통 사람들의 네트워크가 발휘할 수 있는 힘을 보여줬다. 사우디 정부 고위 관료의 딸인 라하프 무함마드 알쿠눈(Rahaf Mohammed al-Qunun)은 가족과 함께 쿠웨이트에 체류하다가 여성 인권이 열악한 본국으로 돌아가길 거부하고 태국 방콕행 비행기를 탔다.

그러나 알쿠눈은 방콕에 내리자마자 경찰에 억류되어 본국 송환이라는 위기에 처했다. 알쿠눈은 즉시 트위터 계정을 만들었다. 이틀 동안 알쿠눈은 알지도 못하는 전 세계 사람들에게 트위터로 도움을 요청하는 메시지를 보냈다. 이를 이집트의 한 여성 인권운동가가 국제 인권 단체 휴먼라이트워치(HRW)와 국제연합(UN)에 알렸고, 세계 트위터 이용자들은 '#SaveRahaf', '#FreeRahaf'와 같은 해시태그를 달아 확산시켰다. 〈BBC〉와 〈CNN〉, 〈뉴욕타임스〉 등 글로벌 유력 언론들도 상황을 보도했다.

결국 태국 경찰은 알쿠눈의 본국 송환을 포기했고 캐나다가 그녀의 망명을 받아들이면서 긴박한 드라마가 마무리됐다. 알쿠눈이 트위터 가입과 동시에 구조 메시지를 보낸 시각은 1월 5일 밤 9시 21분이었다. 그리고 국제 인권 단체인 휴먼라이트워치의 아시아담당 부이사인 필 로버트슨(Phil Robertson)이 그녀의 구조 요청 메시지에 트위터로 '#FreeRahaf' 답변 메시지를 곳곳에 보낸 시각이 같은 날 밤 11시 13분이었다. 그사이 트위터 이용자들의 자발적 협력 덕택에 구조 메시지가 전문 기관까지 도착했고, 소요된 시간은 정확히 1시간 58분이었다. 이후 그녀의 팔로어는 급속히 늘었고 한 달 후에는 22만 명에 이르렀다.

소셜 방전과 상황 의존성

디지털 다윗 현상의 또 다른 특징은 상황 의존성이다. 모든 현상이 네트워크 위에 존재한다. 순식간에 확산되고 사그라진다. 사이클이 불분명하기 때문에 전개 과정을 예측하기가 어렵다. 엘리아스 카네티는 군중의 불규칙성과 돌발성에 주목했다. 카네티는 유럽이 두 번의 세계대전을 치르는 동안 독일과 오스트리아, 영국에서 광기로 가득한 군중을 목격했다. 그 경험을 담은 책《군중과 권력》에서 카네티는 군중의 집단행동을 촉발시키는 자극을 '방전'이라고 표현했다.[7]

카네티의 표현을 빌리면 디지털 다윗들의 의식에 불을 지르는 것이 '소셜 방전'이다. 그의 말처럼 수많은 디지털 다윗들은 항상 방전될 준비가 되어 있다. 그리고 방전됐던 기억은 마치 에너지보존법칙처럼 보통 사람들의 기억 속에 효능감의 경험으로 보존된다. 군중의 경험, 소셜 미디어 네트워크, 언론 등 곳곳에 사회적 각성과 기억의 형태로 저장된다.

특히 감정은 이 과정에 영향을 미치는 요인들 중에 가장 강력한 촉매제 역할을 한다. 많은 연구들이 소셜 미디어의 여론과 감정의 관계에 주목해왔다. 사실상 초연결 사회에서 소셜 미디어가 연결하는 것은 사람이 아니라 감정이다. 예를 들어 소셜 미디어에서는 감정적 단어가 많이 담긴 메시지가 확산될 가능성이 더 높다. 뉴욕대학교의 연구진에 따르면 총기 규제, 동성 결혼, 기후 변화같이 뜨거운 이슈일수록 도덕적 감정이 표현된 메시지가 더 많이 확산된다. 연구진은 이 과정을 '도덕적 전염'(moral contagion)이라고 불렀다.[8] 그리고 '도덕적 전염'은 보수와 진보 네트워크 내부에서 더 확산될 가능성이 높으며 양 진영 간의 교류 가능성은 낮았다.

젊은 디지털 액티비즘 전략가인 제러미 하이먼즈는 상황 의존적 특성을 고려한 행동 전략을 강조한다. 그는 맥락을 장악해 상황을 주도해야 한다고 본다. 특히 하이먼즈는 캠페인이 온라인 공간에만 머물지 않으려면 초연결 시대에 맞는 새로운 권력 행동에 해당하는 참여로 전환시켜야 한다고 주장한다. 그는 개인 또는 조직이 온라인 공간에서 만들어내는 디지털 행동을 8단계로 나눴다. 이 중에 순응과 소비는 가장 낮은 단계로 구권력 행동에 해당한다. 그리고 공유, 가입, 적용, 재원 조달, 생산, 구성 등의 단계를 신권력에 해당하는 행동

구권력 행동		신권력 행동						구성
							생산	
						재원 조달		
					적용			
				가입				
			공유		다른 사람들이 만든 콘텐츠나 아이디어를 수정 보완	신권력 공동체에 기부 함으로써 참여	신권력 공동체 내에서 콘텐츠나 자산을 창출하거나 제공	신권력 공동체의 규범을 구성하거나 보호
	소비		다른 사람들이 만든 콘텐츠나 아이디어를 공유	신권력 공동체를 승인 하거나 가입				
순응	전통적 소비							
전통적 순응								

으로 분류했다. 하이먼즈는 가변적인 디지털 행동의 영향력을 높이려면 신권력에 해당하는 행동으로 전환시켜야 한다고 강조했다.[10]

수와 규모 중심의 도덕적 정당성

디지털 다윗은 수와 규모에서 도덕적 정당성을 얻는다. 동조자들이 소셜 미디어의 광장을 가득 채울수록 감정의 전염력이 강해진다. 유튜브, 페이스북에 올려진 글의 조회 수, '좋아요', 공유(또는 옮기기) 등을 이용자 관여 또는 반응(user engagement)이라고 하는데, 이 수치가 지지와 동원의 규모를 보여준다. 흔히 언론은 특정 이슈에 대한 온라인 여론 상황을 표현할 때 댓글 또는 이용자 반응 규모를 인용한다. 지지 규모와 수가 주장과 행동의 명분과 정당성이 된다. 이런 소셜 광장 현상은 페이스북과 인스타그램, 트위터 같은 소셜 미디어와 유튜브, 포털 뉴스 등 여론 플랫폼에서 주로 나타난다. 소셜 광장 현상 덕택에 동질성 강한 집단이 쉽고 빠르게 형성되어 확장된다.

특히 페이스북의 뉴스 피드처럼 소셜 미디어에서 이용자 성향을 반영해 게시물과 콘텐츠들을 노출시키는 알고리즘, 즉 개인화 알고리즘은 이용자 성향을 특정 방향으로 강화시킨다. 다윗들의 규합을 도와 소셜 광장 현상을 만들어낸다. "나도 다윗이다", "우리 모두 다윗이다"라고 다윗들이 서로의 동질성과 유대를 확인하는 상호 확증 피드백은 소셜 미디어의 개인화 알고리즘 때문에 더 효율적으로 형성된다. '가장 원하는 것을 주라'는 이용자 니즈의 본질을 반영한 서비스 알고리즘은 닷컴 버블의 붕괴에서 IT 기업들이 얻은 교훈이다. 하지만 그 교훈에 충실한 서비스가 만들어낸 소셜 광장이 평범한 민주주의 작동에 걸림돌로 지적될 줄은 아무도 몰랐다. 동질성에 기반한 도덕성은 민주주의에 바람직하지 않기 때문이다. 오로지 수와 양을 토대로 만들어진 도덕성에 대해서는 밀도 반대했다. "오직 한 사람 말고는 인류 모두가 똑같은 의견을 갖고 있다고 해도 그렇게 하는 것이 정당화될 수 없는 만큼이나 인류가 그 한 사람을 침묵하게 만드는 것도 정당화될 수 없을 것이다."[11]

2017년 청와대 국민청원은 국민들이 특정한 현안이나 문제에 대해 게시글을 올리고, 이 글이 20만 명의 추천을 받으면 정부의 입장과 답변이 이뤄지는 시스템이다. 시스템의 취지는 보통 사람들의 실생활 속에서 정부가 보지 못하는 불편과 현안들에 대해 시민들이 해결을 직접 요구하고 정부가 이에 답함으로써 국민과 정치, 행정 사이의 거리를 좁히는 데 있다. 편리하고 쉬운 행정 민주주의가 핵심이다.

그러나 여론은 늘 국민청원에 올라온 현안들의 지지 규모에 초점을 둔다. 언론이나 시민들은 청원의 질적 측면보다 지지의 증가 속도와 규모에 관심을 둔다. 이 때문에 풀뿌리 민주주의가 규모와 동원의 민주주의로 변질될 우려가 높아졌다. 가장 두려워해야 할 때는 정당화의 동기가 이성보다는 감정에서 나오는 경향이 높아지는 순간이다.

협력적 유전자 vs 이기적 유전자

정치학자이자 협력 연구로 유명한 로버트 액설로드(Robert Axelrod)와 한국의 소설가 겸 보수 칼럼니스트 복거일이 20년의 시차를 두고 같은 질문을 던졌다. 액설로드는 그의 책《협력의 진화》에서, 복거일은 신문 칼럼에서였다.

액설로드는 이렇게 물었다. "중앙 권위체가 없는, 이기주의자들로 가득 찬 세상에서 도대체 어떤 조건일 때 협력이라는 행동이 나타날까? 이 문제는 오랜 세월 동안 사람들의 흥미를 끌어왔다. 그도 그럴 것이 사람들은 천사가 아니며 가능한 자기 이익부터 먼저 챙기는데도 인류 사회에 협력이라는 행위가 나타났으며 이 협력을 바탕으로 문명이 만들어졌기 때문이다. 개인이 이기적으로 행동하는 것이 유리한 상황에서 어떻게 협력 행위가 나타날 수 있었을까"[12]

복거일은 신문 칼럼에서 복잡한 사회가 돌아가는 신기함을 두고 물었다. "찬찬히 생각해보면 분쟁들이 그리 많은 것도 아니다. 사람들은 천사들이 아니다. 제 이익만을 생각하는 사람들이 모인 사회가 이만큼 돌아간다는 사실이 신기하지 않은가?"[13]

액설로드나 복거일은 각기 다른 의도에서 천사가 아닌 사람들로 가득한 사회가 아슬아슬하게 돌아가는 조건으로 협력을 들었다. 협력은 개인의 이기심들이 파국을 피하도록 조정한다. 이 때문에 학자와 전문가들은 협력을 끌어내는 요인들이 무엇일지 고민했다. 하버드대학교의 요차이 벤클러(Yochai Benkler)도 그중 한 사람이다. 그는 사회가 '보이지 않는 손'이나 리바이어던(Leviathan) 모델에 의해서 움직인다는 전통적인 시각에 반대했다. 대신에 이타심과 같은 사회적 동기와 협력을 강조했다. 특히 벤클러는 협력을 이끌어내는 몇 가지 요인들도 강조했는데, 커뮤니케이션, 진정성, 공감과 연대, 공정성과 도덕성, 보상과 처벌 등이 그것이다.[14]

벤클러는 DNA 수준으로 인간의 협력을 강조했다. 애덤 스미스

(Adam Smith)의 보이지 않는 손, 토머스 홉스(Thomas Hobbes)의 리바이어던에는 이기심을 조정할 DNA가 빠져 있다. 대신 스미스는 시장의 자율 메커니즘, 홉스는 국가 권력이라는 조정 시스템을 선택했다. 반면 벤클러는 시스템이 아니라 개인의 사회적 본성에 협력이라는 DNA가 있다고 보았다. 그는 협력이 이기심의 충돌을 조정할 수 있다고 믿었다. 벤클러는 이기적 유전자 때문에 경쟁이 인간의 숙명임을 주장한 리처드 도킨스(Richard Dawkins)를 비꼬았다. 벤클러는 "이타적 유전자"(The Unselfish Gene)라는 제목의 칼럼을 〈하버드비즈니스리뷰〉에 기고했는데, 거기서 그는 인간은 협력하는 유전 요소를 가졌다고 반박했다. 타인의 경험을 마음으로 공유할 수 있게 해주는 공감 능력이 두뇌 속에 실재한다는 것을 밝혀낸 뇌신경 과학을 예로 언급했다. 이를 통해 그는 인간 행위에 대한 이기적 이성 모델을 '신화'라고까지 표현했다.[15]

마침내 1990년대 초반 신경과학에서는 이타심의 승리를 선언하는 연구 결과가 나왔다. '공정한 관찰자'가 인간의 뇌 속에 실재한다고 밝혀졌다. 이기심을 제어하고 온전히 협력하는 세상을 찾아가는 생물학적 나침반을 발견했다. 이 나침반을 신경과학은 '거울 뉴런'(mirror neuron)이라고 불렀다. 거울 뉴런은 두뇌 속이 야성적 충동과 합리적 이성의 경쟁과 혼돈으로 가득 차 있다고 믿던 시대를 전환시켰다. 벤클러가 협력 유전자라는 표현을 쓸 수 있었던 것도 거울 뉴런 덕분이다. 거울 뉴런은 다른 사람의 경험을 직접 겪지 않고도 동일하게 느낄 수 있게 해주는 두뇌 부위를 말한다.

1990년대 초 거울 뉴런을 밝혀낸 연구들을 진행한 크리스티안 케이서스(Christian Keysers)는 자신 있게 말했다. "타인에게 일어난 일은 우리 두뇌의 거의 모든 영역에 영향을 미친다. 우리는 공감하도록, 타인과 연결되도록 설계되었다."[16] 마침내 '공정한 관찰자'가 공감이라는 구체적인 마음의 실체로 전환되는 계기를 맞았다. 연결된 것은 물리적 네트워크가 아니라 우리의 두뇌였다.

반면 인간 본성에서 이타심의 영구적 승리를 주장하는 시각에 대한 반론도 있다. 인지심리학자 스티븐 핑커(Steven Pinker)는 《우리 본성의 선한 천사》라는 책에서 제러미 리프킨(Jeremy Rifkin)과는 다른 주장을 했다. 좀 더 냉정해야 한다는 것이다. 핑커는 인간의 공감 능력이 신화처럼 과장되는 것을 경계했다. 그는 우리의 감정이입이 상대적이고 제한적일 수 있다고 지적했다. 감정이입이 아예 상대방과의 관계에 따라 달라질 수도 있다는 것이다.[17]

이 때문에 핑커는 이타심을 움직이는 공감의 능력을 인정하면서 작동 조건도 지적했다. 공감은 사람들이 이해관계를 공유하거나 동일 집단에 소속되었을 때 더 잘 작동된다는 것이다. 그에 따르면, 공감은 무조건적이지 않다. 까다롭게 움직인다. 특히 핑커는 감정이입이 귀여움, 잘생긴 외모, 혈연, 우정, 유사성, 공통의 유대 등의 조건에 영향을 받는다고 보았다.[18]

우리의 판단을 이끄는 선한 이기심

결국 이기심과 이타심은 두뇌와 마음속에서 공존의 자리를 찾았다. 인간은 충동적이고 비합리적인 데다가 이기적이지만 타인의 마음을 헤아려 협력할 수 있는 선함도 동시에 가졌다. 인간 본성에는 경쟁과 갈등을 조율해 파국으로 치닫지 않고 공존으로 이끄는 '선한 이기심'이 배선되어 있다. 본성이나 이성만으로 협력이 이뤄지지 않으며, 공감만으로 경쟁이 제어되는 것도 아니다. 본성과 이성, 공감은 서로를 배제하지 않는 하나의 시스템으로 작동한다. '선한 이기심'은 이러한 기제들이 작동하는 시스템이다. 선한 이기심은 인간의 공감 능력이 작동하는 데 대가를 요구한다. 즉 비용을 계산한다. 그리고 이를 토대로 협력 행동으로 이끄는 계산 과정을 관리한다. 협력에 투입되는 비용보다 이익이 더 크다면 우리는 협력 행위를 결정하고 실행한다. 이 과정에서 선한 이기심은 직관과 이성과 더불어 판단 과정을 이끈다.

직관, 감정, 이성의 작동 체계는 최근 성균관대학교 연구진이 실행한 도덕 딜레마 실험에서 다뤄진 적이 있다. 성균관대학교의 윤진호, 이은주, 장정 교수가 진행한 〈우리는 호모 모랄리스인가? 도덕 딜레마 해결 기제의 신경윤리학연구〉에서는 사람들의 직관, 공감, 이성이 하나의 시스템으로 작동한다고 밝혀졌다.[19] 연구진은 피실험자들에게 각각 개인적 딜레마, 사회적 딜레마 시나리오를 제공했다. 개인적 딜레마는 피실험자에게 중소기업 경영자를 부모로 둔 경영학 수강생을 가정하도록 했다. 학생은 수업 중 기업 회계에서 회사 명의로 구입한 차량에는 구매 및 유지 비용과 관련해 세금 혜택이 주어진다는 것을 알았다. 최근 부모의 회사가 경영에 어려움을 겪고 있어서 만약 개인 용도로 차량을 구매해야 되는 상황이라면 피실험자는 회사 명의로 구입해 그 비용만큼 부모의 부담을 경감시킬지(이윤 추구), 아니면 사실대로 구입해 부담해야 할 세금을 모두 낼지를(도덕적 원칙) 결정하도록 했다.

사회적 딜레마에서는 피실험자에게 글로벌 제약 회사의 신약연구개발팀장의 역할을 가정하도록 했다. 최근 독성이 매우 강하고 치사율 높은 바이러스 때문에 많은 사상자가 발생했는데, 피실험자의 개발팀에서 마침 바이러스 치료 백신을 개발했다. 그런데 이 백신은 내부 테스트 결과에서 바이러스 성분 때문에 8% 정도의 사망률을 보였다. 만약 이 수치를 허가 기준인 5%로 낮춰 당국에 보고해 판매를 허가받으면 회사는 수조 원대의 이익을 거둘 수 있지만(이윤 추구), 부작용 발생률을 사실대로 8%로 보고하면 회사가 판매 허가를 받지 못하고 부도 위기에 처할 수도 있다. 이런 상황에서 피실험자는 두 방안 중 한 가지를 선택하도록 요청받았다.

실험은 두 단계로 이뤄졌다. 우선 실험자들에게 질문하고 답변을 측정했다. 결과에서는 두 딜레마 사이에 약간 차이가 있었다. 개인적 딜레마에서는 부모님의 부담을 덜어주는 결정, 즉 회사 명의로 차량을 구입해 이용하겠다는 선택이 원칙대로 개인 명의로 구입하겠다는 선택보다 더 높았다. 반면 사회적 딜레마에서는 백신의 부작용을 사실대로 보고하겠다는 선택이 더 높았다.

두 번째 실험 단계에서는 두 가지 딜레마 상황에 처한 피실험자들의 응답 과정에 대해 뇌파를 측정했다. 그 결과 사회적 딜레마 상황에서 직관적 판단이 작동할 때 반응하는 우측 전전두엽이 강하게 활성화됐다. 활성화 속도 역시 빨랐다. 반면 개인적 딜레마에서는 공감이 작동할 때 반응하는 측두엽이 활성화됐다. 더불어 두 유형의 딜레마에서 피실험자들 모두 좌측 전두엽 영역이 활성화됐다. 좌측 전두엽은 이성 및 자기 제어와 관련된 뇌 영역으로 피실험자들이 모두 도덕적 판단 과정을 거쳤음을 보여준다. 연구진은 직관, 공감, 이성이라는 세 가지 기제가 순차적인 협력 과정을 거쳐 판단에 이른다고 결론 내렸다.

'선한 이기심'이 공감을 작동시키려면 커뮤니케이션이 절대적으로 필요하다. 협력으로 분류되는 상호작용 행위를 보면 사람들은 소통할 때 더 신뢰하고 공감으로 이어진다. 믿을 수 없는 타인에게 공감이 무조건적으로 작동하지는 않는다. 커뮤니케이션은 공감의 장벽을 낮추거나 제거하는 역할을 한다. 실제로 지난 수십 년 동안 실시된 수백 개의 실험 결과를 보면 커뮤니케이션 능력이 협력에 가장 큰 영향을 주는 요인이었다. 벤클러는 이외에도 상황 및 진심, 공감과 결속, 공정성과 도덕성, 보상과 처벌, 명성 및 상호성, 다양성 등을 협력에 영향을 주는 요인으로 꼽았다.[20] 사실상 거의 모든 조건에 커뮤니케이션이 직간접적으로 포함된다. 커뮤니케이션은 선한 이기심이 작동해 공감의 비용과 편익을 계산하게 만들어준다.

페이크 뉴스와 에르뎀 균듀즈, 노란 조끼의 공통점

2011년 아랍의 봄 이후 불과 5~6년 만에 소셜 미디어는 온갖 말썽의 진원지가 됐다. 대중을 스마트하게 진화시킨 혁명의 도구에서 민주주의 위협으로 전락했다. 소셜 미디어의 개발자들이 이런 비판 대열을 이끌었다. 특히 페이스북의 유명 개발자들이 고해성사를 하면서 비난의 불을 붙였다. 2017년 말 페이스북에서 기술 개발 책임을 맡았던 차마스 팔리하피티야(Chamath Palihapitiya)와 레지나 두간(Regina Dugan)은 한 달 간격으로 페이스북이 민주주의를 위협할 수 있음을 경고했다. 이용자 개인에게 정교하게 맞춰 계산된 알고리즘이 고립된 네트워크를 만들고, 뉴스를 포함한 정보의 소비를 개인화해 사람들 간의 다양한 교류를 억제하는 부작용을 낳을 수 있다고 우려했다.

언론도 비슷했다. 〈파이낸셜타임스〉와 〈이코노미스트〉는 소셜 미디어를 디지털 민주주의의 적으로 선언해버렸다. 〈이코노미스트〉는 "소셜 미디어가 민주주의를 위협할 것인가?"라는 기사를 냈고, 〈파이낸셜타임스)는 "디지털 민주주의의 위기"를 알렸다.[21] 모두 2016년 브렉시트, 트럼프의 대선 승리를 예로 들면서 소셜 미디어가 대중을 홀렸다고 비판했다. 카네티의 말처럼 디지털 군중을 방전시킨 책임을 소셜 미디어에 물었다. 특히 페이크 뉴스 논란은 소셜 미디어에 대한 비난을 더욱 부채질했다. 원래 페이크 뉴스의 조짐은 한참 전부터 있었다. 감정 사회의 도래, 신념과 가치의 대립 부각, 동일 성향을 중심으로 뭉치는 집단화 현상은 정보의 편식과 왜곡을 심화시켰고 페이크 뉴스는 이 흐름을 타고 인간 본성에 숨어들어 자극했을 뿐이다. 이 세 가지 흐름은 소셜 미디어가 열어놓은 공간에서 선순환이 아니라 악순환의 고리를 찾았다.

페이크 뉴스가 만든 악순환의 고리는 이렇다. 우선 안타깝게도 사람들은 진실을 선호하지 않는다. 스스로 받아들일 만한 사실을 더 좋아한다. 이 때문에 소셜 미디어에서 오보와 루머의 확산 속도가 진실보다 빠르다. 트윗의 내용이 오보 또는 루머였다고 밝혀진 후에도 이를 정정하는 이용자가 거의 없다는 것은 더 충격적이다.

2012년 허리케인 샌디가 미국 동부 해안 지역을 강타했을 때, 2013년 보스톤 마라톤 대회에서 폭탄 테러 사건이 발생했을 때 트위터 이용자들이 관련 루머에 어떻게 반응했는가를 다룬 연구 결과가 있다. 버팔로대학교의 연구진은 두 사건 때의 루머가 담긴 트윗 2만 건 이상을 대상으로 확산 패턴을 조사했다. 그 결과 오보나 루머가 담긴 트윗을 받은 이용자의 85~91%가 그대로 리트윗을 하거나 좋아요를 누르는 등 확산에 동조하는 반응을 보였다. 반면 5~9% 정도의 이용자만이 트윗의 진위 여부를 확인하는 조치를 취했다. 트윗의 내용이 사실이 아님을 알게 된 이후의 반응은 더 놀랍다. 잘못된 트윗을 삭제한 이용자는 10% 미만이었고, 이전 트윗이 잘못됐다고 알리는 새 트윗을 보내는 이용자도 20%가 채 안됐다. 5명 중 4명 이상은 이전의 잘못된 트윗을 정정하지도 않고 그대로 내버려둔다. 오보와 루머는 집단의 방조 속에 그대로 사실로 굳어진다.[22]

MIT 미디어랩이 트위터의 정보 확산 패턴에 대해 실시한 대규모 연구에서도 결과는 동일했다. 연구진이 2006년부터 2017년까지 10년 동안 300만 명의 사람들이 보낸 트윗을 대상으로 사실을 다룬 트윗과 허위 정보를 다룬 트윗으로 구분한 다음, 해당 트윗이 각각 얼마나 재확산됐는지를 비교했다. 연구진은 "허위 정보가 진실보다 유의미하게 더 멀리, 더 빠르게, 더 깊게 그리고 더 광범위하게 확산됐다"고 밝혔다. 특히 정치 관련 트윗에서 이런 현상이 심했다. 트윗의 확산에 영향을 주는 변수들을 통제한 후 비교한 결과에서도 허위 정보는 진실보다 70% 정도 더 확산되는 패턴을 보였다.[23]

사람들은 생각의 변화보다는 유지와 강화를 더 선호한다. 동일한 생각과 신념을 공유한 사람들에게는 그것을 유지하게 해주는 메시지가 확산될 가능성이 높다는 연구도 앞선 결과들과 관련 있다. 대부분의 사람들은 각자가 가진 정치관, 종교관에 따라 자신만의 신념과 판단의 틀을 가진다. 이 신념과 판단의 틀이 강한 사람들의 경우 여기에 맞지 않는 정보는 회피하려는 성향도 커진다. 다시 말해 인지 부조화를 견디지 못한다. 온라인에서도 자신의 신념과 생각에 맞는 정보만을 고른다. 그렇다고 해서 이 사람들이 특별한 소수의 사례라고 보면 안 된다. 사람들 대부분은 정도의 차이만 있을 뿐 이런 성향을 가진다. 생각해보라. 스스로 불편한 정보를 의도적으로 피한 경우가 최근에 없었는지. 신념에 부합하는 정보만을 선택하려는 성향이 강한 사람들에게 페이크 뉴스의 팩트 여부는 중요하지 않을 수도 있다. 불편한 팩트보다는 마음에 맞는 페이크 정보가 더 편할 수도 있기 때문이다.

이렇게 자신의 신념과 가치에 거슬리는 사실 정보보다는 일치하는 허위 정보를 더 선호하는 경향을 '역효과'(backfire effect)라고 부른다. 역효과는 2010년 미시간대학교의 브렌던 니한(Brendan Nyhan)과 액서터대학교의 제이슨 레이플러(Jason Reifler)가 공동 연구에서 주장한 개념이다.

최근 프랑스의 선거 과정에서 페이크 뉴스와 팩트 체크의 영향을 다룬 연구에서는 의미심장한 결과가 공개됐다. 페이크 뉴스에서 팩트 체크는 유권자에게 사실관계를 바로잡아 알려주는 역할을 하지만 이 때문에 지지 방향이 바뀌지는 않았다. 오히려 팩트 체크가 특정 이슈의 현저성을 높인 것으로 나타났다. 다시 말해 사람들에게 페이크 뉴스에 관련된 현안을 한 번 더 인지시키는 결과를 낳았다.[24] 뉴스가 다룬 소재가 부정적일 경우 불필요하게 이슈를 상기시키는 결과까지 이어질 수 있다.

결국 이 모든 현상은 페이크 뉴스가 팩트가 아니라 해석과 관점을 다루기 때문에 발생한다. 대부분의 페이크 뉴스가 정치 현장에서 일어난다. 즉 페이크 뉴스의 목표가 사실관계가 아니라 대중의 해석과 관점을 선점하는 데 있음을 말한다. 대중의 관점을 장악해 주목과 동의를 얻어내려는 데 있다. 독일의 앙겔라 메르켈(Angela Merkel) 총리는 이런 종류의 여론 싸움에 대해 조언했다. "주목과 동의를 얻으려는 싸움에서는 사실이 아니라 인식이 중요하다." 덧붙여서 측근들은 메르켈이 중요한 정치적 결정을 내릴 때는 이런 말도 했다. "잘못되면 즉시 욕을 먹고 잘되면 20년 뒤에 칭찬을 들을 것이다."[25]

메르켈과 측근들의 말을 놓고 보자면 대중의 인식을 혼란케 하는 페이크 뉴스와 사실관계만을 다툴 게 아니라 보다 적극적인 싸움을 해야 한다는 의미다.

매개 커뮤니케이션과 감각의 변화

사람들이 직접 얼굴을 마주한 면대면 상황이 아닌 한 모든 커뮤니케이션에는 기술이 이용된다. 매스 미디어 또는 소셜 미디어에서 이뤄지는 비대면 커뮤니케이션도 기술 덕택에 가능하다. 이때 기술이 중계한 커뮤니케이션을 매개 커뮤니케이션이라 한다. 그리고 비대면 커뮤니케이션에서는 기술에 의해 매개된 특정 감각이 증폭된다. 매개된 커뮤니케이션은 얼굴을 맞대고 하는 실제 대화만큼 생생하지 않기 때문에 더 현실처럼 보이도록 시각, 청각, 후각 등이 강화된다. 그래서 매개 기술들이 커뮤니케이션 상황에서 감각을 증폭시켜 현실보다 더 생생한 상황을 만들어낸다. 특히 기술은 매개된 감각 경험을 풍부하게 한다. 높은 곳에서 찍은 드론 영상이나 AR, VR 같은 디지털 기술은 감각 경험을 강화해 커뮤니케이션 경험을 풍부하게 만든다.[26]

스포츠 중계가 좋은 예다. 생중계된 스포츠 경기도 TV라는 미디어 기술을 통해 전달된다. 아나운서와 해설자, TV카메라 촬영과 프로듀서로 이뤄진 중계 시스템의 매개를 거친다. 그러나 첨단 기술이 중개해도 스타디움의 열기와 흥분 자체는 고스란히 담지는 못한다. 그래서 매스 미디어는 어떻게든 스타디움의 열기와 흥분을 시청자에게 전달할 수 있는 기술을 만들어낸다. 스타디움 지붕에 설치해놓은 카메라나 실제 경기장 한가운데서 드론이 마치 전쟁터의 전투 장면을 공중에서 보여주는 것처럼 영상을 보여준다. 매개는 기술로 감각을 증폭한다. 그 덕분에 프로스포츠 팬들 중에는 경기장에서보다 집에서 TV 중계를 보는 게 더 실감나고 재미있다는 사람들이 있다.

이렇게 미디어 기술에 의해 전달된 콘텐츠를 사람들이 이용하면서 느끼는 실재감과 현장감을 '프레즌스'(presence)라고 한다. 미디어는 사람들이 실제로 현장에 있는 것처럼 느끼게 하거나 마치 등장인물과 아는 것 같은 경험을 가능하게 한다. 프레즌스는 미디어 커뮤니케이션을 통해 이뤄지는 감각 경험이다. 예를 들어 전화로 대화할 때 상대편은 저기에 있고 나는 여기에 있지만 대화를 하고 있으니 같은 공간에 있는 것과 마찬가지라는 인식을 말한다. "당신은 거기에 있고, 나는 여기에 있다. 그리고 우리가 대화하니 같은 공간에 있는 것과 마찬가지다"라는 공간 공유의 감각이다. TV 또는 라디오 프로그램 방송 도중에 중간 광고를 할 때 진행자가 "잠시 광고 듣고(보고) 올게요"라고 말한다고 해서 실제로 그 사람들이 광고를 보거나 들으러 갔다 오지는 않는다. 그럼에도 불구하고 우리는 그런 말들을 자연스럽게 받아들인다.

한편 커뮤니케이션 기술에 의해 증폭된 프레즌스는 경우에 따라 감각적 피로감을 유발한다. AR, VR 같은 기술에 의해 구현된 콘텐츠를 이용할 때 특히 그렇다. 이 때문에 AR, VR 콘텐츠에서는 레이턴시(latency)를 중요하게 간주한다. 레이턴시는 몸이 움직이는 속도와 시각으로 인지하는 속도 간의 격차를 말한다. 머리를 오른쪽으로 돌리면 시선도 자연스럽게 같은 방향으로 이동하는데, 시각적으로 동시에 인지하지 못한다면 상당한 어지러움을 느끼게 된다.[27] 증폭된 감각이 그만큼 신체 피로감을 유발하기 때문이다.

그러나 2000년대에 태어난 제트 세대는 새로운 기술에 의해 증폭된 프레즌스를 전혀 낯설어 하지 않는다. 이들은 초연결 기술에 의해 증폭된 프레즌스 환경에서 태어나고 성장했다. 밀레니얼 세대의 뒤를 이은 이 제트 세대는 태어나서 눈을 뜬 곳이 연결된 세상이다. 2018년 〈동아비즈니스리뷰〉에 실린 제트 세대 관련 특집기사는 "태어나 보니 세상은 연결돼 있었고, 엄마 아빠 손에는 휴대폰이 들려 있었다"는 말로 시작했다.[28] 이 기사에 제트 세대 전문가로 인터뷰에 참여한 IBM Korea의 유통소비재 산업 부문 디지털트랜스포메이션 서비스 리더는 제트 세대의 디지털 성향을 강조했다. "몇 번 언급했듯 제트 세대는 직접 경험을 해야 한다. 근데 그 경험에 온오프 구분이 있는 것이 아니다. 그들에게 모든 세상은 항상 '온'(On)되어 있었다. '오프'(Off)되어 있던 적이 한 번도 없는 이들에게 온오프라인을 구분하는 게 무슨 의미가 있나."

밀레니얼 세대까지는 인간에게 있어서 현실 공간은 오프라인 세계이고 온라인 세계는 이른바 가상세계였다. 그러나 제트 세대는 다르다. 이들에게는 태어나는 순간부터 손에 스마트폰이 쥐어져 있었고 식탁과 요람에서는 유튜브를 봤다. 이들은 온오프라인의 경계가 붕괴되어 완전하게 통합된 세상에 최적화된 디지털 네이티브이자 소셜 네이티브다. 제트 세대의 감각은 이전 세대와 다르다. 감각의 온오프라인 구분이 없다. 물리적인 신체의 경계를 넘어선다. 디지털 기술이 증폭하고 매개한 감각은 맨몸으로만 느끼던 이전 감각과는 다르다. 증폭된 감각은 제트 세대에 이르러 마치 새로운 신체의 형태로 진화한 것 같은 효과를 낳았다.

소셜 무드가 의미하는 것

소셜 무드(social mood), 즉 사회 분위기는 어느 한 시점에 사회 구성원 대다수가 공유하는 정서 또는 생각이다. 사람들은 매스 미디어와 소셜 미디어를 통해 가족과 친구, 직장 동료의 감정을 읽거나 출퇴근길에 부딪치는 사람들의 표정과 행동에서 감정의 흐름을 느낀다. 사회 분위기는 특정 사건과 이벤트에 대해 사회 구성원이 공통적으로 보이는 반응에도 나타난다. 이렇게 사회의 감정 신호들에 대해 개인의 느낌은 차곡차곡 쌓여 지배적인 정서 흐름이 된다. 안정과 평안, 불안과 두려움, 분노, 슬픔 같은 기본 감정의 형태로 묶인다. 따라서 사회 분위기는 하나의 사건으로 급격하게 반전되거나 형성되기 어렵다. 오히려 축적된 사회 분위기 때문에 사건이 만들어진다. 사회 분위기가 도화선이 된다.

2016년 강남역 근처에서 발생한 여성 살인 사건은 유례없는 폭발적 반응과 갈등을 불러일으켰다. 여성들은 강남역 10번 출구에 포스트잇을 붙이며 희생자를 추모하고 여성 대상 범죄를 규탄했다. 언론은 강남역 여성 살인 사건을 한국 사회에 만연한 젠더 문제의 상징으로 부각시켰다. 하지만 돌이켜보면 강남역 살인 사건 이전에도 여성을 대상으로 한 혐오 범죄는 항상 존재했다. 그럼에도 불구하고 강남역 살인 사건이 도화선이 된 배경에는 젠더 문제를 둘러싼 축적된 사회 분위기가 조성되었기 때문이다.

매년 대검찰청이 발표하는 〈범죄분석〉 자료를 살펴보면, 2000 년 71.2%였던 여성의 강력 범죄 피해 비율은 꾸준히 증가해 2011 년 80%를 돌파했고, 2015년에는 85%로 절정에 달했다. 반면 세계 경제포럼이 매년 발표하는 〈글로벌젠더갭리포트(Global Gender Gap Report)〉에 따르면 한국의 성평등 지수는 2006년 92위에서 2015년 115위로 더욱 악화됐다. 강남역 살인 사건에 반응한 한국 여성의 분노는 갈수록 나빠지는 위험과 불평등이 누적되어 나타난 현상이다. 그리고 하나의 사건이 아니라 젠더 문제에 대한 사회 분위기가 임계치를 넘어섰다는 반증이다. 다만 한국 남성과 한국 사회가 이것을 감지하지 못했을 뿐이다.

사회 분위기는 사회·문화적 유전자인 '밈'(meme)과 밀접하다. 생물의 유지, 존속에 유전자가 중요한 역할을 하듯 사회·문화에서도 유전자와 비슷하게 특정한 목적을 가진 여러 기능이 관습화 및 제도화되어 있는데, 이것이 바로 밈이다. 진화생물학자 리처드 도킨스가 《이기적 유전자》에서 탄생시킨 밈은 생물학적 유전자에 해당하는 사회적 개념이다. 문화 유전자 현상인 밈은 유행의 확산과 모방, 언론, 매스 미디어의 드라마, 영화, 소셜 미디어 등을 통해 만들어지고 확산된다. 가령 디즈니의 여주인공이 주체적 캐릭터로 설정되고, 여성 히어로물이 등장하는 이유는 남녀 사이 역할 변화의 사회 분위기가 문화적으로 반영되기 때문이다.

특히 소셜 미디어는 밈이 만들어지고 퍼져나가는 데 최적의 환경을 제공한다. 하나의 현상이 일시적인 유행을 넘어 밈으로 자리 잡으려면 짧은 시간에 확산되고 긴 시간 동안 반복되어야 한다. 다시 말해 단시간에 확산되는 폭발적인 에너지와 영원히 죽지 않는 생명력을 가져야 밈이 된다. 당연히 최대 다수의 대중에게 도달해야 한다. 매스 미디어, 소셜 미디어 같은 매개체는 이것을 가능하게 한다. 이들 매개체의 특징은 다음과 같다. 첫째, 모두 사회 분위기를 반영하고, 둘째, 각각 서로를 상호 참조하는 방식으로 대중 징후를 확산시키며, 셋째, 커뮤니케이션이 그 역할의 핵심이다. 넷째, 최근에는 소셜 미디어를 타고 확산되는 밈의 영향력이 커졌다. TV와 신문이 미디어의 전부였던 시기에는 이들 매체의 매개 파워가 실로 엄청났다. 메이저 신문의 1면 헤드라인은 곧 그날의 의제이자 이슈였다. 지상파와 케이블 TV의 드라마와 음악 프로그램은 대중의 감정을 쥐고 흔들었다. 대중의 모방을 이끌어내고 감정을 전염시키는 대중적 리더의 개념도 달라졌다. 지금은 소셜 미디어를 중심으로 한 원자화된 매개 시대다.

한편 사회 분위기는 비슷한 용어인 트렌드, 시대 정신과는 다르다. 유럽의 마케팅 전문가로 넥스트빅씽(Next Big Thing)의 설립자인 윌리엄 하이엄(William Higham)은 트렌드를 "운동 등의 방향, 전체적인 추세나 경향, 장시간 일어나는 통계적으로 관찰 가능한 변화, 현재의 스타일이나 선호"라고 정의했다. 트렌드는 마케팅에서 주로 다뤄지는데, 구체적으로는 "소비자들 사이에서 일어나는 변화"로 설명되기도 한다.[29] 반면 시대 정신(Zeitgeist)은 사회학자 김호기 교수의 "현재 상황을 진단하고 미래 방향을 전망하는 가치의 집약이라는 의미"라는 설명에 잘 집약되어 있다. 시대 정신은 주로 국가의 정치 사회적 흐름을 집약한 가치를 말한다.[30] 따라서 사회 분위기는 트렌드보다는 장기간에 걸쳐 지속된다는 점에서 시대 정신과 비슷하지만, 철학적이고 가치 지향적이기보다는 보편 사회 정서에 가깝다는 점에서는 그것과 다르다.

또한 사회 분위기는 이슈와 현안에 대한 개인 또는 집단적 태도와도 구분된다. 사회 분위기는 이슈와 현안에 대한 개인과 집단의 태도에 영향을 주는 배후 요인이며, 태도 자체는 아니다. 따라서 사회 분위기는 장기간 사회를 주도하는 지배적 정서로 보는 것이 정확하다. 불안, 분노, 슬픔, 안정, 기쁨 등의 정서 차원과 적폐 청산, 경제 위기, 외교 안보와 같이 국가적 현안 차원으로 구분된다. 사회 분위기 분석 전문가 존 캐스티(John L. Casti)는 지배적인 정서를 희망, 오만, 두려움, 절망 등으로 나누기도 했다.[31]

그럼 사회 분위기를 어떻게 읽을 수 있을까? 사회 분위기를 보여주는 신호들은 장기간에 걸쳐 집약되어 나타나는 것들과 단기간에 일시적으로 발생하는 것들이 있다. 그리고 통계적 데이터에 기반한 정량적 자료들과 그렇지 않은 정성적 자료들로도 구분할 수 있다. 정량적 유형으로는 여론 조사, 주가, 실업률, 경제 고통 지수, 베스트셀러, 영화 통계 등이 해당된다. 정성적 유형으로는 영향력 있는 인사의 발언, 대형 사건 사고, 대중의 언어, 광고 표현 등이 해당된다. 소셜 미디어의 비주얼 이미지와 언어, 포털 사이트의 검색 동향, 온라인에서 가장 많이 언급되는 단어 통계 등과 같이 뉴미디어에서 발생한 데이터들도 사회 분위기를 보여준다.

또한 트위터의 트윗 메시지에도 사회 분위기가 담겨 있다. 트위터에 대한 빅데이터 분석을 통해 메시지에 담긴 사회 정서를 추출해내는 접근법을 '트위톨로지'(twitterology)라고 한다. 트위터의 대규모 텍스트 데이터를 분석해 사람들의 마음과 생각을 읽는 연구 경향을 종합해서 이르는 말이다. 트위터의 메시지에 나타난 정서를 읽어 주가 변동을 전망하거나,[32] 자살자 수를 예측하기도 한다.[33] 경기 침체가 트위터 이용자의 정서에 주는 영향도 분석됐다.[34]

미국 코넬대학교의 마이클 메이시(Michael W. Macy) 교수는 영어권 사람들의 생체 리듬의 변화를 트위터 메시지의 어휘로 분석했다. 연구진에 따르면 트위터 메시지에 나타난 사람들의 기분은 하루 중 아침에 긍정적 감정을 느끼며 올라가고, 오후에는 내려가며, 초저녁에 다시 서서히 올라갔다. 세계 어느 지역이든 공통적으로 나타난 현상이다.[35]

각종 경제 지표들 역시 사회 분위기를 보여주는 통계 자료다. 예를 들어 우리나라의 통계청에서는 주요 경제, 사회 지표를 선정해 제공한다. 인구/가구, 보건/사회/복지, 고용/노동/임금, 물가/가계, 교육/과학/교통, 산업, 경기/무역, 국민 계정/지역 계정 등 10개 항목에서 100개 지표를 공개한다. 《신호와 소음》의 저자 네이트 실버(Nate Silver)에 따르면 미국 정부는 매년 4만 5,000건에 달하는 경제 지표 자료를 공개한다. 민간 기구에서 조사, 발표되는 통계 수치는 400만 건에 달한다.

락스만 아추산(Lakshman Achuthan)과 아니르반 바네르지(Anirvan Banerji)의 《최신비즈니스사이클(Beating the Business Cycle)》은 이보다 더 놀라운 주장을 담았다. 이 책에 따르면 민간 경기 통계 조사 업체 는 약 400만 개의 변수들을 다루고 있다. 그런데 이들은 0.01%에 해 당하는 400개 정도의 변수들만이 경제를 전망하는 데 유용하다고 평 가했다.[36]

유명 인사의 발언도 사회 분위기를 보여주는 경우가 있다. 예를 들 어 한국은행 총재의 발언은 공식, 비공식 여부를 떠나 늘 언론의 초 점이 된다. 예를 들어 "한국 경제 대내외 불확실성 요인을 보면 메르 스 사태, 그리스 채무 협상, 미 연방준비제도의 금리 인상에 따른 국 제 금융 시장 변동성 등 크게 3가지다. 이 가운데 가장 큰 리스크는 메르스 사태의 파급효과다",[37] "이번 테러가 가뜩이나 미약한 유로 지역의 경기 회복세에 어떤 영향을 미칠지, 그리고 테러 위험에 따른 심리 위축이 여타국까지 확산할 가능성은 없는지 지켜봐야 할 것"[38] 등의 발언은 사회 분위기를 보여주는 중요한 근거가 될 수 있다.

한 경제학자는 사회 분위기에 영향을 주는 소비 심리를 두고 다음 과 같이 표현한다. "소비 심리는 각종 지표와 뉴스에 좌우되는 경향이 있어 기본적으로 경기 후행적이다."[39] 소비자들의 심리는 경기에는 후행적이지만, 브랜드 입장에서는 선행 요인이 된다.

지금까지 정부, 정당, 기업은 커뮤니케이션 전략에서 사회 분위기를 크게 고려하지 않았다. 이것은 큰 실수다. 사회 분위기가 팩트를 규정하기 때문이다. 전 세계가 페이크 뉴스 때문에 겪고 있는 고생을 생각해보라. 페이크 뉴스에서 중요한 것은 임팩트, 즉 충격적인 효과다. 사람들은 팩트보다는 임팩트에 열광한다. 그리고 이 임팩트를 결정하는 것이 바로 사회 분위기다. 사회 분위기가 때때로 정보 해석과 상황 판단의 힘까지 부여하기 때문이다. 가상화폐 열풍을 보면 된다. 노벨상을 수상한 경제학자, 글로벌 최고의 투자 전문가, 심지어는 유명한 가상화폐 발행자까지 나서 위험을 경고했는데도 사람들은 분위기를 따랐다.

문화심리학자 리처드 니스벳(Richard Nisbett)은 상황과 맥락이 사람들의 심리에 주는 영향이 크다고 강조한다. 상황과 분위기가 개인의 판단과 행동에 영향을 준다. 개인으로서 인간은 주변의 상황과 분위기를 넘어서 독자적으로 튀게 행동할 배짱과 자신감을 갖기에는 미약하다. 니스벳에 따르면 더욱 그렇다.

○ 맥락에 주목하라. 그러면 나와 타인의 행동에 영향을 미치는 상황 요소를 더 정확히 알 수 있다. 특히 맥락에 주목하면 지금 작동하고 있을지 모를 사회적 영향도 인식할 가능성이 높아진다. (…) 상황 요

소는 나와 타인의 행동에 생각보다 많은 영향을 미치는 반면, 기질 요소는 생각보다 적은 영향을 미친다는 사실을 기억하라.[40]

초연결 사회에서 원하든 원하지 않든 간에 모든 사람은 연결된다. 더 많이 연결될수록 거꾸로 개인화에 대한 욕망 역시 커진다. 이러한 이중 경향은 사회 분위기가 개인과 집단에 미치는 영향이 더 커지도록 만든다.

초연결 시대의 설득전략은 무엇이 달라야 하는가

○ **5장** ○

개인 주도 커뮤니케이션의
시대가 열리다

기업에 있어서 경영 현장은 전쟁이자 게임이다. 온갖 과학적 분석과 치밀한 전략으로도 승리를 장담하기 어렵다. 사회 흐름과 시장, 경영 환경에 대한 대담한 직관과 냉철한 분석 그리고 돌파 의지 없이는 경영 전략에서 성공을 기대할 수 없다. 최근 무모할 정도로 과감한 모험을 시도한 기업이 있다. 이 기업은 웬만한 기업은 피하고 싶은 정치 사회 소재를 마케팅에 끌어들였다. 바로 나이키(Nike)다.

나이키는 2018년 '저스트 두 잇'(Just Do It) 30주년 기념 캠페인으로 미국 사회를 양분시켰다. 나이키는 이 캠페인의 메인 모델에 프로풋볼 선수 콜린 캐퍼닉(Colin Kaepernick)을 기용했다. 캐퍼닉은 미국 프로풋볼리그(NFL)의 포인티나이너스(49ers)에서 쿼터백으로 활약했다. 그는 2016년 루이지애나주에서 흑인 청년이 불심검문 도중 백인 경찰에 의해 사살되는 사건이 발생하자 이에 대한 항의 표시로 프로풋볼 경기의 국가 연주 때 무릎을 꿇었다. 트럼프 대통령은 캐퍼닉을 애국심이 없다며 비난했다. 이듬해 자유계약선수가 된 캐퍼닉은 어느 팀과도 계약을 맺지 못했다. 그런 그를 나이키가 '저스트 두 잇' 기념 캠페인의 광고 모델로 등장시킨 것이다. "당신이 믿는 것을 하라. 그것이 어떤 희생을 치르든"(Believe in something. Even if it means sacrificing everything.)이 카피였다.

최고의 이론은 현실에 있다

당시 트럼프 대통령은 캐퍼닉의 광고에 흥분해 나이키를 비난하는 트윗을 올렸고 곳곳에서 나이키 제품 불매 운동이 벌어졌다. 반면 나이키에 열광하고 호응하는 소비자들도 늘었다. 광고 직후 나이키 주가는 급락하는 듯했지만 곧 반등했다. 소비자 조사 기관에 따르면 콜린 캐퍼닉의 광고를 본 소비자들의 56%가 제품 구매 의사가 높아졌다고 답했다. 특히 나이키의 타깃 세대인 10대 후반에서 20, 30대에서 호응이 뜨거웠다. 20대 후반에서 30대는 10%, 10대 후반에서 20대 초반은 6% 정도의 구매 의사 하락이 있었다. 이 정도는 캠페인의 전체 효과에 의해 충분히 상쇄될 수 있었다.

마케팅 컨설팅 회사 에이스메트릭스(Ace Metrix)의 CEO 피터 대볼

(Peter Daball)은 나이키 사례를 과감한 상쇄 전략으로 평가했다. "나이키 사례는 흔히 미디어가 일부 혐오자들을 보도할 때 소셜 미디어의 반응이 증폭될 수 있음을 다시 한 번 보여준다. 캐퍼닉처럼 정치적으로 찬반이 갈리는 인물에 대한 대부분의 반대는 연령과 성별, 인종 등 전 계층에서 오히려 그 메시지에 대한 강력한 선호도가 증폭되면서 상쇄된다."[1]

나이키는 무모했던 것이 아니라 과감했다. 신념과 가치가 감정과 묶여서 공감이라는 에너지로 전환되는 시대 흐름을 읽었고 현상을 만들어냈다. 그리고 거대한 스토리로 사회를 끌어들였다. 단순한 마케팅이 아니라 사회적 스토리였다. 나이키의 옹호자와 반대자 모두 결국은 '저스트 두 잇' 캠페인에 깊숙이 끌려들어갔다. 맹렬한 찬반이 휩쓴 뒤에는 가치에 대한 사회적 각인이 남았다. 나이키는 가치 지향적 회사라는 정체성과 매출이라는 트로피를 동시에 얻었다. 누가 봐도 최종 승자는 나이키였다. 나이키의 온라인 판매량은 31%나 급증했다. 〈포브스〉는 한 달 후 패션 브랜드 스튜디오 15(Studio15)의 젊은 CEO 지아 웨츠(Jia Wertz)의 말을 통해 나이키의 모험이 승리했다고 선언했다.

그리고 나이키는 치밀하고 대담했다. 나이키에게는 현실이 최고의 이론이었다. 신념과 가치에 민감해진 소비자들의 흐름을 읽었다. 특히 신념에 민감한, 10대 후반에서 20대에 이르는 젊은층의 성향을 간파했다. 핵심 소비자층을 정확하게 겨냥해 기획한 전략의 결과였다. 나이키는 18세에서 29세 사이의 젊은 남성층을 목표로 했다. 이들을 대상으로 정치·사회적 캠페인으로 브랜드 마케팅을 할 때 어떤 플랫폼에서 시작해 확장시켜나갈지를 정교하게 기획했다.

메시지 역시 이들의 성향과 지향 가치를 반영했다. 여론 조사 기관 해리스 폴(The Harris Poll)의 CEO 존 거제마(John Gerzema)는 나이키의 전략을 정확히 짚었다. "나이키는 핵심 소비자층에 어필하려고 다른 소비자들을 멀어지게 할 수도 있는 전략적 모험을 택했다. 브랜드를 분극화시키기 위해 정확하게 계산된 조치였다. 그리고 이 시도는 성공했다."[2]

나이키는 과격하고 변덕스러운 현실에 순응하기보다는 과감하게 대응했고 결국은 모험을 즐겼다고 보는 것이 맞을 정도로 성과를 거뒀다. 캐퍼닉의 사례에서 나이키가 보여준 자신감과 사회 흐름을 마케팅 전략으로 전환시키는 대담성은 매출로 환산하기 어려운 가치를 창출했다.

그러나 모든 기업이 나이키처럼 현실에 대한 과감한 도전을 매출로 바꾸는 마법을 부릴 수는 없다. 나이키가 벌인 전쟁의 승부처였던 온라인 세계가 사실은 많은 기업들의 무덤이다. 온갖 욕망들이 제어 장치 없이 충돌하는 온라인은 자신 없으면 뛰어들지 않는 것이 좋을 정도로 치열한 곳이다. 2019년 3월 발표된 〈MIT슬론매니지먼트리뷰(MIT Sloan Management Review)〉의 연구가 이를 보여준다. 보스턴대학교의 제럴드 케인(Gerald C. Kane) 교수는 〈MIT슬론매니지먼트리뷰〉,

컨설팅 기업 딜로이트(Deloitte)와 공동 조사를 실시했다. 조사 내용은 급격한 디지털 전환기에 기업 리더에게 어떤 역량이 가장 필요한가 였다. 연구팀은 5년 동안 120개 국가 28개 산업 분야에 속하는 기업 의, 약 2만 명 이상의 임원, 관리자, 애널리스트를 대상으로 조사했다.

연구진은 기업들이 처한 현 상황을, 마치 경영자들의 심리적 고충을 이해한다는 듯이 '디지털 붕괴'(digital disruption)로 규정했다. 디지털 붕괴 속에서 리더가 처한 가장 큰 어려움은 변화의 속도와 규모였다. 조사에 응한 임원과 관리자, 애널리스트들은 모두 비즈니스 변화의 속도와 폭이 과격해 감당하기 어려울 정도라고 고충을 털어놓았다. 그리고 변화에 대한 적응 과정에서 발생하는 조직의 문화적 긴장과 갈등도 지적됐다. 특히 혁신 추구자들과 현상 유지를 원하는 사람들의 긴장과 갈등이 조직 문화에 끼치는 영향이 우려됐다. 이러한 상황을 극복하는 데 필요한 유연하고 분산된 업무 환경의 구축 문제 역시 언급됐다.

난제들을 푸는 데 필요한 리더의 역량에 마법은 없었다. 세계 각국의 기업의 임원과 전문가들은 디지털 붕괴 시대에 기업 리더에게 필요한 역량을 크게 세 부분으로 꼽았다. 이전과 다른 새로운 것이 있었고, 전통적으로 중요하게 간주되어온 것도 있었다. 새로운 역량은 개혁적인 비전이었다. 통상적인 것과 다르다. 단순히 기업이 지향해야 할 가치를 담은 성장 목표가 아니다. 사회와 시장의 변화를 예측하고 지혜롭게 의사 결정을 내려 난관을 돌파할 수 있는 능력을 포함한 역

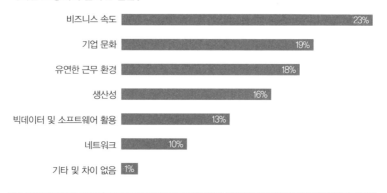

디지털 환경에서 달라진 점은?

비즈니스 속도 ─ 23%
기업 문화 ─ 19%
유연한 근무 환경 ─ 18%
생산성 ─ 16%
빅데이터 및 소프트웨어 활용 ─ 13%
네트워크 ─ 10%
기타 및 차이 없음 ─ 1%

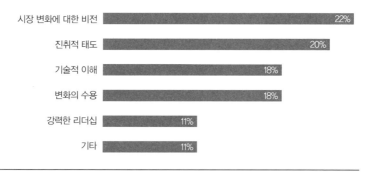

디지털 환경에서 리더가 갖춰야 할 가장 중요한 역량은?

시장 변화에 대한 비전 ─ 22%
진취적 태도 ─ 20%
기술적 이해 ─ 18%
변화의 수용 ─ 18%
강력한 리더십 ─ 11%
기타 ─ 11%

량을 의미한다. 두 번째로 중요하게 지적된 역량은 미래 지향성이었다. 뚜렷한 비전과 명확한 전략, 예측 역량이 포함된다. 그리고 세 번째로는 디지털 역량이었다. 단순히 프로그래밍 능력과 하드웨어 활용 기술만을 의미하지 않는다. 디지털 리더십을 발휘한 이전의 경험과 사회·문화적 함의까지 이해할 수 있는 통합적인 디지털 역량을 말한다.

설득 심리의 경제학, '넛지'

어느 나라에서든 낙태는 갈등이 첨예한 이슈 중 하나다. 미국에선 총기 규제와 더불어 공화당과 민주당을 구분하는 경계이고, 한국에선 군가산점 폐지와 더불어 사회가 양분되는 최전선이다. 이런 이슈는 정치 신념의 최후 저지선이기 때문에 보수와 진보 어느 한쪽도 물러설 수 없다. 지지 세력의 구심점에는 항상 결집을 견고하게 만드는 진영 이슈들이 자리하는데 총기 규제, 낙태 이슈가 바로 그렇다. 어느 쪽이든 여기서 밀리면 안 된다고 생각하기 때문에 온갖 논리와 메시지를 동원해 여론을 장악하려고 한다. 그런데 거창할 것 같은 대결이 예상치 못한 곳에서 결말이 나기도 한다.

예일대학교의 애덤 사이먼(Adam Simon)과 플로리다주립대학교의 제니퍼 제리트(Jennifer Jerit)는 흥미로운 연구를 했다. 그들은 '아기'(baby)와 '태아'(fetus)라는 단어를 사용해 두 개의 가상 뉴스를 만들었다. 그리고 사람들에게 뉴스를 읽게 했더니 낙태 규제에 대한 반응이 달랐다. '아기'로 표기한 기사를 읽은 사람은 '태아'로 작성된 기사를 읽은 사람보다 낙태 규제를 더 지지했다. 실제로 낙태죄 입법 시기의 뉴스를 분석해보니, 낙태를 둘러싼 양 진영은 자신의 주장을 정당화하기 위해 실제로 '아기'와 '태아'라는 단어를 선택적으로 사용했다.[4]

사람들은 낙태처럼 민감한 이슈도 단어 하나에 따라 판단을 달리한다. 여성 인권과 아이 생명권이 격렬하게 부딪치면서 도덕과 윤리,

철학부터 과학까지 이성을 무기로 한 논쟁이 전쟁처럼 벌어진다. 그런데 어휘가 주는 느낌에 좌우되는 의사 결정은 인간이 합리적이지 않다는 것을 보여준다. 행동경제학은 이 지점을 공략한다. 인간의 합리성을 전제로 한 시장의 자율 조정 메커니즘을 설명해온 전통적인 경제학 관점에 변화가 필요했다. 갑자기 인간이 비합리적으로 변해서가 아니다. 기존 관점으로는 충분히 설명되지 않는 새로운 현상들이 너무 많아졌기 때문이다.

행동경제학은 인간의 합리성을 완전히 포기하지는 않았다. 합리성이 제한적으로 작동한다는 데서 출발했다. 대신 심리학을 끌어들여 인간 행동의 비합리성을 설명했다. 행동경제학이 제시하는 수많은 데이터와 사례는 인간이 얼마나 즉흥적으로 판단하고 습관적으로 결정하는지 보여준다. 행동경제학은 2000년대 인간의 경제적 행위를 설명하는 대안으로 떠올랐고, 대니얼 카너먼(Daniel Kahneman)에 이어 리처드 탈러(Richard H. Thaler)가 노벨상을 받으면서 현대 경제학의 왕좌에 올랐다.

행동경제학 이전에도 사람이 실제로 경제적으로 어떻게 행동하며, 왜 그렇게 행동하는지에 주목해 심리학적으로 설명하려는 시도들이 있었다. 그러나 행동을 결정하는 핵심으로 비이성적 심리를 지목하고 이를 집요하게 추적한 시도들은 흔하지 않았다. 1978년 노벨경제학상 수상자인 허버트 사이먼(Herbert Simon)이 '제한적 합리성' 개념을 제시하면서 바뀌기 시작했다. 이 개념은 당시 주류 경제학이 가정한 인간의 합리성에 의문을 제기했다. 그는 이기심과 인지 능력의 한계 등으로 인간이 이성적으로 생각하지 않는다고 주장했다. 사이먼 교수의 개념은 행동경제학의 시초로 평가된다.

2002년 심리학자로는 처음 노벨 경제학상을 수상한 카너먼은 의사 결정 과정에서 비합리적 심리 요소를 강조하며 행동경제학의 태동에 영향을 미쳤다. 그는 노벨상 수상식장에서 소감을 밝히면서 "저는 고정 관념에 기초한 인간의 두루뭉술한 사고와 편향성에 대해 연구했습니다. 인간이 모두 비합리적이라고 말하는 것은 아닙니다. 합리성이라는 개념은 매우 비현실적입니다. 저는 합리성이란 개념 자체를 부정하고 싶을 뿐입니다"라고 말할 정도였다.[5] 카너먼은 불확실한 상황에서 인간이 어떻게 판단하는지 연구했다. 특히 인간이 불확실한 상황에서 이성과 합리성이 아니라 감정적이고 직관적 판단에 근거해 위험 회피 성향을 보인다는 행위 모델을 제시하면서 기존 경제학에 충격을 주었다.

카너먼 이후 행동경제학은 한 걸음 더 나아갔다. 인간의 심리가 의사 결정 이후 어떻게 행동으로 이어지는지를 규명하는 데로 옮겨갔다. 그리고 인간이라는 종의 행위에서 사람들의 일상적인 경제 행위를 이끄는 구체적 심리로 시선을 옮겼다. 시카고대학교의 리처드 탈러가 대표적이다. 2017년 노벨 경제학상을 받은 그는 자신에게 노벨상을 안겨준 논문보다 《넛지》의 저자로 더 알려져 있다. 비유하자면 탈러 이전의 연구들이 행동경제학의 성경 구약이라면, 《넛지》를 포함한 탈러 이후의 연구들은 신약에 해당한다. 비합리적으로 작동하는 인간 심리를 설득해 의사 결정과 행동으로 이끌 방법들을 구체적으로 제시했기 때문이다. 말하자면 비합리성의 늪에 빠진 인간을 구원한 셈이다.

탈러는 넛지를 '자유주의적 개입주의'(libertarian patenalism)의 산물로 보았다. 자유주의란 "일반적으로 사람들이 자유롭게 원하는 바를 행할 수 있으며 자신이 원하지 않으면 바람직하지 않은 대안을 버릴 수 있는 것"이다. 또한 개입주의는 사람들의 "행동 방식에 영향을 미치기 위해 노력하는 것이 합당하다는 주장"을 나타낸다.[6] 마치 사람들이 스스로 선택한 것처럼 느끼도록 드러나지 않게 유도하는 모든 시도가 넛지다. 예를 들어 기업이 넛지를 이해하면 꽤 많은 문제의 답을 찾을 수 있다. 많은 인력과 돈을 투입한 캠페인이 왜 실패했는지, 또는 예상치 못했던 성공이 어떻게 가능했는지 알게 된다. 이러한 사례는 너무 많다. 심지어 탈러는 사례들로만 새로운 책을 썼을 정도다. 핵심은 사례가 아니라 본질을 아는 데 있다.

넛지는 설득의 기술이다. 앞서 언급했듯 인간은 자유 의지에 따라 스스로 선택한다고 생각한다. 하지만 그들의 선택은 실제로는 유도되었다. 기업은 사람들이 자신의 의사 결정을 비합리적이라고 느끼도록 해서는 안 된다. 행동경제학에서 말하는 설득은 비합리적 의사 결정임에도 불구하고 이해관계자가 스스로 합리적 판단을 했다고 느끼도록 하는 것이 핵심이다. 행동을 유도하는 넛지처럼 설득 커뮤니케이션은 행동경제학의 핵심이다. 예를 들어 넛지는 직접 명령이나 지시가 아니다. 가령 다이어트하는 사람에게 햄버거와 피자를 금지하는 것은 넛지가 아니다. 단지 그들이 패스트푸드 대신 먹을 수 있도록 과일을 보이는 곳에 두면 된다.

기업의 마케팅을 보자. 메시지 구성의 변화와 커뮤니케이션의 조정으로 소비자들의 판단에 넛지를 발휘할 수 있다. 던킨도너츠(Dunkin' Donuts)는 시내버스 안에서 기업 로고송이 나올 때마다 버스에 설치한 자동분무기로 커피 향을 분사했다. 이 캠페인을 진행한 후 버스 정류장 근처에 있는 던킨도너츠 매장의 고객 수는 16%, 매출은 28% 증가했다. 커피 향은 던킨도너츠의 '커피 & 도넛' 콘셉트와 가장 일치하는 자극이었고, 이것이 넛지로 기능해 매출로 이어졌다.

마케팅뿐 아니라 기업 인사와 생산성 관리에도 행동경제학은 새로운 대안을 제시한다. 탈러는 자신의 책에서 뉴욕 택시기사의 고충을 설명했다. 뉴욕 택시기사의 근무 패턴에 딸린 수입 불균형 문제였다. 택시기사들이 이 문제를 해결하기 위해 채택한 시도는 놀랍게도 경제학의 기본 법칙과 다르게 작동되는 근무 행태였다. 학교의 사회 교과서에서 배우는 자본주의 시장 원칙에 따르면 수입이 증가할수록 공급되는 노동량이 증가한다. 다시 말해 택시기사의 벌이가 증가하면 더 많은 사람이 이를 목격하고서 운전대를 잡으려 한다. 따라서 손님이 많은 날에 더 많은 기사가 더 오래 일한다. 하지만 탈러가 목격한 뉴욕 택시기사는 반대였다. 그들은 한산한 날에 더 오랫동안 일했다. 뉴욕 택시기사가 이렇게 행동하는 데에는 자신의 수입을 한 달이 아닌 하루 단위로 생각하는 고정관념이 자리하기 때문이었다. 서울과 마찬가지로 뉴욕 택시기사도 회사에 매일 사납금을 내야 한다. 따라서 손님이 많은 날, 사납금 기준을 쉽게 넘긴 기사는 더 이상 일하지 않고 바로 집으로 향했다.

탈러는 단지 수입 기준을 바꾸기만 해도 문제가 해결될 수 있다고 봤다. 먼저 하루가 아닌 한 달을 기준으로 택시기사를 평가했다. 그러자 약 5% 추가 소득이 발생했다. 또한 바쁜 날 오래 일하고, 한산한 날 적게 일하자 동일 근무 시간 기준 10%의 추가 소득이 발생했다. 매일 똑같이 12시간 근무를 고집할 필요가 없다. 한 달을 소득 기준으로 삼으면 손님이 많을 때 더 오래 일하고, 돈벌이가 시원찮은 날에는 일찍 귀가해 가족과 행복한 저녁 시간을 보내면 된다.

행동경제학은 커뮤니케이션 전략에 새로운 가능성을 제공한다. 조직은 외부와 내부를 구분해 행동경제학 원리를 설득 전략에 구현할 수 있다. 조직 외부 이해관계자가 대상일 경우 그들이 지닌 의사 결정 비합리성을 강화하는 데 초점을 맞춘다. 기업의 경우 약간의 자극과 잠재된 인지 편향으로 매출을 높일 수 있다. 감각 마케팅이 활성화되고 아무도 인식하지 못하도록 넛지가 될 만한 요소들을 여기저기 뿌려놓는다. 반면 조직이 내부를 지향하는 경우 억지스런 교훈조의 메시지 없이도 구성원들이 비합리적 의사 결정을 내리지 않도록 유도할 수 있다. 생각과 관점을 바꾸고 습관을 개선하면 투입 대비 더 큰 효과를 만들어낼 수 있다.

커뮤니케이션은 조직의 성과를 높인다

심리학은 조심스러운 학문이다. 인간의 마음과 생각이 통계나 실험의 손을 빌려도 쉽게 설명되기 어렵고, 정확히 예측되지 않기 때문이다. 숫자로 표현되는 순간 그 이면에 자리한 의미가 사라져버린다. 그러나 최근의 심리학은 달라지고 있다. 뇌신경과학, 진화심리학, 행동경제학 덕분에 인간의 마음을 사진처럼 정교하게 포착하고, 인간의 행태에서 생각을 유추한다. 이에 따라 인간 행동의 근원에 대해 도발적이고 모험적인 설명이 늘고 있다.

이런 흐름에 맞춰 조직들도 어떻게 하면 성과를 높일 수 있을지에 심리학을 적극 활용한다. 조직 문화와 구성원의 몰입, 리더십이라는 세 영역이 핵심이다. 이 영역들이 중첩되는 교차로가 커뮤니케이션이다. 예를 들어 구성원들이 불만을 품고 있다든지 무언가 잘못되어 있으면 조직에 흐르는 커뮤니케이션에 징후가 드러난다. 그래서 전문가들은 커뮤니케이션 문제는 배후에 더 큰 난제를 숨긴 경우가 많다고 지적한다.[7]

심리학은 세 가지 영역의 기업 커뮤니케이션에 영향을 준다. 첫째, 조직 문화다. 조직 문화는 한 기업이 공유하는 가치와 믿음 그리고 이것들이 반영된 비제도적 행동 체계를 의미한다. 이것은 오랜 시간에 걸쳐 만들어지며 기업 문제를 해결하고 구성원의 행동 규범을 형성하는 데 이바지한다. 이 과정에서 커뮤니케이션은 조직 문화를 강화하거나 변화시키는 데 영향을 미친다. 예를 들어 경쟁 가치 모형(competing values framework)으로 유명한 미시간대학교 로버트 퀸(Robert Quinn) 교수는 조직 문화를 특정한 방향으로 바꾸려면 이에 수반하는 커뮤니케이션 문제 해결이 가장 중요하다고 지적했다. 그는 기업의 내부 또는 외부 지향성, 유형성, 자율성, 통제성, 안정성 등을 기준으로 조직 문화를 관계 지향, 혁신 지향, 위계 지향, 시장 지향의 네 가지 영역으로 구분했다. 그러면서 조직 문화가 경쟁 가치 모형의 한 영역에서 다른 영역으로 이동하거나, 네 영역의 가치를 서로 연결할 때, 또는 네 영역 간 조화를 추구할 때 발생하는 커뮤니케이션 문제를 지적했다. 기업이 조직 문화를 혁신 지향 유형으로 바꾸려면 수평적 커뮤니케이션 체계가 가장 필요하지만, 위계 지향을 추구한다면 커뮤니케이션 효율성이 가장 중요하다. 경쟁 가치 모형은 조직 문화를 강화 또는 변화시키는 핵심은 커뮤니케이션이라는 점을 분명히 보여준다.

둘째, 구성원의 몰입이다. 모든 기업은 임직원들이 스스로 동기 부여를 해서 열심히 일하기를 원한다. 동시에 기업은 이 과정에서 임직원들이 행복을 느끼고 삶의 보람을 찾기를 기대한다. 당연히 임직원들이 기업 미션을 정확히 이해하고 경영 전략에 동의하기를 바란다. 말 그대로 창업자나 소유주같이 내 일처럼 일하는 직원은 기업이 꿈꾸는 이상적 인간이다. 《몰입의 즐거움》으로 낯익은 미하이 칙센트미하이(Mihaly Csikszentmihalyi)는 직원이 기업에 헌신하도록 만들기 위한 방안으로 몰입 개념을 제시했다. 그는 사람들이 능숙한 활동에 스스로 참여할 때 나타나는 내적 동기를 연구해 몰입 상태에서 성과가 향상된다는 사실을 발견했다.

이 결과를 바탕으로 지금까지 많은 심리학자와 경영학자가 커뮤니케이션으로 직원 몰입을 강화하는 방안을 연구해왔다. 영국 랭커셔대학교 메리 웰치(Mary Welch) 교수가 커뮤니케이션과 몰입 관계를 활용해 개발한 내부 커뮤니케이션 모델이 그중 하나다. 웰치 교수는 직원 몰입이 정서적(헌신), 인지적(몰두), 물리적(활력) 차원으로 구성된다고 봤다. 또한 몰입 결과는 혁신, 효율성, 경쟁력으로 이어진다고 밝혔다. 이 모델이 의미 있는 이유는 직원이 소속감을 느낄 수 있도록 적절한 내부 커뮤니케이션이 필요하다는 점을 강조했기 때문이다. 특히 커뮤니케이션 전략이 직원 몰입을 어떻게 촉진하는지 정확히 설명했다.

마지막은 리더십이다. 리더십의 본질은 구성원이 스스로 학습하고 발전하도록 자극하는 데 있다. 따라서 리더십은 커뮤니케이션으로 완성된다. 리더십과 관련해 경영 구루들도 커뮤니케이션 중요성을 빠뜨리지 않는다. 현대 조직이론의 아버지로 추앙받는 경영이론가 체스터 바너드(Chester Barnard)는 《경영자의 역할》에서 커뮤니케이션을 CEO의 첫째 덕목으로 꼽았다. 그는 조직의 완성이 커뮤니케이션으로 가능하며, 공통의 목적을 달성하기 위해서도 커뮤니케이션이 필요하다고 역설했다.

CEO가 기업 비전을 어떻게 조직에 커뮤니케이션할 것인가 역시 중요하다. CEO는 조직과 직원이 쉽게 이해하도록 적절한 언어를 구사하고 인지적, 정서적 공감을 끌어내야 한다. 실제로 8단계 조직 변화 프로세스를 제시한 하버드대학교의 존 코터(John Kotter) 교수는 모든 직원의 참여와 활성화를 촉진하기 위해 가능한 단순하게 반복해서 커뮤니케이션하도록 제시했다. 애플 창업자 스티브 잡스(Steve Jobs)는 2007년 아이폰 프레젠테이션에서 한 문장의 비전으로 효과를 극적으로 입증했다. 잡스는 아이폰이 단순한 디바이스를 넘어 새로운 문화를 창조하고 가치를 리드할 것이라는 말을 "나는 퍽이 있는 곳이 아니라, 갈 방향으로 움직인다"(I skate to where the puck is going to be, not where it has been)라는 말로 표현했다. 이는 이 문구의 주인인 북미 아이스하키리그의 전설적인 선수 웨인 그레츠키(Wayne Gretzky)의 경우보다 더 효과적이었다. 이것은 애플이 추구할 혁신의 방향성을 단적으로 보여준 리더십 커뮤니케이션으로 평가받는다.

조직에서 구성원이 행복하게 몰입해서 일한다는 것은 재무제표의 수치 이상의 의미를 가진다. 특히 구성원의 몰입은 업무성과 지표에 나타난 임직원의 수치로는 환산되지 않는다. 업무에 몰두하는 그 자체에 급여 이상의 의미를 부여할 수 있다. 구성원의 자존감을 높여줄 수도 있다. 이는 조직의 가치와 비전이 구성원과 공유될 때에 가능해진다.

글로벌 조사 기관 갤럽(Gallup)은 이런 회사의 일자리를 '훌륭한 직업'(great job)이라 정의하고, 전 세계에 걸쳐 그 분포도를 조사해왔다. 갤럽은 조사에서 훌륭한 직업을 직원의 몰입 정도를 기준으로 정의했다.[8] 몰입도는 삶의 만족도에도 영향을 준다. 미국의 경우 훌륭한 일자리를 가진 사람은 그렇지 않은 경우보다 삶의 만족도가 더 높았다. 훌륭한 일자리를 가졌다고 생각한 사람은 자신의 삶의 만족도가 69점인 데 비해 그냥 안정적인 직장을 가진 사람의 경우는 52점이었다.[9]

결국 회사에 대한 직원의 만족도와 몰입 정도는 회사의 성과에 영향을 주는 데까지 이어진다.[10] 갤럽이 직원의 몰입도를 조사하기 위해 개발한 질문에는 커뮤니케이션이 핵심 요소로 포함되었다. 질문에 담겨있는 사항들은 모두 커뮤니케이션에 관련이 있다. 회사 안에서 임직원들 사이에 커뮤니케이션에서 이 항목들이 구현된다.

○ 갤럽의 직원 몰입도를 측정하기 위한 12개 질문(5점 척도로 평가)

1. 귀하는 업무에서 귀하에게 기대하는 바가 무엇인지 알고 있습니까?

2. 귀하는 업무를 정확히 수행하는 데 필요한 자료와 장비가 있습니까?

3. 귀하는 매일 업무에서 최선을 다할 수 있는 기회를 갖고 있습니까?

4. 지난 7일 동안 업무 수행을 잘해서 인정을 받거나 칭찬을 받은 적이 있습니까?

5. 귀하는 업무 중 윗사람 또는 누군가로부터 사람으로서 존중받

는 것 같습니까?

6. 귀하의 발전을 격려할 누군가가 직장에 있습니까?

7. 직장에서 당신의 의견이 중요하게 고려되고 있습니까?

8. 귀하가 근무하는 기업의 미션·목적이 귀하의 직업을 중요하다고 느끼도록 해줍니까?

9. 귀하의 동료 직원들은 업무를 훌륭히 해내기 위해 열중하고 있습니까?

10. 직장에 좋은 친구가 있습니까?

11. 지난 6개월 동안 누군가가 업무에서 귀하의 발전에 대해 이야기를 한 적이 있습니까?

12. 지난 1년 동안 배우거나 성장할 수 있는 기회가 있었습니까?

퍼블리싱된 감정의 전염과 증폭

감정을 바이러스라고 말하면 상쾌한 비유는 아니다. 감정을 바이러스에 비유하는 데는 사회과학이 감정을 무언가 바람직하지 않은 것으로 인식해온 경향이 있기 때문이다. 사회를 잘 작동해야 할 기계처럼 구조와 기능 중심으로 설명했던 미국의 사회학자 탤컷 파슨스(Talcott Parsons)는 사회에서 감정을 "개에게 있는 벼룩 정도로만 허용"한 것으로 유명했다.[11] 이런 경향 때문에 "감정은 비합리적인 것

으로뿐만 아니라 전근대적인 것으로 간주되었다. 결국 그러한 견해가 사회학적 전통이 되었다".[12]

그러나 지금은 다르다. 감정은 이성의 자리를 밀어내고 과학의 중심 자리를 차지했다. 그럼에도 심리학에서 대면 대화나 매스 미디어, 소셜 미디어에서 감정 전이 현상을 감정 전염이란 개념으로 설명하는 데는 나름 이유가 있다. 감정은 이성적 사고의 경로를 거치지 않고 사회적 상호작용을 이끌어낸다. 심지어는 실재하지 않는 존재에 대해 감정적 유대를 느끼도록 만들 수도 있다. 미디어 심리학자들은 매스 미디어에 등장하는 가상 인물과 수용자 사이에 형성되는 유대감을 '유사 사회관계'(parasocial relationship)라고 부른다. 유사 사회관계를 만들어내는 상호작용이 '유사 사회적 상호작용'(parasocial interaction)이다. TV 드라마, 영화 시청자와 관객들은 등장인물을 실제로 가까운 사람인 것처럼 여긴다. 등장인물의 희로애락을 같이 느낀다.

시청자와 드라마 인물의 유사 사회관계를 활용해 성공한 드라마가 〈하우스 오브 카드〉다. 넷플릭스에서 큰 인기를 끈 이 정치 드라마는 대통령을 꿈꾸는 야심만만한 하원의원 프랭크 언더우드를 주인공으로 해서 워싱턴 정계의 화려한 무대부터 뒷골목까지 보여준다. 〈하우스 오브 카드〉는 오바마 전 대통령, 클린턴 전 국무장관이 스스로 팬이라고 밝힐 정도로 인기를 끌었다. 2013년 말 미국의 IT 기업 CEO들이 백악관을 방문했을 때, 일행에 있던 넷플릭스 CEO 리드 헤이스팅스(Reed Hastings)에게 오바마 대통령이 "〈하우스 오브 카드〉

다음 편을 가지고 왔는지 궁금하다"고 말할 정도였다. 오바마 대통령은 헤이스팅스에게 "실제 백악관도 드라마처럼 무자비하지만 효율적으로 돌아갔으면 좋겠다. (드라마에서는 백악관이) 정말 많은 일들을 해낸다"고도 했다.

오바마 대통령이 봤던 드라마 속에 만들어진 세계가 '구성된 현실'(constructed reality)이다. 그리고 가공된 현실 속의 인물인, 〈하우스 오브 카드〉의 경우엔 주인공 프랭크 언더우드에게 오바마 대통령이 느끼는 감정이 유사 사회관계다.

이 드라마 시즌1의 첫 회 도입 장면에서는 언더우드가 시청자들에게 도발적으로 유사 사회적 상호작용을 걸어온다. 어느 늦은 밤 거물로 보이는 손님을 접대하던 언더우드가 집 밖에서 들려온 과격한 자동차 브레이크 소리를 확인하러 나간다. 집 앞에서 차에 치인 개를 본 언더우드는 그 개에게 다가가 손으로 목을 눌러 죽이는 동시에 시청자를 쳐다보면서 이렇게 말한다. "누군가는 필요하지만 달갑지 않은 일을 해야 한다." 이 말은 시청자에게 이렇게 들린다. "이제 내가 당신에게 워싱턴 정계의 모든 것을 보여줄 테니 생각 있으면, 따라오라." 마치 언더우드가 자신의 야심을 이뤄가는 과정에서 숨겨놓은 동반자인 시청자에게 은밀하게 말하는 고백처럼 느껴진다.

누구도 그가 걸어오는 대화 속의 은밀한 관계를 거부할 수 없다. 무자비한 언더우드를 욕하거나 배짱을 부러워하거나, 아니면 모종의 동지애를 느끼거나 그에 대한 평가가 이뤄지고, 유사 사회관계가 시작된다.

2018년 초 한국 젊은이들에게 인기를 끈 영화 〈리틀 포레스트〉도 비슷하다. 영화 내용은 공무원 시험에 떨어진 주인공이 시골에 내려가 살면서 직접 마련한 재료들로 음식을 만들고, 생각하고, 대화하는 모습이 전부다. 영화는 관객에게 관계를 걸어온다. 등장인물의 관계 역시 이야기를 전개하기 위한 장치가 아니라 관객과 친밀한 관계를 맺기 위한 수준에서 더 나아가지 않는다. 감독 역시 젊은 관객들을 대상으로 말을 걸듯 영화를 찍었다. "젊은이들에게 시골의 사계절을 보여주고 싶었어요. 농담으로 제작진끼리 그랬어요. '우리 젊은이들은 시골의 여름과 겨울밖에 몰라. 방학 때만 가니까'라고."[13]

사람들은 매스 미디어가 매개한 현실 속의 인물에 실제와 동일한 감정과 관계를 맺는다. 소셜 미디어에서도 이런 현상은 전염처럼 증폭된다. 페이스북, 인스타그램, 유튜브는 '소셜' 퍼블리싱 기능이 강화된 '미디어'에 가깝다. 이용자는 개인이든 집단이든 네트워크에서 누군가와의 관계보다는 콘텐츠를 퍼블리싱하는 데 집중한다. 이 과정에서 매개된 감정은 매스 미디어 못지않은 전염성 때문에 증폭 과정을 거친다. 소셜 미디어에서는 개인들이 네트워크를 이용해 감정을 확산시키기 때문이다. 오프라인 상태가 존재하지 않는 초연결 사회에서는 팔로우 상태의 네트워크 자체가 감정 연합체일 수도 있다.

2012년 코넬대학교와 페이스북 연구진은 페이스북 이용자 68만 9,000명을 대상으로 실시한 공동 연구에서 페이스북 뉴스피드에 올라온 콘텐츠만으로도 감정이 확산된다는 것을 밝혔다.[14] 이전에는 소셜 미디어에서 감정의 확산은 이용자의 대화 같은 직접 상호작용을 통해 이뤄지는 것으로 알려졌다. 하지만 이 연구에서는 이용자 사이의 언어, 비언어 소통 없이 뉴스피드에 올라온 게시물만으로도 감정 반응이 일어났다. 예를 들어 뉴스피드에서 긍정적인 감정이 담긴 콘텐츠의 게시 비중이 줄어들면 이용자들은 부정적인 글을 올리는 경향을 보였고, 부정적인 감정이 담긴 콘텐츠 비중이 줄어들 때는 이용자들은 긍정적인 글을 올리는 경향을 보였다. 나중에 연구진은 페이스북 이용자들을 대상으로 비윤리적 실험을 했다고 큰 비판을 받았다.[15]

소셜 미디어에서 감정은 유형별로 확산 속도가 다르다. 이를테면 분노가 가장 빨리 퍼지고, 다음이 기쁨이다. 그리고 혐오, 슬픔을 담은 메시지는 이보다 느리게 퍼진다. 베이징대학교 연구진은 중국의 마이크로 블로깅 서비스 시나 웨이보(Sina Weibo)에서 감정 형태별로 퍼지는 속도가 다른 것을 밝혀냈다. 그리고 감정의 연쇄반응은 네트워크에서 연결된 이용자들 사이에서 특정 감정을 강화한다. 분노를 담은 메시지가 올라오면, 이것에 의견을 달고 다른 곳으로 옮기는 행동이 연이어 일어나면서 동시에 분노 강도가 강화된다.[16]

미디어 평판은 여전히 중요할까

새로운 기술은 기업의 커뮤니케이션을 바꿔놓았다. 인터넷에서 시작해 모바일을 거쳐 AI에 이르기까지 세상을 근본적으로 변화시킨 기술은 불과 20년도 되지 않은 짧은 기간 동안 나타났다. 미국 대기업의 커뮤니케이션 책임자와 대형 PR 업체로 구성된 아더페이지소사이어티(Arthur W. Page Society)는 10년 전에 기술 변화와 기업 커뮤니케이션에 대한 보고서를 발표했다. 보고서는 지금의 경영 환경을 "기술이 게임 규칙을 근본적으로 바꾸고 새로운 경제적, 사회적 상황들과 합쳐지는 비즈니스 역사의 변곡점"으로 규정했다. 기업 커뮤니케이션 변화를 새로운 수용자, 채널, 콘텐츠, 효과로 정리했다. 또한 오늘날 기업 커뮤니케이션은 기업의 대외적인 포지셔닝뿐만 아니라 기업 스스로를 규정하는 데도 이바지해야 한다고 주장했다.[17]

아더페이지소사이어티의 선언은 정부와 정당, 기업 같은 조직 커뮤니케이션의 본질을 다시 돌아보게 한다. 대부분 개념이 그러하듯 커뮤니케이션의 본질은 어원에서 볼 수 있다. 커뮤니케이션은 '공유'의 뜻을 가진 라틴어 '커뮤니스'(communis)에서 비롯한다. 어원이 가리키는 뜻은 사람과 사람, 사람과 조직, 그리고 조직과 조직 간 의미 공유다. 모든 이해관계자에게 정보를 정확히 전달하고, 기업과 그들 사이에 어떠한 오해도 발생하지 않도록 관리하는 것이 기업과 같은 조직의 커뮤니케이션 본질이다. 미디어를 포함한 주요 이해관계자와 기업의 관계를 말하는 미디어 평판의 중요성이 다시 부각될 수밖에 없다.

커뮤니케이션 연구에서 평판은 상당히 인기 있는 주제임에도 어떻게 평판이 형성되는지는 여전히 불분명하다. 그래도 이해관계자의 인식이 평판이라는 점은 확실하다. 언론의 의제 설정이 이해관계자 인식에 미치는 영향을 검증한 뉴욕대학교 크레이그 캐럴(Craig Carroll) 교수와 텍사스대학교의 맥스웰 맥콤(Maxwell McCombs) 교수 연구는 미디어 평판의 실마리를 제공한다. 기업 보도가 늘어날수록 기업에 대한 이해관계자 인식도 높아진다. 또한 기업의 특정한 속성을 보도할수록 이해관계자는 보도된 특성에 근거해 기업을 인식했다. 그러므로 기업이 자신의 의제를 더 많이 다룰수록 보도가 증가하고 사회적 논의가 활발해진다. 기업을 직접 경험하지 않은 사람이라도 미디어에 의존해 기업을 학습한다는 사실도 밝혀졌다. 이것은 "언론이 이해관계자에게 좋은 기업이란 무엇이며, 어떤 기업이 좋은 평판을 가지는지 학습할 수 있는 공간을 제공"하므로 중요하다는 의미다.

미디어 평판은 언론을 통해 기업에 의견을 전달할 수 있는 모든 이해관계자를 아우른다. 그러므로 미디어 평판은 공론장에서 유통되는 기업의 전체 평가다. 동시에 언론과 기업을 포함한 모든 이해관계자의 누적 평가이기도 하다. 실제로 취리히대학교의 마르크 아이제네거(Mark Eisenegger) 교수는 언론의 이해당사자 평가를 계산하고 미디어 평판 지수를 개발해 금융 위기 당시 스위스 은행을 분석했다. 언론에 등장한 모든 이해관계자는 금융 위기를 전후로 스위스 은행을 부정적으로 평가했다. 특히 스위스 정치권에서 부정적 평판이 가장 심했다.

미디어 평판은 커뮤니케이션이 재무 성과에 미치는 영향을 보여주기도 한다. 기업 커뮤니케이션의 고질적 한계는 효과 측정의 객관성을 적절히 담보할 수 없다는 점이다. 하지만 미디어 평판은 새로운 가능성을 제시한다. 루이지애나대학교의 데이비드 딥하우스(David Deephouse) 교수는 아이제네거 교수와 유사한 미디어 평판 지수를 개발했다. 그리고 이를 통해 미디어 평판과 은행 재무 성과의 관계를 확인했다. 딥하우스 교수는 미디어 평판 지수가 증가할수록 은행의 자산수익률이 증가하는 사실을 밝혀냈다. 이것은 기업 커뮤니케이션이 저널리즘을 활용해 실제로 가치를 창출하는 분명한 증거다.

미디어 평판의 중요성이 높아지고 이것이 이해관계자 확대, 사회 분위기, 기술 혁신과 같은 환경의 변화와 맞물리자 기업의 대외 커뮤니케이션에 새로운 역할이 요구됐다. 특히 기업은 의사 결정 과정에 영향을 미치는 모든 잠재적 이해관계자를 확인해야 한다. 기업이 잠재적 이해관계자를 확인하고 어떻게 대응할 것인가를 커뮤니케이션 차원에서 다루는 전략을 '바운더리 스패닝'(boundary spanning)이라고 한다. 바운더리 스패닝은 기업 내외부의 커뮤니케이션 인터페이스로 작동한다.

커뮤니케이션으로 외부 정보를 수집하고, 이것을 기업 내부로 전달해 학습하도록 만든다. 동시에 기업 전략에 대한 대중의 반응을 고려해 어떻게 대응할지 CEO에게 조언한다. 메릴랜드대학교 제임스

그루닉(James Grunig) 교수는 바운더리 스패닝 개념으로 소송, 규제, 언론 보도가 초래할 손실을 줄이거나, 이해관계자에게 필요한 제품과 서비스를 제공해 매출을 높일 수 있다고 봤다. 이러한 역할은 기업의 기초 체력을 향상하는 데 기여한다는 점에서 매우 중요하다.

바운더리 스패닝을 실행하기 위해 먼저 기업의 이해관계자를 확인해야 한다. 기업의 이해관계자는 누구이며, 그들의 목적은 무엇인지 구체적으로 알아야 한다. 그리고 이해관계자 때문에 기업에 제기되는 기회와 위기는 무엇이며, 그들에게 어떠한 책임을 지는지도 살펴봐야 한다.

이를 위해 많은 연구자가 이해관계자 모델을 제시했다. 이 가운데 이해관계자 현저성 모델(stakeholder salience model)과 권력-이해 매트릭스(power-interest matrix)가 대표적이다. 먼저 이해관계자 현저성 모델을 살펴보자. 모델은 권력(power), 적법성(legitimacy), 긴급성(urgency) 요인에 따라 이해관계자를 크게 '숨겨진'(dormant), '재량적'(discretionary), '요구하는'(demanding) 세 가지 유형으로 구분했다. 그리고 두 요인이 결합해 나타나는 세 가지 이해관계자 유형을 추가했다. 이것은 권력과 적법성을 가지고 기업에 영향을 미치는 '지배적 이해관계자', 권력과 긴급성은 있지만 적법성이 부족한 '위험한 이해관계자', 권력은 부족하지만 긴급성과 적법성을 갖춘 '의존적 이해관계자'다. 마지막으로 세 요인을 모두 갖춘 '결정적 이해관계자'도 존재한다.

이러한 유형은 기업에 어떻게 대응해야 할지 방향성을 알려준다.

예를 들어 '지배적 이해관계자'로 규정되는 주주가 CEO 리더십에 불만이 있다고 가정해보자. 주주는 자신의 적법한 이해관계가 충족되지 못한다고 느끼기 때문에 CEO 교체 요구와 자사주 매입과 같은 대책을 강력히 요구한다. 이 경우 주주는 권력, 긴급성, 적법성을 모두 갖춘 '결정적 이해관계자'로 자리한다. 그리고 '결정적 이해관계자'의 요구가 있을 때 기업 커뮤니케이션 책임자는 최우선적으로 그들에게 대응해야 한다.[18]

반면 이름에서 알 수 있듯이 권력-이해 매트릭스는 권력과 이해관계 수준에 따라 이해관계자를 네 가지 유형으로 구분했다. 기업은 가장 작은 권력과 낮은 이해관계를 지닌 이해관계자에게 최소한 노력만 기울이면 된다. 하지만 큰 권력과 높은 이해관계를 지닌 이해관계자는 다르다. 그들을 '키플레이어'로 규정하고 기업의 의사 결정과 일상적 경영 활동에 그들의 의견을 최우선적으로 반영해야 한다. 더불어 이해관계자 현저성 모델의 결정적 이해관계자와 마찬가지로 키플레이어에 해당하는 이해관계자와 지속해서 커뮤니케이션할 수 있는 채널을 운영해야 한다.[19]

이러한 모델들에 근거해 기업은 특정 이해관계자와 어떻게 커뮤니케이션해야 할지 결정한다. 일반적으로 커뮤니케이션은 이해관계자가 기업에 대해 가진 태도에 영향을 미친다. 이해관계자는 커뮤니케이션으로 기업을 '인식'하고, '이해'와 '관여'를 거쳐 최종적으로 '헌신'한다. 이 과정에서 상황에 따라 기업 커뮤니케이션 전략이 달라진다. 인식에 필요한 커뮤니케이션은 기업 정보를 적절히 제공하는 정보형 전략이다. 반면 이해를 위해 정보형과 설득형 전략이 필요하다. 설득형 전략은 이해관계자 태도를 우호적으로 바꾸고 기업 지식을 높이기 위한 선택이다. 관여는 대화형 전략을 적용한다. 이 전략에서 기업과 이해관계자는 동등한 입장에서 서로의 생각을 교환한다. 그리고 기업은 의사 결정 과정에 이해관계자를 적극적으로 포함한다.[20]

최근 들어 이해관계자를 다루는 미디어 평판 전략이 더욱 진화했다. 이제까지 이해관계자와 어떻게 관계를 '운영'할지에 집중했다면 지금은 어떻게 관계를 '형성'할지로 바뀌는 중이다. 일반적으로 관계 운영은 이해관계자의 요구와 관심을 충족하는 데 초점을 맞춘다. 따라서 피드백이 강조되는 비대칭형 커뮤니케이션 모델이 작동한다. 반면 관계 형성은 이해관계자의 요구와 관심을 기업에 연결하는 데 초점을 맞춘다. 기업은 규제에 능동적으로 대응하고 사회적 압력에 선제적으로 행동한다. 이를 통해 새로운 경영 기회를 만들고 양쪽 모두 이익이 되는 방식을 결정해 기업의 지속 가능한 성장을 모색한다. 따라서 양방향 대칭형 커뮤니케이션 모델이 떠오른다.[21]

관계 형성을 위한 기업 커뮤니케이션은 진행형이다. 이제야 기업의 무형 자산과 재무 성과에 미치는 영향이 고려되고 있다. 레고(Lego), 할리데이비슨(Harley-Davidson), 노보노디스크(Novo Nordisk) 등 유수 기업들이 관계 형성의 중요성을 인식하고, 이를 위한 프로젝트를 진행하고 있다. 항상 그러하듯 알아차리기 전에 미래는 우리 곁에 성큼 다가왔다.

진화하는 매스 커뮤니케이션

2016년 11월 트럼프가 미국 45대 대통령 선거에서 당선되자 흥미로운 현상이 일어났다. 트럼프가 당선되면 미국이 끝장날 것처럼 요란스럽던 월스트리트와 산업계가 장밋빛 전망을 쏟아냈다. 한 달이 지나자 S&P500 지수는 5.6% 상승했고 소비자 만족도 역시 당시를 기점으로 2년 내 최고를 기록했다.[22] 미국 국민들은 상황에 적응했다. 세상 어디서든 사회 흐름이 어떻든 간에 사람들은 변화에 익숙해진다. 근저에는 사회라는 구조물에 대한 믿음이 자리한다. 횡단보도에서 푸른색 신호에 사람들이 건너는 이유와 같다. 푸른색 신호는 차량은 멈추고 행인은 건넌다는 각자의 행위에 대한 사회적 합의이자 규정이다. 이 합의에 대한 신뢰가 존재할 수 있는 것은 그 대상이 사람이 아니라 사회라는 구조물이기 때문이다.

적응과 믿음의 시스템이 존재하지 않는다면 사회가 유지될 수 없다. 매스 미디어는 이 지점에서 역할을 찾았다. 매스 미디어는 매일매일 업데이트되는 사회라는 구조물의 매뉴얼이다. 사람들이 변화에 적응할 수 있도록 다양한 기능을 제공하는 설명서와 같다. 이해관계를 조정하고 정보를 알려주며 새로운 제도를 설명한다. 갈등과 경쟁에 지친 사람들에게는 오락을 제공해 팽팽한 긴장을 늦춘다. 미디어 사회학자 찰스 라이트(Charles Wright)는 매스 미디어가 전성기를 누리기 시작한 1959년 이러한 사회적 기능을 상관 조정, 환경 감시, 사회화, 오락 등으로 설명했다.[23]

매스 미디어는 다양한 이해관계들의 대립과 갈등을 해석해 조정하고 어떻게 받아들일지를 보여주는 상관 조정, 권력의 부당한 행사를 견제하는 환경 감시, 사회가 지속 가능할 수 있도록 제도와 규범, 가치, 관습을 전수하는 사회화, 경쟁에서 오는 구성원들의 긴장과 스트레스를 해소할 수 있도록 돕는 오락 기능을 한다. 60년 전의 설명이지만, 지금도 대부분의 커뮤니케이션 학자들은 미디어의 역할을 설명할 때 라이트의 관점을 활용한다.

그러나 인터넷과 모바일, 소셜 미디어의 시대로 들어선 지금은 매뉴얼 역할의 상당 부분이 이들 소셜 미디어와 온라인 네트워크로 이동했다. 커뮤니케이션 학자들은 매스 커뮤니케이션 시대의 종언을 선언할 정도로 매스 미디어는 거대한 변화를 맞았다.[24] 그 와중에 거대 규모의 텔레비전 네트워크와 신문 그룹들은 간신히 살아남았지만 언제까지 생존할지는 아무도 모른다. 그나마 적응에 나름대로 성공했다는 평가를 받아온 〈뉴욕타임스〉도 늘 위기를 말한다. 2017년 〈뉴욕타임스〉는 생존 전략을 모색한 혁신 보고서를 내면서 서두에 긴장과 두려움을 털어놓았다. "우리는 변해야 한다. 그것도 우리의 이전 변화 속도보다 더 빨리 벼해야 한다."[25]

그러나 유감스럽게도 〈뉴욕타임스〉 같은 기성 미디어가 낼 수 있는 최고의 변화 속도란 환경을 바로 뒤쫓는 것이지 앞서지는 못한다. 반면 매스 미디어가 적응하기 위해 안간힘을 쓰는 동안 새로 등장한 플랫폼 기반의 디지털 미디어들은 매스 미디어를 더 압박했다. 대표적인 플랫폼이 넷플릭스다. 2014년 말 넷플릭스 CEO 헤이스팅스는 2030년에는 전통적인 TV 방송이 종말을 맞게 될 것이라 예견했다.[26] 넷플릭스가 페이스북의 보완재가 아니라 대체재가 될지도 모른다.

커뮤니케이션의 본질로 돌아가다

초연결 사회에서 사람들은 매스 미디어를 버리고 개인을 찾았다. '개인의 시대'가 시작됐다. 매스 미디어가 구시장과 신시장 사이에서 갈 길을 못 찾고 있는 동안 사람들은 자신들을 '수용자'라는 단일 그룹으로 묶었던 틀을 깼다. 인터넷, 모바일, 소셜 이 세 가지는 전통적인 미디어의 개념을 바꿨다. 유튜브와 페이스북, 인스타그램은 미디어 주도에서 이용자 주도, 개인 주도의 커뮤니케이션 시대를 열었다. 이런 현상들은 초연결에 기반한, 지극히 개인적이고 주관적인 커뮤니케이션 시대로의 전환을 의미한다.

인간의 본성과 능력을 고려하면 원래 양과 규모, 속도는 커뮤니케이션에서 유일하게 중요한 지표가 아니다. 인간은 그 시대 속에서 커뮤니케이션 양의 증대를 항상 의식의 진화에 반영했다. 전신이 오늘날의 인터넷으로 여겨지던 1871년, 미국 신문 〈뉴욕헤럴드〉가 중앙 아프리카에 있는 데이비드 리빙스턴(David Livingstone)의 편지를 받는 데 모든 수단을 다 동원하고도 8, 9개월이 걸렸다. 뉴욕에서 〈뉴욕헤럴드〉가 리빙스턴의 편지를 공개한 바로 그날 런던의 〈타임스〉도 이 소식을 신문에 실었다.[27] 전신이라는 기술은 언론의 특종 기준을 단축시켰다. 한 언론사가 외국의 최신 소식을 특종으로 다룰 때 전신 이전에는 주나 월 단위였다면, 전신이 언론사에 도입된 이후에는 시간이나 분 단위로 크게 줄었다.[28] 1871년에는 5분 만에 더비 경마의 결과를 인도 캘커타까지 전달할 수 있었다. 이 때문에 역사학자 에릭 홉스봄(Eric Hobsbawm)은 1860년대에 비로소 중세가 끝났다고 선언했다.[29] 당연히 뉴스의 공급량도 크게 늘었고 그만큼 사람들의 일상적인 생각 속에 세계가 같이 돌아간다는 의식이 자리 잡았다. 세상의 다른 곳의 사람들에 대한 관심과 인간적인 애착이 시작된 것이다.

150년 정도 지난 현재의 초연결 사회는 어떨까. 전문가들은 커뮤니케이션 과잉이라는 데 의견이 일치한다. 예를 들어 뉴스의 공급량만을 기준으로 한다면 뉴스 팽창의 시대라는 표현이 맞다. 2000년 5월 네이버 포털 뉴스가 개시한 달부터 2017년 2월까지 202개월 동안 네이버 포털 뉴스에 공급된 뉴스는 모두 8,042만 8,892건이었다.[30] 월평균 39만 8,163건이 네이버 포털 뉴스에서 사람들에게 공급됐고,

하루 평균 1만 3,272건이었다. 한 시간에 553건, 분당 9건의 뉴스가 쏟아졌다.

미국 성인들은 10명 중 7명이 넘쳐나는 뉴스에 피로감을 호소한다.[31] 이미 두 사람 중 한 사람은 너무 많은 정보와 뉴스 때문에 오히려 제대로 된 것을 찾기가 더 어려워졌다고 평가한다.[32] 이렇게 사람들이 뉴스가 너무 많아 부담을 느끼는 상황을 '뉴스 과잉 지각'이라고 한다.[33] 뉴스 과잉 지각에 빠진 사람들은 뉴스를 아예 회피하거나 선호에 맞는 것만을 골라서 본다. 후자의 경우를 선택적 노출이라고 한다. 그리고 뉴스 플랫폼에서 제공하는 서비스에 맞춰 개인화를 하는 경우도 있는데, 이를 뉴스 큐레이션이라고 한다.

커뮤니케이션 기술은 사회가 소화할 수 있는 능력을 증대시켜왔다. 이것이 시장과 사회가 생태적으로 균형을 이루는 방식이다. 커뮤니케이션 기술이 시장을 혁신하고 그 힘으로 사회는 개혁의 동력을 축적한다. 그래서 커뮤니케이션 기술은 문화와 경제, 정치를 넘나들며 한 곳에서는 혁신을, 다른 곳에서는 개혁의 불을 지핀다.

하버드대학교의 역사학자 로버트 단튼(Robert Daenton)은 다음과 같이 말했다. "소셜 미디어의 선례가 없지 않다. 오히려 긴 역사를 거쳐 반복되어왔다. 현대의 소셜 미디어는 이전보다 훨씬 더 빠를 뿐이다. 500년 전에는 미디어의 공유가 혁명을 촉진하는 역할을 했다. 오늘날의 소셜 미디어는 우리를 서로 연결시킬 뿐 아니라 과거로도 연결시킨다."[34]

경계할 문제는 커뮤니케이션의 양과 규모, 속도에 대한 만능주의다. 이는 '위험한 착각'이라고까지 표현된다. 《거대한 후퇴》에서 아르준 아파두라이(Arjun Appadurai)는 "갈수록 증가하는 인터넷과 소셜 미디어 이용 인구와 웹 기반 동원, 선전, 정체성 형성, 친구 찾기의 유용성이 누구나 원하는 대로 또래, 동료, 동지, 친구, 협력자, 전향자를 찾을 수 있다는 위험한 착각을 불러일으켰다"라고 지적했다.[35] 민주주의에 대한 정치적 인내심에 바닥을 드러낸 대중들에게 인터넷은 오히려 조급증을 부추긴다.

과잉과 팽창, 폭발이 자주 언급되는 것은 조정기에 들어섰다는 의미다. 과잉과 혁신 사이의 어느 지점에서 균형을 찾을 것을 강조한다. 사람들과 대화나 정보 교류에서 누락될 염려나 두려움까지 만들어냈다. 미국의 벤처캐피털리스트 패트릭 맥긴스(Patrick McGinnis)는 2004년 한 칼럼에서 소셜 미디어 네트워크에서 이뤄지는 대화와 정보 교류에서 사람들이 혼자 고립된 것 같은 두려움과 공포를 가리켜 '포모'(FOMO, Fear of Missing Out)라고 불렀다. 2019년 초에는 〈하버드 비즈니스리뷰〉의 포드캐스트에 포모사피엔스(FOMO sapiens)라는 강연을 올려서 화제가 됐다.

전문가들이 인간 행태의 본질로 돌아가 다시 생각해보는 자세를 강조하는 흐름도 있다. 예를 들어 보안 부문을 보자. 미국 국가안전보장국에서 컴퓨터보안센터를 총괄했던 컴퓨터암호학자 로버트 모리스 시니어(Robert Morris Sr.)는 IT 보안의 영원히 깨지지 않을 황금률을 만들었다. 자주 인용되는 그의 규칙은 이렇다. "첫째 규칙, 컴퓨터를 소유하지 마라. 둘째 규칙, 컴퓨터의 전원을 켜지 마라. 셋째 규칙, 컴퓨터를 사용하지 마라."[36] 모리스의 말대로 할 수는 없다. 다만 그의 말은 본질이 어디에 있는가를 알려준다.

심리 측면도 마찬가지다. 디지털 인내심(digital patience)이 강조되고 있다. 뉴런과 기술, 마음은 각자의 방식으로 현상을 공유한다. 커뮤니케이션을 주도하는 세 부류의 시각들(뇌, 기술, 마음)도 따라서 각기 다른 방식으로 설명한다. 관점과 설명의 차이 그리고 실제로 존재하는 차이가 인내심을 감소시킨다. "서로 경쟁하며 명령하는 유인원들의 의사 소통 방식에서 현대 인류의 언어와 문화가 불쑥 생겨났을 리는 없다. 인류의 언어와 문화는 그 이전에 형성된 사회적 상호작용의 관습에 불과하다. 상당한 수준의 협력적인 상호작용이 문화와 언어의 재료가 되었을 것이다."[37]

어떤 식으로 누구의 관점을 따라 설명하든, 사람들이 신뢰하는 구조물로서의 사회는 영화 〈터미네이터〉에 나오는 인공지능 슈퍼컴퓨터 스카이넷이나 〈어벤저스〉의 울트론처럼 적자생존을 극대화한 기계가 아니다. 그렇다고 사회라는 구조물이 빌 게이츠와 오바마 전 대통령이 좋아하는 심리학자 스티븐 핑커가 말한 대로 선한 인간의 원형인 '고상한 야만인'의 착한 심성만을 담아내지도 않았다. '선한 이기심' 덕택에 여기까지 왔으니 앞으로도 잘 갈 수 있을 것이라는 믿음은 너무 순진하다.

2
_____ 부 _____

초연결 시대의
설득 전략,
이너프 커뮤니케이션
5원칙

초연결 시대의 설득전략은 무엇이 달라야 하는가

6장

첫 번째 원칙,
임팩트는 팩트보다 강하다

나이키, 펩시콜라(Pepsi-Cola), 도브(Dove), H&M, 돌체앤가바나 (Dolce & Gabbana), 하이네켄(Heineken). 이들 글로벌 브랜드의 마케팅 담당자에게 2017년과 2018년은 오래 기억에 남을지 모른다. 모두 광고에서 정치·사회적으로 민감한 이슈를 다뤄 곤란을 겪었다.

나이키가 가장 도발적이었다. 앞서 언급했듯 미국 사회에서 가장 민감한 이슈인 인종 갈등을 '저스트 두잇' 광고 30주년 캠페인에서 정면으로 건드렸다. 다른 기업들은 비슷한 문제로 모두 소셜 미디어를 통해 엄청난 비난에 시달리다가 결국 사과하고 광고를 내렸다. 도브는 '진정한 아름다움'(real beauty) 캠페인으로 13년 동안 전 세계 여성들을 감동시켜왔다. 얼마나 멋진 표현인가. '진정한 아름다움'은 마케팅 전문가들도 인정하는 캠페인 성공작이었다. 여성에게 "당신은 당신이 생각하는 것 이상으로 아름답다"고 속삭일 때 도브는 단순한 뷰티 케어 제품 이상의 브랜드로 각인됐다. 그런 도브의 이미지가 2018년 10월 6일 금요일 하루 만에 금이 갔다.

도브는 세 명의 여성이 등장하는 바디 로션 동영상 광고를 미국 페이스북에 올렸다. 제일 처음 흑인 여성이 등장하는데 이 여성이 갈색 티셔츠를 벗으면 흰색 티셔츠를 입은 백인 여성으로 변하고, 이 여성이 티셔츠를 벗으면 아랍 여성이 등장한다. 동영상이 페이스북에 올라가자마자 인종차별적 표현이라는 비난이 쏟아졌다. 연결된 소비자의 반응은 무자비할 정도로 빨랐다. 도브 입장에서는 할 말이 있을 법했으나 설명이 불가능했다. 도브는 다음 날인 토요일에 광고를 내렸다.

그러나 소비자의 연결된 감정은 혹독했다. 이미 전 세계 언론들이 다뤘고 트위터에는 보이콧(boycott) 캠페인까지 올라왔다. 촘촘히 엮인 트위터와 페이스북의 네트워크는 사람들을 민감하게 만든다. 사람들은 타인의 감정에 반응했다. 독립된 팩트보다는 연결된 감정과 해석이 더 강하다. 도브에게는 다양성이 팩트였지만 사람들은 인종차별로 해석했다. 〈비즈니스인사이더〉는 "13년 동안 쌓아온 도브의 브랜드 이미지를 인종차별적 광고로 날려버릴 수 있다"고 우려했고,[1] 〈가디언〉과 〈뉴욕타임스〉도 비슷한 내용을 다뤘다.

보이콧 vs 바이콧: 비난하거나 열광하거나

에델만이 실시한 조사를 보면 왜 이런 현상이 나타났는지 알 수 있다. 정치·사회적 가치와 신념에 민감한 소비자(belief-driven buyer)가 늘었기 때문이다. 2017년 에델만은 이런 현상을 "신념 감수성이 높은 소비자의 등장"으로 규정했고, 2018년에는 이제 "브랜드가 응답할 시대"로 선언했다. 2017년 에델만이 미국, 영국, 프랑스, 독일, 일본, 브라질, 중국, 인도 등 8개 국가 소비자를 대상으로 실시한 설문 조사에서 응답자의 51%, 즉 2명 중 1명이 정치·사회적 신념 감수성에 따라 구매하는 소비자였다. 응답자의 67%가 사회 이슈와 관련해 입장을 표명한 기업을 지지해 제품을 구매한 적이 있다고 답했다. 65%는 기업이 입장을 밝혀야 함에도 침묵한 이유로 그 기업 제품을 구매하지 않은 경험이 있다고 답했다. 2018년에는 신념 감수성 지향적인 소비자가 전체 응답자의 64%로 높아졌다. 전년보다 13%나 증가했다. 특히 18세에서 34세에 해당하는 젊은층에서 3명 중 2명이 해당됐다. 에델만은 기업들이 소비자의 이런 변화를 수용해야 한다고 조언했다. 그리고 이러한 기업의 흐름을 '브랜드 민주주의'로 명명했다.[2] 브랜드 민주주의라는 강력한 표현은 그만큼 시장에서 신념과 가치가 주는 임팩트가 커졌음을 반영한다.

실제로 브랜드 민주주의는 글로벌 차원에서 보이콧과 바이콧(buycott) 캠페인 현상으로 이어지고 있다. 보이콧은 특정 브랜드에 대한 구매 거부 캠페인이라면, 바이콧은 구매 촉진 캠페인을 말한다.

미국권 소비자는 기업의 정치·사회적 태도에 민감해지고 있다. 미국 소비자는 보이콧 이유로 기업의 정치·사회적 태도, 소비자 건강에 안 좋은 영향, 기업의 인종차별 문화와 관행, 부당한 거래 관행, 환경오염, 개인 정보 악용 등의 순서로 답했다.[3] 영국의 소비자도 비슷했다. 영국 소비자는 보이콧 이유로 탈세, 임직원에 대한 부당한 처우, 협력 업체에 대한 불공정한 대우, 부패, 좋지 않은 품질과 리콜 등의 순서로 꼽았다.[4] 두 설문에 차이가 약간 있지만 정치·사회적으로 올바른 기업의 제품을 소비하겠다는 성향은 공통적이다. 즉 브랜드 민주주의에 대한 지지다.

특히 영국의 조사에서 주목할 점은 보이콧 이후 해당 기업에 소비자가 다시 돌아가는지 여부다. 25%의 응답자가 보이콧 이후 다시 원래 브랜드로 돌아갔지만 전만큼 애용하지 않았다. 18%만이 이전 수준을 회복했다. 보이콧 대상이 된 기업에 소비자가 느낀 분노는 치유되기 어렵기 때문이다. 소비자 분노는 개인적으로든 사회적으로든 오래 기억되어 기업을 두고두고 괴롭힌다.

미국 펜실베이니아대학교 와튼스쿨의 폴라 코트니(Paula Courtney)는 10년 전의 경험 때문에 특정 기업에 낮은 충성도를 보인 한 소비자 사례를 얘기한 적이 있다. 코트니는 소비자 만족도를 컨설팅하는 기업에서 조사를 했는데, 한 소비자가 캐나다의 통신사에 매우 낮은 충성도를 보였다. 심층 인터뷰를 해보니 10년 전 잘못된 청구서를 받

은 기억 때문이라는 것이다.[5]

2019년 1월 월트디즈니(Walt Disney), 네슬레(Nestlé), 켈로그(Kellogg), AT&T를 포함한 각국 8개 글로벌 기업들이 동시에 유튜브 광고를 중단하는 조치를 발표한 것도 이러한 흐름과 무관하지 않다. 기업들은 유튜브가 어린이와 관련된 부당한 동영상에 자사 광고가 게재될 수 있음을 알고 항의 표시로 광고 게재 중단을 선언했다.[6] 소비자의 신념에 신속하게 반응하지 않으면 브랜드에 치유 불가능한 상처를 남길 수 있기 때문이다. 브랜드 민주주의라는 표현이 주는 강력한 인상만큼 임팩트는 소비자에게 강렬한 흔적을 남긴다.

2017년 4월과 12월의 유나이티드항공

2017년 4월 9일 미국 항공사 빅3 중 하나인 유나이티드항공(United Airlines)으로서는 기억하고 싶지 않은 사건이 터졌다. 그날 유나이티드항공은 오버부킹(overbooking)된 승객을 강제로 끌어내렸다. 이 장면을 다른 승객이 스마트폰으로 촬영했고, 이는 순식간에 미 전역으로 퍼졌다. 주가는 폭락해 하루 만에 유나이티드 시가총액 3,000억 원이 증발했다. 오스카 무뇨스(Oscar Munoz) CEO는 이틀 만에 세 번이나 사과 성명을 발표했다.

대중은 분노했다. 유나이티드항공은 말썽이 잦았다. 유나이티드항공은 아시아나항공의 샌프란시스코 착륙 사고를 조롱하고, 이슬람 여성의 음료수 캔 요청을 무기가 된다는 말도 안 되는 이유로 거부했다. 또한 레깅스 입은 10대 소녀의 탑승을 막았다. 4월 9일 베트남계 미국인을 무자비하게 끌어내는 모습은 인종, 종교, 성별 등 온갖 사회적 차별을 일삼은 유나이티드항공의 일탈을 보여주는 정점이었다.

그렇다면 소비자의 정의는 실현됐을까? 대중은 4월의 유나이티드항공에 주목했지만, 같은 해 12월의 유나이티드항공에는 관심을 두지 않았다. 연초부터 항공사 선호도를 조사한 브랜드 마케팅 업체 모닝컨설트(Morning Consult)의 분석은 12월의 유나이티드항공에 대해 알려준다. 사건이 터진 4월 9일 이전까지 유나이티드항공은 30%대 선호도와 10%대 부정적 반응을 유지했다. 동영상이 퍼진 직후 선호도는 0% 이하로 폭락했고, 부정적 반응은 60%까지 급등했다. 하지만 무뇨스 CEO가 의회 청문회에 불려나간 5월 2일부터 유나이티드항공에 대한 여론은 반등하기 시작한다. 미국 연방항공청(FAA)이 탑승객 강제 퇴거에 연루된 보안요원 2명을 해직한 10월 17일까지 유나이티드항공에 대한 선호도는 꾸준히 증가했고, 부정적 반응은 줄었다. 그리고 12월까지 항공사 선호도는 20%대, 부정적 반응은 10%대를 꾸준히 유지했다.[7]

연초와 비교하면 항공사 여론은 분명히 나빠졌다. 선호도와 부정적 반응은 각각 10% 정도 줄고, 늘었다. 하지만 최악의 사건으로 거론되던 4월을 생각하면 유나이티드항공의 선호도가 부정적 반응보다 여전히 10% 이상 높은 사실은 예상치 못한 결과다.

이것은 재무 상황에서도 확인된다. 사건 발생 직후 항공사 주가는 70.88달러에서 67.75달러로 하락했다. 하지만 정확히 한 달 후인 5월 8일 주가는 74.98달러를 기록하며 사건 이전보다 오히려 올랐다. 게다가 2017년 4월 탑승객 수도 전년 대비 7.6% 증가한 1,200만 명에 달했다. 〈LA타임스〉는 "스캔들이 기업 이미지를 훼손했으나 항공사 본질을 훼손하지 못했다"라고 보도했다.[8] 결론적으로 유나이티드항공 사건은 '해피 엔딩'이 아닐 뿐 결코 '새드 엔딩' 스토리가 아니다.

기업과 CEO는 위기 상황에서 '해피 엔딩' 스토리를 꿈꾼다. 그들은 '위기는 위험이자, 기회'라는 신화를 믿는다. 커뮤니케이션으로 좋은 이미지와 개선된 재무 성과를 얻을 수 있다고 확신한다. 하지만 현실은 다르다. 위기는 기업에 치명적 타격을 입힌다. 이것은 브랜드 이미지, 평판 같은 무형 자산뿐만 아니라 주가와 매출액 등 재무 성과에도 부정적으로 작용한다. 따라서 기업의 위기 커뮤니케이션은 '해피 엔딩' 신화가 아니라 임팩트가 주는 '새드 엔딩'을 피하는 데 초점을 맞춰야 한다.

결국 기업에게 위기는 우승컵 없는 방어전과 같다. 우승도, 승리도 없고 상처만 남는 방어전이다. 이러한 측면에서 볼 때 위기 관리로서 커뮤니케이션의 핵심은 '코스트 밸런싱'(cost balancing)이다. 코스트 밸런싱은 위기 상황에서 기업이 활용 가능한 자원과 치러야 할 코스트의 균형을 찾는 전략적 프레임워크다. 코스트 밸런싱이 위기 커뮤니케이션의 핵심으로 자리한 배경에는 커뮤니케이션 전문가들이 알고 있지만 짐짓 모른 척하는 두 가지 전제가 자리한다. 하나는 '코스트를 제로로 만드는 커뮤니케이션은 없다'이고, 다른 하나는 '위기 이전으로 완전히 회복시키는 커뮤니케이션은 없다'이다.

되돌릴 수 없는 사회적 기억

위기가 발생하면 기업은 대가를 치른다. 위기 상황에서 커뮤니케이션으로 코스트 최소화를 지향해야지 제로를 꿈꿔서는 안 된다. 실제로 버슨-마스텔러(Burson-Marsteller)가 전 세계 826개 기업의 커뮤니케이션 담당자를 대상으로 진행한 실태 조사에 따르면 위기를 경험한 기업은 매출 하락(41%), 정리 해고와 구조 조정(33%), 평판 훼손(22%), 기업 전반에 걸친 불안정성(21%) 등을 겪었다. 어떠한 손해도 입지 않았다는 응답은 20%에 그쳤다. 하지만 위기 커뮤니케이션 계획을 보유할 경우 매출 하락은 41%에서 30%로 줄었으며, 정리 해고와 구조 조정도 약 11% 이상 감소했다. 어떠한 손해도 입지 않았다는 응답은 27%로 늘어났다.[9]

버슨-마스텔러 조사가 주는 시사점은 분명하다. 위기가 발생하면 어떠한 형태로든 피해가 나타나고 비용이 발생한다. 따라서 코스트 최소화가 커뮤니케이션의 최선책이다. 하지만 유감스럽게도 기업은 다른 생각을 한다. 기업은 위기 관리의 정수로 평가되는 1982년 타이레놀(Tylenol)의 사례를 거론하며, 커뮤니케이션으로 위기를 완벽하게 극복하고 더 나은 평판과 매출 증가를 기대한다.

모든 기업 위기가 대가를 치러야 하고 원래대로 회복할 수 없다는 점에서 위기 커뮤니케이션은 코스트 밸런싱을 필요로 한다. 코스트 밸런싱은 유연한 사고의 틀이자 의사 결정의 우선순위다. 위기 커뮤니케이션은 코스트 밸런싱을 통해 최소 코스트를 치르고 원상 회복의 토대를 마련한다.

무엇이 그들을 분노케 하는가

브랜드 민주주의가 주도하는 시장에서 기업은 품질 외에도 신경써야 할 일들이 많다. 소비자는 현재의 가치와 신념에 근거해 기업을 판단한다. 과거의 선한 행적은 참조만 될 뿐이다. 이 때문에 기업의 위기는 늘 현재형이다.

여기 상당히 걱정스런 이슈를 앞에 둔 기업이 있다고 하자. 이 기업에게 가장 두려운 것은 소비자의 감정적 각성이다. 모든 일들이 기업에 치명상을 주는 위기가 되지는 않는다. 그러나 늘 위기는 갑작스레 발생하고 어떻게 진행될지 예측할 수 없다. 위기가 발생하면 사람들은 놀라고 화내며 두려움을 느낀다. 사람들의 감정적 각성이 위기 여부를 결정하는 임계점 역할을 한다. 위기가 시장으로 들어가면 기업에게 더 두려운 결과가 기다린다. 바로 손실이다. 신념과 가치로 단단하게 뭉친 소비자가 보이콧 캠페인까지 벌일 경우 감정적 각성은 엄청난 폭발력을 가질 수도 있다.

최근 미국 주요 기업의 위기 사례들이 소비자의 감정적 각성이 위기에 어떤 영향을 주었는지를 잘 보여준다. 물론 높은 수준의 감정적 각성으로 평판이 안 좋아졌으나 이것이 재무적 손실로까지 연결되지 않는 경우도 있다. 예를 들어 미국 최대 소매 기업 월마트(Walmart)는 총기 코너에서 신학기 광고 캠페인을 전개하다가 거센 비난에 휩싸였다. 2017년 8월 월마트의 한 매장은 '히어로처럼 학교를 차지해'(Own the school year like a hero)라는 광고 메시지 아래 소총을 전시했다. 누가 봐도 소총이 신학기 준비물인 양 의도했다. 지역 주민이 이것을 트위터에 올리자 곧바로 미국 전역에서 월마트에 대한 비난 여론이 치솟았다. 〈뉴욕타임스〉와 〈워싱턴포스트〉 등 미국 유력 미디어들이 앞다퉈 보도하자 해프닝은 월마트 본사가 공식으로 사과해야 하는 위기로 발전했다.[10]

이 과정에서 월마트가 입은 손실은 얼마일까? 월마트는 이번 위기로 예상되는 손실을 밝히지 않았다. 〈뉴욕타임스〉와 〈워싱턴포스트〉도 잘못된 캠페인으로 기업이 입게 될 손실을 예상하지 않았다. 심지어 대중의 신랄한 비난이 불매 운동 같은 기업에 손해를 입힐 수 있는 실질적 행동으로 이어졌다는 소식을 어디에서도 찾아볼 수 없었다.

분명히 위기는 기업 평판과 명성을 심각하게 훼손한다. 하지만 이 경우 손실을 정확히 가늠하기 어렵다. 총기를 신학기 준비물로 만든 해프닝은 월마트의 브랜드 이미지에 막대한 피해를 줬지만 재무적 손실은 거의 없었다. 이러한 위기를 미디어가 반복해서 제공하는 이유는 기업 본연의 문제를 점검하는 것이 아니라 갈등이 유발하는 흥미에 초점을 맞추기 때문이다.

분명한 사실은 모든 소비자가 외면할 것으로 예상되는 기업의 위기마다 감정적 각성이 작동시킨 브랜드 민주주의가 자리한다는 점이다. 2017년 유나이티드항공 사례는 브랜드 민주주의가 어떻게 기업 위기로 발전하는지 분명히 보여줬다. 한국에 많이 알려지지 않았지만, 비슷한 시기 발생한 델타항공(Delta Air Lines)과 아메리칸항공(American Airlines)의 사건도 미국 사회에 엄청난 분노를 불러일으켰다.

델타항공의 경우 한 아버지가 두 살배기 아들을 위해 비행기 좌석에 카시트를 장착한 뒤 앉히려 하자 승무원이 제지했다. 이 과정에서 승무원은 가족에게 비행기에서 내리도록 요구했고, 거부하면 처벌한다고 협박했다. 아메리칸항공도 비슷한 경우다. 기내 탑승구에서 쌍둥이 아기를 데리고 타던 한 여성이 기내 승무원에게 유모차를 빼앗겼다. 이 과정에서 아기를 떨어뜨릴 뻔했고 항의하던 다른 남성 승객과 거칠게 실랑이를 벌였다. 두 사건 모두 SNS를 타고 확산됐다. 미국 대형 항공사에서 벌어진 일은 분명히 기업 잘못이다. 오버부킹의 일차적 책임은 항공사에 있으며 승무원은 승객에게 고압적으로 행동했다. 심지어 델타항공 승무원은 항공 규정을 잘못 알고 있었다. 항공사에 대한 미국 사회의 분노는 어느 때보다 크고 강렬했다.

아메리칸항공 사건이 발생한 시점은 2017년 4월 22일 토요일이다. 다음 날부터 유모차를 빼앗고 항의하는 승객과 실랑이하는 동영상이 미 전역에 퍼졌다. 그 2주 전 유나이티드항공의 동영상 위력을 확인한 미국 지상파 방송사들도 신속히 주요 뉴스로 다뤘다. 4월 24일 월요일 유력 신문들이 항공사를 비난하는 기사를 일제히 게재했다. 당연히 이 기간 인터넷은 아메리칸항공을 질타하는 게시물로 들끓었다.

그렇다면 아메리칸항공에 위기가 덮친 시점을 전후로 주식 시장을 보자. 4월 21일 금요일 아메리칸항공의 주가는 45.15달러였다. 주말 동안 위기가 진행되었고 드디어 개장이 다가왔다. 월요일 아침 아메리칸항공 주가는 소폭 상승한 45.50달러로 출발했다. 그리고 같은 날 46.64달러로 마무리되었다. 거래량 역시 전일 대비 80만 주 이상 증가했다.

주가는 4월 27일까지 계속 상승했다. 4월 27일 아메리칸 항공과 조종사 노조가 임금 협상 타결을 발표하자 주가는 43.98달러를 기록하며 3달러 이상 하락했다. JP모건(JP Morgan) 애널리스트 제이미 베이커(Jamie Baker)는 〈CNBC〉와의 인터뷰에서 "노사 협상이 우려할 만한 선례를 남겼다"라고 비판하며 항공사의 목표 주가를 낮췄다.[11] 월스트리트는 미국 전역의 분노를 일으킨 사건을 기업 가치를 훼손

할 만한 '우려할 만한 선례'로 생각하지 않은 것이다. 오히려 노사 협상과 임금 인상을 주말에 발생한 위기보다 중요하게 여겼다.

양과 규모를 뛰어넘는 자신감과 가치

사회가 어떤 흐름에 대해 무언가 반응을 요구하는데 기업이 아무것도 하지 않을 수는 없다. 기업의 누군가는 대중에 답변하지 않으면 안 된다. 어설프게 답했다가는 되려 진정성 없다는 비판을 받을 수 있어 고민스럽다. 어느 나라나 기업의 최고 커뮤니케이션 담당자라면 항상 하는 고민이다. 모두 기업, 조직의 가치와 신념, 원칙 문제로 귀결된다. 신념과 가치에 기반한 원칙이 부재할 경우 리더나 구성원에게 벌어지는 일은 끔찍하다. 30년 전 실제 있었던 일이다.

1970년대 미국 제약 회사 업존(Upjohn)은 신약 파날바(Panalba)를 출시했다. 파날바가 한창 잘 팔리고 있었는데, 우리나라 식품의약품안전처에 해당하는 FDA가 파날바 부작용으로 복용자가 사망할 가능성이 있다는 발표를 했다. 업존은 특별이사회를 열어 판매를 중지할지, 아니면 약을 계속 판매하면서 법정 대응을 할지 논의했다. 열띤 회의 끝에 업존은 판매를 계속하기로 했다. 당시 이 결정에 사람들은 크게 놀랐다.

이 사건을 소재로 펜실베이니아대학교 와튼스쿨의 스콧 암스트롱

(J. Scott Armstrong) 교수가 실험을 했다. 업존이 어떤 결정을 내려야 하는가를 일반 실험대상자와 이사회 임원 역할을 맡은 실험대상자에게 묻는 실험이었다. 일반 실험대상자에게 파날바에 대한 FDA 발표를 설명했을 때 응답자의 78%가 판매 중지 결정을 내렸다. 반면 업존의 이사회 역할을 맡은 피실험자들은 여러 조로 나뉘어 모의 이사회를 개최했는데, 판매 중지 결정을 내린 조는 한 곳도 없었다. 연구진이 여러 나라에서 100여 차례에 가까운 모의 실험을 했는데 결과는 비슷했다.[12]

기업의 리더와 구성원은 수없이 많은 판단과 결정의 순간을 경험한다. 매 순간이 위기와 관련되지 않는다. 그러나 신념과 원칙이 부재하거나 부실한 상황에서 반복되는 판단과 결정이 누적될 경우 기업은 나중에 큰 대가를 치르게 된다.

프랑스 노트르담 성당 화재로 전 세계가 충격에 빠졌을 때 프랑스 대기업들은 성당 재건을 위해 엄청난 돈의 기부를 선언했다. 화재 다음 날 프랑스 2위 부호인 프랑수아 앙리 피노(Francois Henri Pinault) 케링그룹(Kering Group) 회장은 1억 유로 기부를 밝혔다. 그 뒤에 경쟁이라도 하듯 베르나르 아르노(bernard Arnault) LVHM 일가는 2억 유로를 기부하겠다고 발표했다. 베탕쿠르 메이예(bettencourt-Meyers) 로레알(L'Oreal) 회장도 2억 유로의 기부를 약속했다. 프랑스 거부들의 줄이은 거액 기부는 전부 10억 유로에 달했다. 그러자 프랑스의 경제 양극화와 실업난 해소를 주장하며 23주 연속으로 벌어졌던 노란 조끼 시위가 다시 불붙었다. "빅토르 위고(Victor Hugo)가 이번 기부에 고마워할 것이다. 동시에 레미제라블들을 위한 기부도 제안할 것이다"라는 시위대의 피켓 문구가 노란 조끼 시위대의 정서를 보여준다.[13]

경제난에 허덕이는 대중의 삶은 외면하면서 문화재 소실에는 관심과 행동에 나선 거부들과 대기업 행태에 분노를 느낀 것이다. 노란 조끼 시위대는 "우리가 노트르담 성당이다"라고 외쳤다. 시위대가 더 분노한 것은 대기업들이 이번 기부로 받게될 세금공제 혜택이었다. 기업이 기부한 돈의 최대 90%까지 공제를 받을 수 있었다. 논란이 되자 피노 회장은 이번 기부에 대해 세액공제를 받지 않을 것이라고 공개적으로 밝히기까지 했다.[14]

모든 리더가 테슬라(Tesla)의 일론 머스크(Elon Musk)처럼 트위터로 멋지고 모험에 찬 발언들을 할 수는 없다. 인스타그램으로 금발의 매력 넘치는 활동량을 보여주는 버진그룹(Virgin Group)의 리처드 브랜슨(Richard Branson)이 될 필요도 없다. 그러나 브랜드 민주주의 시대는 기업에 답변을 요구한다. 사회와 대중은 진정성을 요구하며, 시대 흐름에 기업도 동참하기를 촉구한다. 기업은 이 모든 것에 응할 수 없다. 그러기에 시장 경쟁은 너무 심하고 성장률에 대한 이사회의 압박은 크다. 문제는 초연결 시대에는 이런 딜레마가 더 심해질 것이라는 데 있다. 이러한 환경에서 기업은 가치와 신념에 기반한 임팩트 커뮤니케이션을 해야 한다.

가치를 담아야 한다. 그 가치는 사회적이고 구체적이어야 한다. 대중은 시민이자 소비자이며 공동체 구성원이다. 초연결된 시대 집단의식과 개인의식이 혼재된 상태에서 사회 흐름과 현안에 대한 대중의 민감성이 높아지고 있다. 이들은 점점 신념과 가치에 기반한 커뮤니케이션을 한다.

독일의 뇌과학자 게랄트 휘터(Gerald Hüther)가 강연에서 패널로 참석했던 옆의 CEO에게 돌연 질문을 던졌다. "당신에게 큰 수익을 낼 수 있는 기회가 주어졌습니다. 그런데 그 기회가 스스로의 존엄함을 무너뜨리는 일입니다. 당신은 눈앞의 이익과 개인의 존엄 앞에 과연 어떤 선택을 하겠습니까?" 이 CEO는 당황해서 대답을 못 했고 그를 곤경에 빠뜨린 휘터는 큰 박수를 받았다. 이날 휘터의 강연 주제는 인간의 존엄성과 결정을 내리는 방식에 관한 것이었다.[15]

이제 고객은 기업의 신념과 가치를 보길 원한다. 대리 체험이 아니라 본인이 직접 나서길 원한다. 기업의 제품과 서비스 구매, 정당 지지와 투표, 정부 정책 지지를 통해 본인이 직접 가치 실현에 나서길 원한다. 이들은 자신이 틀렸다는 것을 지적당하길 원하지 않는다.

누구에게나 확신을 줄 수 있어야 한다. 확신의 동력은 진정성에서 나온다. 초연결 시대에 기업이 커뮤니케이션으로 보여줄 수 있는 최고 가치는 진정성 있는 자신감이다. 진정성을 통해 조직의 자신감을 보여줄 수 있어야 한다. 나이키는 브랜드 민주주의에 대한 시대적 요구를 스포츠 민주주의로 전환시켰다. 단순히 한 시대를 풍미한 제품이 아니라 인간 신체의 새로운 가능성을 탐구하고 개척하는 가치를 지향한다. 코카콜라(Coca-Cola)와 경쟁하는 펩시콜라 역시 문명사의 주인공이 되기를 원한다.

영화 〈보헤미안 랩소디〉의 최종 승자는 누구일까. 퀸의 라이브 에이드 공연 실황 유튜브 영상에서 프레디 머큐리가 연주하는 그랜드 피아노 위에 놓인 음료수 컵에 새겨진 브랜드 펩시콜라다. 대중문화 역사의 한 장면을 장식한 브랜드 가치는 유튜브 조회 수 1억 5천만 회가 주는 광고 효과를 넘어선다. 역사가 된 현장의 스토리는 신화처럼 브랜드를 각인한다.

먼저 구성원이 동의할 수 있어야 한다. 최고의 옹호자는 구성원이다. 가장 강력한 인플루언서 역시 구성원이다. 구성원이 기업이 추구하는 가치와 신념을 지지해야 한다. 기업이 추구하는 가치에서부터 현안에 대한 입장에 이르기까지 구성원이 동의하고 이해하지 못하면 밖의 이해관계자도 마찬가지다.

건물 지붕과 창을 전문적으로 제작하는 독일 기업 로토(Roto)를 살펴보자. 로토는 2017년 기준 약 4,900명의 직원과 6억 3,350만 유로의 매출을 기록한 독일 히든챔피언 가운데 하나다. 기업은 신제품을 개발하는 과정에서 특정 프로젝트가 다른 프로젝트에 영향을 미칠 정도로 지연될 예정이면 엔지니어 스스로 레드카드를 과제 진행 현황표에 올리도록 조치했다. 엔지니어는 레드카드를 문제 해결을 위한 도움이 아니라 자신의 무능을 드러내는 두려움의 대상으로 받아들였다. 그러자 경영진은 엔지니어에게 레드카드 사용이 불이익으로 이어지지 않는다는 확신을 심어줬고 정책이 자리 잡을 때까지 더 많은 시간을 허용했다.

첫 번째 레드카드가 등장한 이후 엔지니어는 점차 이 정책을 정상적 프로세스의 일환으로 받아들였다. 효과는 긍정적이었다. 레드카드를 처음 도입한 2009년 기술 개발의 뒤늦은 수정과 이에 따른 비용은 6건과 6만 유로였지만, 이 수치는 점차 줄어들어 2012년에는 각각 3건과 2만 7,000유로를 기록했다.

레드카드 정책이 성공할 수 있었던 이유는 그것이 엔지니어를 평가하는 도구가 아니라 기술 개발을 효과적으로 진행하기 위한 자원임을 직원들에게 분명히 인식시켰기 때문이다. 로토의 엔지니어는 레드카드를 위협으로 보지 않고 도움의 원천으로 간주했다. 다시 말해 비난받을지도 모른다는 두려움이 사라지자 직원들은 문제 해결을 위해 기꺼이 자신을 드러내고 도움을 요청했다.

문화에 내재되어 있어 커뮤니케이션하지 않아도 느낄 수 있어야 한다.
조직의 최고 커뮤니케이션은 문화에서 나온다. 늘 연결된 플로우 상태의 초연결 대중에게 일회적 커뮤니케이션은 의미가 없다. 조직의 성향과 정체성은 문화가 보여준다. 조직의 문화는 리츄얼(ritual), 스토리, 공간, 행동 스타일 등에서 나타난다.

CEO이자 경영학자인 스콧 갤러웨이(Scott Galloway)의 말을 기억하라. "예측하건대 샤넬은 시스코보다 오래 살아남고 구찌는 구글이 유성처럼 소멸하는 것을 목격할 것이다. 아마존, 애플, 페이스북, 구글이라는 네 개의 거인 기업 중에서도 애플은 다른 셋보다 한층 더 우월한 유전자를 갖췄고, 내가 볼 때 22세기까지 살아남을 가능성이 가장 높다."[16] 문화는 조직의 커뮤니케이션을 통해 생존력을 높인다.

논쟁을 두려워하지 마라. 피하고 숨는 것이 능사가 아니다. 페이크 뉴스는 더 다양한 형태로 진화할 것이다. 모든 조직을 두고두고 괴롭힐 가능성이 높다. 논쟁이 최선의 대응이다. 초연결 사회에서는 커뮤니케이션 온라이프 상태이기 때문에 축적된다. 모든 메시지와 활동은 사회적 기억으로 기록된다. 사상 최악의 기름유출 사고를 일으키고 오명을 쓴 엑슨 발데즈(Exxon Valdez)로 기억되고 싶지 않다면 논쟁을 두려워해서는 안 된다.

초연결 시대의 설득 전략은 무엇이 달라야 하는가

7장

두 번째 원칙,
최고의 플랫폼은 사람이다

"정말이지, 당장 달려가서 스마트폰을 뺏어버리고 싶어요." 2018년 9월 한 달 동안 테슬라 홍보 책임자의 심정이 이랬을 것이다. 창립자 또는 전문 경영인이 대중과 소통을 즐긴다면 기업에 어느 정도 도움이 될까? 다음 회사들의 최고 커뮤니케이션 책임자는 CEO에 감사할지 모른다.

마이크로소프트의 빌 게이츠, 버진그룹의 리처드 브랜슨, 아메리칸패밀리보험사(American Family Insurance)의 잭 살즈와델(Jack Salzwedel), 티모바일유에스(T-Mobile US)의 존 레저(John Legrere), 링크드인(LinkedIn)의 제프 와이너(Jeff Weiner), 세일즈포스(Salesforce)의 마크 베니오프(Marc Benioff) 등. 이들은 어떤 평가에서든 커뮤니케이션을 잘하는 CEO 순위에 늘 상위에 올랐다. 타고난 비즈니스 감각과 경영 능력에 더해 인스타그램이나 트위터, 페이스북 팔로어에게 공감을 일으키는 소통 능력까지 갖췄으니 이 기업들의 최고 커뮤니케이션 책임자들이 부러워할 수밖에 없다.

그런가 하면 한 번의 실수가 아니라 곤혹스러운 언행으로 반복해서 회사를 어렵게 한 CEO도 많다. 미국의 의류 회사 아베크롬비앤피치(Abercrombie & Fitch)의 마이클 제프리스(Michael Jeffries), 테슬라의 일론 머스크, 우버(Uber) 창업자 트래비스 캘러닉(Travis Kalanick) 등. 이들의 말실수는 계획됐다기보다는 천성 때문이다. 이들의 언행은 좋게 표현하면 개성이지만 회사 임원들은 이들 때문에 늘 조마조마했다.

CEO의 트위터는 골칫덩어리일까

CEO는 늘 기업 커뮤니케이션 최선봉에 선다. 언론과 시장은 CEO의 언행에 촉각을 세운다. 투자자들은 CEO의 행보나 말에서 투자의 단서를 찾아내려고 혈안이 되어 있다. CEO의 언행은 위기에 놓인 기업을 수렁에서 건지기도 하고, 더 밀어넣기도 한다. 글로벌 휴먼 리소스 컨설팅 기업인 이곤젠더(Egon Zehnder) CEO 라지브 바수데바(Rajeev Vasudeva)는 국내 언론과의 인터뷰에서 CEO 역량과 자질에 대해 다음과 같이 말했다.

○ '훌륭한 인재를 찾는 법'에 대해 얘기하려면 '리더십 발전의 역사'부터 살펴봐야 한다. 첫 번째 리더십의 시대는 '적자생존 리더십'이었다. 사냥과 전투에서 살아남도록 이끄는 리더, 물리적으로 가장 강한 자가 리더가 되는 시대였다. 두 번째 리더십의 시대는 산업혁명 시기에 찾아온 '경험의 시대'였다. 숙련공부터 '산전수전 겪은 리더'가 각광받는 시대였다. 그 후 '지식노동자의 시대'를 거쳐 현재 '적응 능력'을 리더의 최고 덕목으로 치는 시대가 됐다. 여기에서 적응 능력이란 사실 '잠재력'을 말한다. 어려워지는 환경에 대응하고 복잡한 역할을 수행하기 위한 적응력 그리고 잠재력이 중요하다는 것이다. 예전에는 리더십 평가를 위한 가장 좋은 수단으로 '과거 성과'를 꼽았다. 하지만 지금은 예측 자체가 불가능한 시대로, 예전의 성과보다는 얼마나 급변하는 상황에 잘 적응할 잠재력을 갖고 있는가가 더 중요해졌다. (…) (CEO의 역량에서 중요한 것은) 첫째는 '호기심', 둘째는 '통찰력', 셋째는 '직원과의 연결을 중시하고 잘하는 능력', 마지막으로 '단호한 결정력' 이렇게 네 가지다.[1]

바수데바의 평가대로라면 역대 최악의 기업 스캔들로 기억되는 엔론(Enron), 월드컴(WorldCom), 타이코(Tyco)의 CEO는 자기 회사를 수렁으로 빠뜨렸다. 언론은 이들 CEO를 무책임 그 자체로 평가했다. 2002년 5월 〈이코노미스트〉는 커버스토리의 헤드라인을 "우상 무너지다, 유명 CEO들의 몰락"으로 달았다. 〈이코노미스트〉는 "비즈니

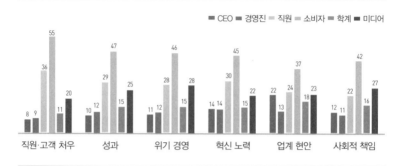

출처: 2017 에델만 신뢰도 지표 조사

스 리더들이 베를린 장벽 붕괴 후 공산주의 영웅들의 몰락 속도보다 더 빠르게 추락하고 있다"라고 글로벌 기업들의 CEO가 처한 위기를 다뤘다. 이 당시 에델만이 조사한 자료에 따르면, 미국인의 93%가 기업 CEO들이 일반 공중을 포함해 기업 이해관계자들과 커뮤니케이션에 더 적극적으로 나서주기를 원했다.[2] 그러나 엔론, 월드컴, 타이코의 CEO는 그렇게 하지 못하고 대중의 신뢰를 잃었다. 위기 상황에서 대중과 맞서 이긴 CEO는 없다. 그 교훈은 이 기업들에도 그대로 적용됐다.

물론 CEO의 커뮤니케이션이 영향을 주는 기업 이슈는 제한적일 수 있다. 에델만이 세계 각국의 소비자를 대상으로 매년 실시하는 신뢰 조사가 이를 뒷받침한다. 2017년 조사에서 각국의 소비자에게 '기업에 관련된 여러 주제별로 커뮤니케이션할 때 누가 가장 신뢰할 만

한가'라고 물었다. '업계 현안'을 제외한 다섯 개 항목에서 CEO를 꼽은 응답은 8%에서 14% 수준으로 낮았다. 기업이 속한 산업계의 동향과 관련된 항목에서 CEO를 고른 응답은 22%로 높은 편이었지만, 이마저도 미디어와 소비자 활동가가 더 높았다. 그만큼 기업이 직접하는 커뮤니케이션에 대해 소비자의 신뢰 자체가 높지 않았다. 그럼에도 CEO는 계속해서 대중에 노출하고 무언가 말을 해야 하는가? 이 질문의 답은 분명하지 않다. CEO의 대중 커뮤니케이션 스타일과 그 기업과 브랜드 이미지, 평판의 상관관계는 가변적이기 때문이다.

2013년 〈허핑턴포스트〉는 미국의 유명 기업들 CEO 중에서 파워 트위터리안을 선정했다. 5년이 지난 2018년 기준으로 이 리스트를 살펴보면 CEO의 트위터가 가진 특징을 알 수 있다. 첫째, 50명이 모두 꾸준히 트위터를 한다. CEO들의 트위터는 일회성이 아니라 그들의 천성이자 습관이었다. 대부분 트위터 서비스 초기부터 이용을 시작해서 10년 내외의 경력을 가졌다.

둘째, CEO들의 트위터는 해당 기업의 이미지를 가장 잘 표현한다. CEO들이 계속해서 올리는 메시지뿐만 아니라 행동 그 자체가 대중들에게 엄청난 호소력을 가진다. 이쯤 되면 이 CEO들의 트위터는 골칫덩어리가 아니라 해당 기업에 대한 신뢰 자체가 될 수도 있다. 〈버즈피드〉, 그루폰(Groupon), 스포티파이(Spotify), 링크드인, 텀블러(Tumblr), 드롭박스(Dropbox), 포스퀘어(Foursquare), 옐프(Yelp)와 같이 우리나라에서도 친숙한 IT 기업들은 물론 패스(Path), 이볼브(Evolve),

매셔블(Mashable), 복스(Box)처럼 미국에서 널리 확산된 메이저 IT 기업의 CEO들이 리스트에 포함됐다. CEO들의 트위터는 대범함과 모험심을 드러내는 경연장처럼 느껴질 정도로 새로운 아이디어와 의견들로 넘친다. 당연히 이들의 트위터 계정은 수십만의 팔로어를 거느리기 때문에 기업의 혁신 이미지를 상징한다. 그리고 빌 게이츠, 일론 머스크 등의 트위터 팔로어 수는 마이크로소프트와 테슬라 팔로어 수보다 많다.

셋째, 사회 이슈에 적극 개입한다. 최근 글로벌 소비자의 공통된 성향은 정치·사회적 신념에 대한 감수성이 높아졌다는 데 있다. 따라서 CEO가 사회 이슈에 대해 트위터나 페이스북에 직접 의견을 밝히면 바로 기업 브랜드에 영향을 준다. 보이콧이나 바이콧으로 연결될 수 있다. 그만큼 CEO의 소셜 미디어 메시지는 브랜드 민주주의의 최전선에 있다.

성공한 CEO가 반드시 훌륭한 커뮤니케이터는 아니다

CEO 커뮤니케이션의 중요성을 강조하는 사례는 많다. 2012년 〈포브스〉는 카네기멜론대학교의 연구를 보도했다.[3] CEO 성공에 지식 또는 기술이 차지하는 비중은 불과 15%에 불과했다. 나머지 85%는 효과적으로 커뮤니케이션하고 협상하는 데서 비롯한다. 연구는 커뮤니케이션이 왜 중요하고, CEO 커뮤니케이션이 왜 주목을 받는지 보여준다. 흥미로운 것은 〈포브스〉가 인용한 연구가 100년 전의 것이란 점이다. 한 블로거가 이 기사의 출처를 조사했더니 인용된 문헌이 100년 전의 연구라는 것이 밝혀졌다. CEO 커뮤니케이션의 중요성은 100년 전에도 변함이 없었다.

빌 게이츠는 "나에게 마지막 1달러가 남아 있다면 PR에 쓸 것이다"라고 말했고, 워런 버핏은 성공 비법에 대해 질문한 스탠퍼드대학교 경영대학원 졸업생에게 "훌륭한 커뮤니케이션 기술 없이 당신을 따르는 사람에게 확신을 줄 수 없습니다. 졸업생 나이에서 스스로 발전할 수 있는 최고 방법은 커뮤니케이션을 더 잘하도록 배우는 것입니다"라고 말했다. 리처드 브랜슨도 자신의 블로그에 "커뮤니케이션은 리더가 가질 수 있는 가장 중요한 기술"이라고 적었다.[4] 경영컨설턴트이자 《겟 스마트》의 저자 브라이언 트레이시(Brian Tracy)도 "타인과 커뮤니케이션하는 능력은 당신의 사업과 삶에 있어서 성공의 85%를 차지할 것"이라고 주장했다.[5]

이쯤 되면 성공한 CEO는 스타일이야 어떻든 나름대로 훌륭한 커뮤니케이터일 가능성이 크다. 과연 사실일까? 성공한 CEO를 찾는 일은 쉽다. 〈하버드비즈니스리뷰〉는 매년 최고 성과를 낸 CEO 100명을 발표한다. 〈하버드비즈니스리뷰〉는 주주 수익률, 시가총액 같은 재무 성과뿐 아니라 환경, 사회, 지배 구조 같은 비재무 성과를 종합해 순위를 산정한다. 2017년 최고 CEO의 영예는 패션 브랜드 자라

(Zara)로 유명한 인디텍스(Inditex)의 파블로 이슬라(Pablo Isla)에게 돌아갔다.

〈하버드비즈니스리뷰〉에 따르면 이슬라는 "사람들에게 주목받는 것을 꺼려 매장 오프닝 행사에 참석하는 일도 거의 없다".[6] 대중뿐 아니라 미디어와의 관계에서도 비슷하다. 2012년 11월 〈뉴욕타임스〉는 세계 최대 의류소매 업체로 성장한 자라의 스토리를 다뤘다. 기자는 "이슬라가 인터뷰하거나, 카메라를 향해 손을 흔드는 일은 거의 없다"라고 지적하면서 "사실 인디텍스의 얼굴은 상냥한 말투의 커뮤니케이션 책임자이며, 아마도 기업의 눈부신 성장에 대한 질문을 받을 때마다 사과해야 하는 지구상의 유일한 커뮤니케이션 책임자"라고 비꼬았다.[7]

이슬라는 CEO의 성공과 커뮤니케이션 관계를 다시 한 번 생각하게 한다. 커뮤니케이션을 잘하면 성공한 CEO일 가능성이 있다. 하지만 성공한 CEO가 반드시 커뮤니케이션을 잘하지는 않는다. 다양한 각도에서 CEO 커뮤니케이션을 평가한 몇몇 평가는 이것을 분명하게 보여준다.

주요 이해관계자인 직원, 미디어, 대중과 개인 투자자를 대상으로 커뮤니케이션을 잘한 CEO를 살펴보자. 2017년 취업 플랫폼 글래스도어(Glassdoor)는 직원이 뽑은 최고의 독일 CEO를 조사했다.[8] 해당 조사는 최고 고용주이자, 가장 사랑받는 경영자를 직원이 직접 선발하는 방식이다. 벤츠로 유명한 다임러(Daimler)의 디터 제체(Dieter

Zetsche)가 직원이 가장 사랑하는 경영자로 나타났다. 경쟁 기업인 BMW와 포르쉐(Porsche) CEO도 상위 10위 안에 포함되었다.

이번에는 미디어가 호의적으로 보도한 CEO를 살펴보자. 독일 커뮤니케이션 컨설팅 기업 우니셉타(UNICEPTA)는 독일 미디어가 보도한 CEO 관련 32,641개 기사를 분석해 지수를 산정했다. 2017년 미디어가 가장 긍정적으로 묘사한 CEO는 아디다스(Adidas)의 카스퍼 로스테드(Kasper Rørsted)였다. 독일 미디어는 아디다스 CEO의 경영 스타일을 치켜세웠는데, 유력 경영 전문지 〈매니저매거진(Manager Magazin)〉이 "로스테드는 높은 기준, 분명한 커뮤니케이션, 적당한 터프함을 가진 슈퍼스타로 여겨진다"라고 보도할 정도였다.[9]

대중의 평가는 달랐다. 뉴스악투엘(News Aktuell)은 2017년 CEO 관련 온라인 게시물 450만 개를 분석했다.[10] 게시판, 커뮤니티, 블로그뿐 아니라 소셜 미디어를 포함하는 빅데이터 조사로서 약 160개 상장 기업의 207명 CEO가 분석 대상이었다. 온라인에서 최고의 평판을 지닌 CEO는 특수기계 제작 업체 노르마그룹(Norma Group)의 베르너 데김(Werner Deggim)이었다. 노르마그룹만큼 우리에게 생소한 사진인화 서비스 기업 CEWE의 CEO 롤프 홀란더(Rolf Hollander)와 부동산투자신탁 기업 알스티리아(Alstria)의 올리버 엘라미네(Oliver Elamine)가 각각 2위와 3위에 올랐다.

이제 독일 CEO의 실적을 살펴볼 차례다. 금융 분석 업체 오버마트(Obermatt)는 프랑크푸르트 증권거래소에 상장된 기업 CEO를 대상으로 성장 정도, 운영 성과, 투자 이익을 종합해 순위를 발표했다.[11] 1위는 CFO 출신으로 투자 이익 부분에서 높은 성과를 거둔 지멘스 (Siemens)의 조 케저(Joe Kaeser)였다. 아디다스, 폭스바겐(Volkswagen), 인피네온(Infineon) 등 독일 경제를 대표하는 기업 CEO도 상위 10위에 포진했다.

그렇다면 CEO 실적과 커뮤니케이션 평가를 비교하면 어떨까. 첫째, 모든 이해관계자에게 좋은 커뮤니케이션 평가를 받은 CEO는 없었다. 아디다스 CEO 로스테드만 직원과 미디어로부터 평가를 받았을 뿐이다. 이것은 커뮤니케이션으로 이해관계자를 동시에 만족시키는 일이 얼마나 어려운 것인지 보여준다. 둘째, 훌륭한 성과를 거둔 CEO라도 커뮤니케이션 평가는 달라진다. 다시 말해 커뮤니케이션 성과가 CEO 실적에 핵심 요인은 아니다. 2017년 최고 CEO로 평가받은 지멘스의 케저는 미디어에서만 호의적 평가를 끌어냈으며, 종합 평가 4위에 랭크된 로스테드가 오히려 더 좋게 평가받았다.

미국에서도 비슷하다. 〈하버드비즈니스리뷰〉가 선정한 CEO 100명과 글래스도어가 선정한 '직원 평가 최고의 미국 CEO 100명' 중 겹치는 인물은 고작 14명이다. 〈하버드비즈니스리뷰〉 평가에서 3위에 오른 엔비디아(NVIDIA)의 젠슨 황(Jensen Huang)만이 글래스도어 평가에서도 6위에 오르며 실적과 커뮤니케이션, 두 마리의 토끼를 다 잡은 CEO였다. 하지만 다른 CEO들은 실적과 커뮤니케이션 평가가 일치하지 않았다. 나이키의 마크 파커(Mark Parker)는 실적에

도표 7-2 미국 CEO 실적과 직원 커뮤니케이션 평가

〈하버드 비즈니스리뷰〉 선정 CEO (순위)	글래스도어 직원 평가 (순위)	이름	기업	업종
3	6	젠슨 황	엔비디아	IT
8	52	마크 파커	나이키	소비재
12	15	마크 베니오프	세일즈포스	IT
19	89	웨슬리 부시	노스롭그루먼	산업 장비
26	50	휴 그랜트 (Hugh Grant)	몬산토 (Monsanto)	소재
27	51	리처드 템플턴 (Richard Templeton)	텍사스인스트루먼트 (Texas Instrument)	IT
31	33	리처드 페어뱅크 (Richard Fairbank)	캐피털원 (Capital One)	금융
35	99	메릴린 휴슨 (Marillyn Hewson)	록히드마틴 (Lockheed Martin)	산업 장비
44	98	블레이크 노드스트롬 (Blake Nordstrom)	노드스트롬 (Nordstrom)	유통
45	3	마이클 마호니	보스턴사이언티픽	헬스케어
62	19	샨타누 나라옌 (Shantanu Narayen)	어도비(Adobe)	IT
63	13	브래드 스미스 (Brad Smith)	인튜이트(Intuit)	IT
67	43	피에르 낭텀 (Pierre Nanterme)	액센츄어 (Accenture)	정보 서비스
69	85	제이미 다이먼 (Jamie Dimon)	JP모건체이스	금융

서 8위에 올랐지만 직원 평가는 52위에 그쳤다. 비슷하게 노스롭그루먼(Northrop Grumman)의 웨슬리 부시(Weshley Bush)는 〈하버드비즈니스리뷰〉 평가에서 19위에 올랐지만 글래스도어 평가에서 89위에 그쳤다.

실적보다 커뮤니케이션 평가가 좋은 CEO도 있다. 보스턴사이언티픽(Boston Scientific)의 마이클 마호니(Michael Mahoney)는 실적 평가에서 45위에 그쳤지만 커뮤니케이션 평가는 3위로 호평을 받았다. 독일과 마찬가지로 미국에서도 CEO의 실적과 커뮤니케이션 평가 사이에서는 유의미한 상관관계를 확인할 수 없었다.

그러나 주의해야 한다. 커뮤니케이션이 CEO 성과에 직접 영향을 미치지 않는다고 그 중요성을 간과하면 안 된다. 커뮤니케이션은 CEO 실적과 성공에 여전히 중요하다. 실제로 직원이 최고 커뮤니케이터로 뽑은 다임러 CEO 디터 제체는 2017년 기업 역사상 최대 생산을 달성했고, 대중이 최고로 뽑은 노르마그룹 CEO 베르너 데김은 2016년 -20.72%를 기록했던 주가 수익률을 2017년 38.03%로 전환하는 놀라운 재무 성과를 보여줬다. 게다가 많은 CEO가 경영 활동 과정에서 커뮤니케이션 중요성을 직접 증언한다.

커뮤니케이션은 경영의 중요한 요소다. 그리고 리더십을 발휘하는 수단이다. 그렇다고 훌륭한 커뮤니케이션 능력이 반드시 성과를 보장하지 않는다. 게다가 모든 이해관계자를 아우르는 커뮤니케이션 역시 불가능하다. 이러한 점에서 CEO 커뮤니케이션은 성공을 보장하는 마법 같은 기술이 아니지만 경영 전쟁에서 사기를 진작시키는 기술인 것은 확실하다.

이 정도면 충분하다

마크 저커버그는 자신의 페이스북 페이지에 미국 대통령을 비난하는 정치적 발언을 거침없이 내뱉고, 일론 머스크는 트위터에 조울증 증상을 고백했다. 불과 십 년 전만 해도 CEO의 메시지라고 상상조차 할 수 없었던 내용이다.

CEO 커뮤니케이션의 중요성은 변함없다. 하지만 CEO로서 성공하는 데 커뮤니케이션 능력이 생각만큼 훌륭하지 않다는 경우도 종종 확인된다. 대체 둘 사이 괴리는 왜 발생하는 걸까? 지금까지 많은 전문가가 강조하는 CEO 커뮤니케이션의 핵심은 '어떻게'에 맞춰졌다.

〈하버드비즈니스리뷰〉는 커뮤니케이션과 관련해 반드시 읽어야 할 10편의 논문을 모아 책으로 발행했다.[12] 이 책을 보면 "최고의 리더는 분명하고 설득력 있게 커뮤니케이션하는 방법을 알고 있다"라고 강조한다. 책에 실린 제이 컨저(Jay Conger) 교수의 〈설득의 필요 기술(The Necessary Art of Persuasion)〉을 보면 CEO는 누군가를 설득하기 위해 네 단계를 거친다. 신뢰를 쌓고, 공동 이익이라는 프레임을 만들며, 증거를 제시하고, 정서적으로 연결하면 설득할 수 있다. 또한 CEO 커뮤니케이션 분야에서 세계적 명성을 가진 케빈 머리(Kevin Murray)는 저서 《어떻게 따르게 만들 것인가》에서 리더를 위한 12가지 커뮤니케이션 원칙을 설명했다. 이외에도 수많은 책이 제시하고 다양한 컨설턴트가 알려주는 조언은 하나같이 '어떻게', 다시 말해 방법론에 집중한다. 한결같이 '공감을 불러일으키도록', '명확하고', '간결하게', '준비된' 메시지를 '일관되게' 전달하도록 알려준다. 모든 원칙은 화법, 메시지, 채널에 초점을 맞춘다.

그러나 가장 중요한 것이 누락됐다. 바로 CEO 자신이다. CEO는 말이 아니라 자신으로 커뮤니케이션한다. 최고의 커뮤니케이터로 평가받는 CEO들을 보라. 한결같이 본인 스스로가 최고의 커뮤니케이션 플랫폼 역할을 한다. CEO가 '어떻게' 하느냐가 아니라, CEO의 '무엇을' 커뮤니케이션하느냐에 따라 효과가 달라진다. 물론 어떻게 커뮤니케이션하느냐도 여전히 중요하다. 하지만 채널이 아니라 송신자로서 CEO 자신이 커뮤니케이션 플랫폼으로 떠오르기 시작했다.

게다가 모든 이해관계자를 만족시키는 CEO 커뮤니케이션은 사실상 불가능하다는 점을 유념해야 한다. 2017년 독일 CEO 커뮤니케이션 평가를 다시 한 번 살펴보자. 직원, 미디어, 대중이 선택한 최고 CEO는 모두 다르다. 게다가 상위 10위 가운데 겹치는 CEO는 단 한 명이다. 이렇게 수신자에 따라 커뮤니케이션 효과가 극명하게 다르므로 특정 이해관계자에 집중하는 CEO 커뮤니케이션은 한계에 부딪힐 수밖에 없다.

초연결 시대에는 수신자뿐 아니라 채널과 메시지도 바뀌었다. 특히 소셜 미디어는 CEO 커뮤니케이션 패러다임을 근본적으로 변화시켰다. CEO가 홍보팀 도움을 받아 정해진 매체와의 인터뷰 질문에 답하던 시대는 가고, 스스로 언제 어디서나 메시지를 전달하는 시대가 도래했다. 홍콩침례대학교 커뮤니케이션학과 연구진이 〈포천〉 1,000대 기업 CEO의 트위터를 분석한 연구는 채널과 메시지의 변화를 잘 보여준다.[13]

주기적으로 트위터를 이용하는 CEO는 평균 12만 6,826명의 팔로어를 보유한다. CEO는 자사 제품을 홍보하는 데 그치지 않고 사생활이나 사회적 이슈를 포스팅하거나 리트윗한다. CEO의 트위터 메시지 중 기업과 무관한 정보 또는 의견을 공유하는 비율은 14.14%이고, 사생활을 업데이트하는 비율은 7.12%, 명절 및 특정일 인사가 2.15%, 온라인 응답 요청이 1.78%, 메시지 피드백이 1.4%였다.

그렇다면 CEO는 플랫폼으로서 자신의 무엇을 커뮤니케이션해야 할까? 커뮤니케이션 플랫폼으로서 CEO는 다섯 가지 차원의 전략 자산을 보유한다. 이것이 CEO가 커뮤니케이션해야 하는 '무엇'이다. 다섯 가지 커뮤니케이션 전략 자산은 제도권 관계, 전문적 권위, 경제적 기여, 개인 스토리, 조직 리더십을 의미한다. CEO는 다섯 가지 전략 자산을 자신만의 방식으로 커뮤니케이션해야 한다. 주의할 것은 한 사람의 CEO가 모든 전략 자산을 가질 수 없다는 점이다. 게다가 기업을 둘러싼 이해관계가 다양하고 복합적이기 때문에 소수의 핵심 자산으로 공략해야 훨씬 효과적이다. 결국 자신을 커뮤니케이션하기 위해 CEO는 다섯 가지 전략 자산 가운데 선택과 집중을 시도해야 한다.

실제로 성공한 CEO는 2~3개 전략 자산을 부분적으로 소유할 뿐이다. 스티브 잡스를 떠올려보자. 어떤 사람은 그의 프레젠테이션을 보고 감명받지만, 다른 누구는 직원을 대할 때 독재자에 가까운 무자비한 화법에 거부감을 느낀다. 이러한 양면성과 상관없이 잡스의 CEO 커뮤니케이션 핵심은 바로 자신이다. 잡스는 그 자체로 엄청난 커뮤니케이션 효과를 발휘한다. 애플을 세계 최고 IT 기업으로 성장시킨 '전문적 권위'와 역경을 이겨내고 다시 애플로 돌아온 '개인 스토리'가 탁월한 커뮤니케이션 전략 자산으로 자리한다. 반면 잡스는 표면적으로 '제도권 관계'가 안 좋고 '조직 리더십'에 있어서 논란의 한가운데에 있었다. 그런데도 그는 애플의 얼굴이자 기업 브랜드이며 최고의 커뮤니케이터였다.

CEO 커뮤니케이션은 상황에 맞게 최적화를 이룰 커뮤니케이션 전략 자산의 조합이 필요하다. 다시 말해 '상대적 충분함'이 필요하다. 상대적 충분함은 CEO 커뮤니케이션의 본질이다. CEO라고 모든 것을 잘할 수 없다. 대중과 소통하기 싫은 CEO가 억지로 대화에 나설 필요 없다. 전략 자산 중 잘할 수 있는 것을 잘하면 된다. 마지못해 나선 행동에서는 진정성을 느낄 수 없기 때문이다.

애플 CEO는 나이키의 사외이사

인텔(Intel)이 약 17조 원을 들여 인수한 이스라엘 모빌아이(Mobileye)는 직원이 600명에 불과한 스타트업이다. 그런데도 인텔이 막대한 자금을 투자한 이유는 CEO에 있다. 모빌아이 CEO 암논 샤슈아(Amnon Shashua)는 30년 동안 인공지능 관련 논문을 100편 이상 발표한 천재 교수다. 인텔은 뛰어난 연구 실적을 바탕으로 인공지능과 자율주행 분야의 최고 권위를 획득한 CEO를 확보함으로써 그 자체만으로 시장과 투자자에게 분명한 메시지를 던졌다. 실제로 샤슈아의 지도교수는 "인텔이 그 돈을 들여 모빌아이를 인수한 것인지, 샤슈아를 데려온 것인지 진심으로 궁금하다"라고 말할 정도였다.[14]

CEO 커뮤니케이션의 포트폴리오에 들어갈 첫 번째 전략 자산은 그 존재만으로 효과를 발휘하게 만드는 전문 권위다. 전문 권위는 사회적으로 검증되고 공인된 역량에서 비롯한다. 뛰어난 교육 및 연구 실적에서 나오는 공인된 지식 체계일 수도 있으며 자신만이 가진 차별화된 노하우일 수 있다. CEO는 전문 권위로 대체할 수 없는 자신만의 평판을 만들어낸다.

많은 전문가가 이러한 평판을 'CEO 브랜드'로 설명한다. CEO는 기업의 간판이다. 실제로 기업에 대한 여론의 47%가 CEO 평판으로 결정되는데, 독일에서 이 비율은 60%까지 올라간다. 이러한 대체 불가능한 평판이 CEO 브랜드의 핵심이다. 킹스칼리지런던의 그레첸

라르센(Gretchen Larsen) 박사 연구진은 CEO 브랜드에는 인간적 특성과 경영자로서의 역할이 영향을 준다고 설명한다.[15] 성공한 CEO 브랜드가 기업 브랜드를 높여 새로운 가치를 창출한다. 결국 전문 권위를 지닌 CEO는 존재만으로도 커뮤니케이션 효과를 불러일으킨다.

CEO의 커뮤니케이션 포트폴리오에 들어갈 두 번째 전략 자산은 제도적 관계다. 제도적 관계는 기존 체제 안에서 제도화된 네트워크를 의미하며, 기업 내외부에서 발생할 수 있는 다양한 이슈를 사전에 대비하고 경영 활동을 지원한다.

월풀(Whirlpool), 유에스스틸(US Steel), GM은 트럼프가 미국 대통령에 취임한 이후 한국을 대상으로 진행한 무역 제재에 등장한 기업들이다. 월풀은 삼성과 LG 세탁기에 세이프가드(Safeguard) 발동을 요청했다. 유에스스틸 주가는 미국 상무부가 대통령에게 한국 철강 관련 관세 부과를 건의했다는 보도가 나오자마자 15% 급등했다. 한국GM이 군산공장 폐쇄를 발표하자 트럼프 대통령은 자신의 트위터에 "GM은 디트로이트로 돌아올 것"이라면서 한미FTA 재협상을 촉구했다.

이러한 갈등의 근본 이유는 삼성, 포스코, 현대자동차 등 한국 기업의 경쟁력이 높아졌기 때문이다. 국내 기업은 가격뿐만 아니라 품질로도 미국 소비자와 공급 업체에 인정받으며 시장 점유율을 높이고 있다. 그렇다 하더라도 이들 기업이 속한 산업에서 규제가 유독 두드러지고 트럼프 대통령이 적극적으로 관심을 표명하는 이유에는 세 기업 CEO가 모두 트럼프 대통령의 경제자문위원이기 때문이다. 월풀 CEO 제프 페티그(Jeff Fettig)와 유에스스틸 CEO 마리오 롱지(Mario Longhi)는 대통령 직속 미국제조업위원회(American Manufacturing Council) 위원이고, GM CEO 메리 바라(Marry Barra)는 전략정책위원회(Strategic Policy Council) 소속이다.

미디어는 트럼프 대통령의 인종차별 발언으로 CEO들이 대통령 자문위원회에서 탈퇴한다는 사실에 초점을 맞췄지만 미국 기업의 CEO가 대통령을 직접 만난다는 사실에 주목해야 한다. CEO가 대통령과 인적 네트워크를 형성하고 수시로 경영상의 현안과 고충을 전달한다. 반대로 대통령은 CEO에게 현장의 생생한 의견을 듣고 재무부, 상무부, 백악관 국가경제위원회 등 주요 경제부처 수장으로 CEO를 임명한다. 현재 매출액 상위 100대 기업 중 월마트, 애플, 포드(Ford), 아마존, IBM, 존슨앤드존슨(Johnson & Johnson) 등 24개 기업 CEO가 대통령 직속 자문위원회에 속해 있다. 게다가 테슬라, 언더아머(Under Armour), 코닝(Corning) 등 규모는 작아도 미국을 대표하는 기업의 CEO도 포함한다.

미국뿐만 아니라 일본도 총리와 CEO가 직접 만나 경제 현안을 논의한다. 2013년부터 아베 총리가 직접 의장을 맡아 주재하는 산업 경쟁력회의에 스미토모상사(Sumitomo Corp), 미쓰비시화학(Mitsubishi Chemical), 퓨처아키텍트(Future Architect) 등 주요 기업 CEO가 참여하고 있다. 제도적 관계는 일차적으로 기업 외부에 존재하는 이해관계자, 특히 제도권 내 주체에게 초점을 맞춘다. 여기에서 주의해야 할 점은 제도적 관계와 유착이 다르다는 사실이다. 유착은 이익을 취하기 위해 부당한 수단을 동원하지만, 제도적 관계는 기업 비전과 CEO 가치에 대한 이해를 높인다.

다른 CEO와의 제도적 관계도 중요하다. 이를 위해 미국 기업은 사외이사 제도를 적극적으로 활용한다. 다른 기업 CEO를 사외이사로 임명해 자사 CEO의 경영 전략을 검증하는 피어 리뷰(Peer Review)를 시도한다. 새로운 비즈니스 기회도 만든다. 나이키는 애플 CEO 팀 쿡(Tim Cook)을 사외이사로 임명했고, 애플은 디즈니 CEO의 임기가 완료되자마자 사외이사로 끌어왔다. 현재 나이키와 애플, 애플과 디즈니는 서로 밀접히 협업하는 관계로 발전했다.

이외에도 사외이사를 활용한 제도적 관계 구축은 다양하다. 2017년 S&P500에 포함된 대기업은 397명의 신규 사외이사를 임명했다. 그들 가운데 36%가 CEO 등 최고 경영진 출신이었다. 게다가 이들의 절반은 다른 기업에서 근무하는 현직 경영자였다. 현재 S&P500 기업 CEO의 37%가 하나 이상의 외부 이사회에 포함되었다. 예를 들어 월마트는 아메리칸항공, 야후(Yahoo), 인스타그램의 CEO를, GM은 노바티스(Novartis), 월마트, HP CEO를, IBM은 AT&T, 포드, 보잉(Boeing), 존슨앤드존슨 CEO를 이사회에 포함했다.

한편 기업과 직접 연관 없는 정치적, 사회적 이슈에 의견을 적극 밝히는 CEO가 늘고 있다. 아직 소수지만, 사회와 제도적 관계를 직접 구축하려는 새로운 시도다. 스스로 동성애자임을 밝힌 애플 CEO

팀 쿡은 〈워싱턴포스트〉와의 인터뷰에서 "모든 세대가 인권의 의미를 확장하는 데 책임이 있다"고 밝혔으며[16], 스타벅스 CEO 케빈 존슨(Kevin Johnson)은 "주주 가치를 창출할 뿐만 아니라 긍정적 방향으로 사회에 어떻게 기여할지 고민하는 기업이 많아야 한다"라고 말했다.[17] 많은 전문가는 이러한 움직임을 'CEO 행동주의'(CEO Activism)로 규정한다.[18]

CEO는 유명인사다. 대중은 CEO의 일거수일투족에 관심을 보인다. CEO가 기업 이익과 관련 없는 환경 문제 또는 성 소수자 이슈에 자기 생각을 밝히면 대중은 진정성을 느낀다. 실제로 커뮤니케이션 컨설팅 업체 웨버샌드윅(Weber Shandwick)과 KRC리서치는 미국인의 38%가 사회적으로 중요한 이슈에 대해 CEO가 반드시 이야기해야 할 의무가 있다고 분석했다. 또한 응답자의 절반 이상이 사회적 논쟁에 참여한 CEO를 우호적으로 평가했다.[19]

CEO 행동주의는 정책에 영향을 미치려는 투명한 방법이다. 국회의원, 협회 및 포럼, 싱크탱크로 배후에서 은밀히 영향력을 행사하는 기존 방법과 다르다. 이러한 방식은 눈에 보이는 관계를 구축하기 힘들고 영향력 역시 제한적일 수밖에 없다. 하지만 인적 네트워크라는 기존 방식을 뛰어넘어 CEO가 사회적 리더로서 대중과 직접 네트워크를 형성하려는 의미 있는 시도다. 동시에 정치 영역과 직접 소통하는 새로운 유형의 CEO 커뮤니케이션이다.

CEO의 제도적 관계는 기업 내외부에서 발생하는 다양한 이슈로부터 기업을 보호하고 안정화하는 데 이바지한다. 따라서 CEO의 제도적 관계는 기업 경쟁력이다. 그리고 커뮤니케이션 효과를 높이는 촉매제로 작동한다.

무엇이 CEO를 올해의 커뮤니케이터로 만들었는가

CEO의 커뮤니케이션 포트폴리오에 들어갈 세 번째 전략 자산은 조직 리더십이다. 제도적 관계가 대외 자산을 의미한다면 조직 리더십은 소통, 철학, 비전 등 CEO가 가져야 할 대내 자산을 일컫는다. CEO는 조직의 충성을 이끌어내고 존경받는 리더로 평가받아야 한다.

〈포천〉은 2018년 '최고의 직장 베스트 100'을 발표하면서 81위에 오른 IT 기업 크로노스(Kronos)를 다음과 같이 소개했다. "크로나이츠(Kronites)로 불리는 크로노스 직원은 회사를 가족처럼 느낀다. 크로노스 CEO는 커뮤니케이션에 있어서 높은 점수를 얻었다."[20]

실제로도 크로노스 CEO 애런 에인(Aron Ain)은 직원 사랑으로 유명하다. 그는 2010년 이후 꾸준히 직원에 투자했다. 조사 결과에 대해 에인은 "직원 투자를 늘리자 기업의 글로벌 매출이 두 배 이상 증가한 것은 우연이 아니다. 위대한 사람들을 보유하지 않고서는 고객에게 출중한 서비스와 혁신적 제품을 전달할 수 없다"라고 밝혔다.[21]

그의 직원 사랑은 2016년에 도입한 '마이 타임'(my time)이라는 새로운 휴가 제도에서 절정을 이룬다.

새로운 휴가 제도의 핵심은 무제한이다. 크로노스 직원은 휴가 기간에 제한이 없다. 상사와 상의해서 결정하면 그만이다. 마이타임 도입 이후 큰 변화가 발생했다. 어떤 직원은 오토바이로 수주에 걸쳐 미국 전역을 돌아다녔다. 그러면서도 고객 요청이 있으면 적절히 대응했다. 또 다른 직원은 뮤지컬에 캐스팅된 딸의 전국 투어를 함께했다. 이러한 거창한 변화가 아니더라도 크로나이츠는 치과를 가고 아이와 시간을 함께하는 데 스트레스를 덜 받게 되었다.

새로운 휴가 제도 이후 기업 성과는 개선되었다. 이직률은 떨어지고 일하기 좋은 직장 평가는 올라갔다. 게다가 2016년은 재무적으로도 창사 이래 최고의 한 해였다. CEO는 〈하버드비즈니스리뷰〉 기고문에서 다시 한 번 주장한다. "나는 이것이 우연의 일치라고 생각하지 않는다. 행복감을 느끼며 몰입하는 직원이 회사 수익을 올릴 수 있다."[22]

에인이 무제한 휴가라는 급진적 제도를 도입한 배경에는 직원에 대한 굳은 믿음이 자리한다. 그는 "일하는 직원에 대한 근본적 신뢰 없이 이런 변화는 불가능하다"라고 밝힌다. 그러면서 CEO가 신뢰를 보이면 직원은 CEO 판단이 옳았음을 보여준다고 믿는다.[23]

캐나다 콘코디아대학교의 CEO 심층 인터뷰에서도 리더십의 중요성이 다시 한 번 확인된다. 대다수 CEO는 직원을 대상으로 한 조직 커뮤니케이션을 비즈니스 성공, 브랜드 포지셔닝 구축, 효과적 외부 커뮤니케이션을 이끄는 선결 조건으로 꼽았다.[24]

구성원 동의와 지지를 얻지 못한 CEO는 어떤 커뮤니케이션으로도 원하는 목적을 달성할 수 없다. 리더십이 없다면 다른 커뮤니케이션 전략 자산 역시 원활히 작동하지 않는다. 따라서 리더십은 전략 자산의 기본이며 CEO가 가장 먼저 확보해야 한다. 직원 신뢰를 바탕으로 이뤄지는 CEO 커뮤니케이션은 이미 절반의 성공을 거둔 것이나 다름없다.

한편 〈PR위크〉는 2017년 '올해의 커뮤니케이터'로 유나이티드항공 CEO 오스카 무뇨스를 선정했다. 〈PR위크〉는 무뇨스가 PR 가치를 이해한 리더로서 직원을 독려해 수렁에 빠진 항공사 실적을 개선했다고 평가했다.[25] 실제로 만년 3위라는 오명을 씻어내듯 무뇨스는 전년 대비 27%의 주가 상승을 끌어냈다. 저가 항공사의 무차별 공세에서 이룩한 실적이어서 미디어 평가가 더욱 우호적이었다.

올해의 커뮤니케이터가 발표되고 정확히 한 달 후 유나이티드항공에서 탑승객을 강제로 끌어내는 사건이 발생한다. 이 과정에서 무뇨스는 잘못을 부인하는 성명을 발표해 대중의 분노를 샀다. 직원은 잘못한 것이 없으며 항공사는 규정에 따라 대응했기 때문에 문제없다는 논리다. 마치 사전에 짜놓은 시나리오처럼 위기로 대중의 비난에 식년한 많은 기업이 저지르는 부적절한 커뮤니케이션을 무뇨스도 저질렀다. 결국 올해의 커뮤니케이터가 PR 역사상 최악의 사건을 만들었다.

숫자와 스토리텔링

최악의 기업 커뮤니케이션을 유발한 CEO가 올해의 커뮤니케이터로 선정된 이유는 PR 가치를 정확히 이해한 리더여서가 아니라 항공사 주가를 올렸기 때문이다. 만약 최고의 커뮤니케이터 선정 결과가 두 달만 늦었다면 무뇨스가 뽑히지 않았을 수도 있다. 그러나 무뇨스는 CEO로서 가장 중요한 역할을 훌륭히 해냈다. 다시 말해 커뮤니케이션이 아니라 경영을 잘했다. 그렇다면 무뇨스의 커뮤니케이션을 어떻게 평가해야 할까?

이 질문의 답은 CEO 커뮤니케이션 포트폴리오에 들어갈 네 번째 전략 자산인 경제적 기여와 관련 있다. 유나이티드항공 CEO는 뛰어난 경영 성과를 커뮤니케이션 자산으로 활용했다. 항공사 재무 구조를 개선해 미디어 호평을 끌어내고, 투자자를 설득하며, 직원을 독려하고, 고객에게 신뢰감을 주었다. CEO 메시지는 실적에 힘입어 설득력 있는 커뮤니케이션 효과를 발휘했다.

경제적 기여는 매출, 영업이익, 일자리 창출, 수출, 새로운 시장 및 신성장동력 발굴 등 CEO가 만드는 모든 경제적 가치를 의미한다. 경제적 가치의 창출은 CEO 본연의 임무다. 따라서 경제적 기여에 근거한 CEO 커뮤니케이션은 강력한 효과를 만들어낸다.

CEO 커뮤니케이션의 핵심은 CEO 자신에게 있다. 동시에 CEO는 숫자로 자신의 존재를 입증해야 한다. 숫자로 입증하는 CEO의 경제적 기여가 커뮤니케이션 효과를 폭발적으로 배가시킬 수 있다. 직원에게 독재적 횡포를 부리는 CEO라도 실적이 좋으면 카리스마로 인식된다. 반면 이해관계자의 의견을 청취한 후 내린 신중한 선택이라도 실적으로 이어지지 않으면 소심함 또는 우유부단으로 평가절하된다.

예를 들어 역사상 처음으로 1,000억 달러의 자산을 보유한 제프 베이조스는 악명 높은 독재자다. 그는 자신의 방식대로 일이 풀리지 않으면 미친 듯이 화를 낸다. 임원이 제대로 말하지 못하면 회의장을 그냥 나가버린다. 게다가 직원에게 종종 "왜 당신이 내 소중한 인생을 낭비하죠?"라며 비아냥거린다.[26] 하지만 시장과 대중의 평가는 정반대다. 아마존은 2007년 이후 연평균 28%의 성장률을 기록 중이며, 2018년 시가총액 1조 달러를 돌파했다. 월스트리트는 애플을 제치고 아마존이 사상 최초로 2조 달러를 넘어서는 기업이 될 것으로 예측한다. 이러한 숫자들이 베이조스를 카리스마 넘치는 리더로 만든다.

하지만 주의해야 한다. 경제적 기여에 집중한 나머지 커뮤니케이션을 소홀히 해선 안 된다. 다시 말해 실적만 좋으면 경제적 기여가 크다고 해서 CEO 커뮤니케이션의 모든 문제가 해결되지 않는다. CEO에게 커뮤니케이션과 경제적 기여는 경영을 지탱하는 두 개의 축이다. 가장 강력한 효과를 발휘하는 CEO 커뮤니케이션은 실적으로 메시지를 풀어가는 것이다.

시선을 돌려보자. 일론 머스크가 이끄는 테슬라는 2017년 4분기에 6억 7,540만 달러 손실을 기록했다. 창사 이래 최대 적자다. 엎친 데 덮친 격으로 테슬라 미래를 좌우할 주력 차종인 '모델3' 생산이 계속 지연되면서 향후 실적 개선도 불투명했다.

그러나 테슬라는 2017년 시가총액 570억 달러를 돌파하며 미국 최대 자동차 기업 GM을 넘어섰다. 계속되는 출고 번복에도 불구하고 40만 명의 주문 대기 고객이 모델3을 기다렸다. 심지어 엄청난 적자로 가용 현금이 줄어드는 와중에도 테슬라 주요 주주들은 일론 머스크에게 26억 달러, 우리 돈으로 약 2조 7,000억 원이 넘는 보상안 지급 계획을 지지했다.

앞서 네 번째 전략 자산에서 언급했듯 CEO는 숫자로 자신의 존재를 입증한다. 이러한 측면에서 머스크는 최악의 CEO다. 그가 이끄는 기업 지표는 온통 마이너스로 가득하다. 적자는 늘어가고 보유 현금은 줄어든다. 하지만 투자자는 테슬라 주식을 사기에 여념 없다. 미디어는 머스크를 미국 경제의 미래라 칭송하고 대중은 그에게 열광한다. 이 모순을 설명하는 마지막 전략 자산이 개인 스토리다. 머스크는 누구나 인정할 만한 전문적 권위가 없다. 또한 직원을 함부로 대하는 것으로 악명이 자자하며 그가 이끄는 기업의 실질 가치는 제로에 가깝다. 〈뉴욕타임스〉 칼럼니스트 애슐리 반스(Ashlee Vance)가 쓴 《일론 머스크, 미래의 설계자》를 보면 남아프리카공화국 출신의 머스크는 독불장군식 언행으로 미 서부 재계와 잘 어울리지 못한다.[27] 앞서 말한 네 가지 커뮤니케이션 전략 자산 가운데 일론 머스크의 경우 해당되는 것이 아무것도 없다. 그는 오직 자신만의 스토리를 가질 뿐이다.

머스크는 '1달러 프로젝트' 스토리의 주인공이다. 그는 창업 전 하루에 1달러씩, 총 30달러로 한 달을 살아보는 도전에 나섰다. 창업 후 망하면 어떻게 할지 고민하면서 패배자의 삶을 직접 경험하기로 했다. 냉동 핫도그와 오렌지로 연명하며 한 달이 지나자 그는 결심한다. "하루에 1달러면 충분하다. 컴퓨터 하나만 있으면 버틸 수 있다."[28] 이 스토리는 혁신을 향해 끊임없이 도전하는 머스크의 신화로 자리한다.

개인 스토리는 바로 이렇다. 성장사, 성공 이전의 역경, 독특한 성격과 언행 등 대중이 좋아할 만한 소재가 모두 개인 스토리의 대상이다. 차고에서 마이크로소프트를 시작한 빌 게이츠의 스토리와 정주영의 "임자, 해봤어?" 화법은 CEO의 모든 것을 규정한다.

대중은 끊임없이 도전하는 머스크의 개인 스토리에서 그 혁신에 대해 공감하고 이해한다. 극단적으로 말하자면 대중은 전기차가 얼마나 혁신적이고 미래 지향적인지 알지 못한다. 머스크가 도전하는 분야이기 때문에 그것을 공감하고 이해할 뿐이다. 하루를 1달러로 버티겠다는 젊은이의 도전은 시가총액 570억 달러에 이르는 세계에서 가장 매력적인 혁신 기업을 만들어냈다. 이 스토리는 CEO로서 머스크를 설명하는 강력한 커뮤니케이션 수단이다.

개인 스토리는 사람을 끌어들이고, 공감하게 만들며, 이해의 폭을

넓힌다. 그냥 공감되고, 이해되는 존재. 개인 스토리가 가지는 전략 자산으로서의 가치는 여기에서 비롯한다.

사람의 재발견: 사람이 최고의 커뮤니케이션 플랫폼이다

초연결 시대에 사람들이 원하는 것은 무엇일까? 더 많은 연결이 아니라 '개인의 확인'이다. 자신으로 돌아가길 원한다. 정체성의 확인은 커뮤니케이션 본성의 근원이며 본질이다. 오래전 이 점을 간파한 기업이 코카콜라다. 코카콜라의 모든 광고가 최고의 광고는 아니다. 별 볼일 없는 광고도 자주 만든다. 그러나 사람들에게 각인된 하나는 분명하다. '인간다운 행복'을 늘 추구한다는 것이다. 코카콜라 '오픈 해피니스' 캠페인의 교훈이 말해준다. 코카콜라의 글로벌 광고캠페인이었던 오픈 해피니스 프로젝트를 분석하면 다음과 같은 특징을 발견할 수 있다.

첫째, 모든 콘텐츠는 아날로그다. 확산은 디지털 플랫폼을 통한다. 둘째, 체험과 공유가 원칙이다. 셋째, 관계의 진정성을 강조한다. 넷째, 내가 무엇을 말할 것인가보다 듣는 사람이 무엇을 다른 사람에게 말할 것인가가 중요하다. 말하는 스토리가 아니라 듣는 사람의 스토리가 중요하다. 다섯째, 이 모든 요소들은 최고 플랫폼이 사람이라는 원칙에 입각한다.

최근 사례를 보자. 코카콜라는 호주에서 2018년 가장 흔한 이름 150개를 선정해 제품에 새겨넣었다. 정체성 확인에의 욕구를 겨냥했다. 코카콜라 커뮤니케이션 전략에 대해 페이스북 최고운영책임자(COO) 셰릴 샌드버그(Sheryl Sandberg)도 높게 평가한다. "코카콜라는 열정적인 팬에 가까운 소비자들과의 직접 커뮤니케이션이 어떠한 의미를 가지는지를 이해하고 있다. 그것도 세상이 더 오픈되고 연결되록 하는 방식으로 말이다."

본성에 초점을 두라. 인간에게 본성 이외의 영구적인 성향은 존재하지 않는다. 상황과 집단에 따라 달라진다. 세 가지를 기억하라.

첫째, 선한 이기심이라는 본성은 변하지 않는다. 협력적 행위에도 비용이 적을수록, 효능감이 높을수록 적극적으로 나설 가능성이 높다. 최고의 넛지는 선한 이기심을 작동케 하는 것이다.

둘째, 마음과 사고의 변화에 항상 주시하라. 사람들은 다른 사람들의 마음과 사고의 변화를 따르는 무리 본능이 있다. 이 변화를 가장 적확하게 반영해야 한다. 구글은 사람들의 변화에 맞춰 2018년에만 검색 엔진 성능을 3,234가지 개선했다.[29]

셋째, 본성은 행동으로 나타난다. 최고의 커뮤니케이션 효과는 행동이다. 말보다는 행위를 믿는다. 기상청 일기예보가 자주 틀릴 때 사람들은 기상통보관의 말보다 그날 다른 사람이 우산을 가지고 가는지를 본다. 스스로를 위하도록 설계되어 있는 본성은 거짓말을 못하기 때문이다.

네트워크는 개인에서 출발한다. 사람들이 연결을 원하는 이유에 주목해야 한다. 더 많은 연결을 원하는 이유가 무엇일까? 다시 개인으로 돌아가기 위해서다. 더 많은 연결은 더 강한 개인의 시대로의 복귀를 가져온다. 개인을 넘어서는 네트워크는 존재할 수 없다. 네트워크 규모보다는 연결과 관계의 기술에 초점을 두라. 라스트 마일에 강해야 한다. 허브가 아니라 라스트 노드를 공략하라.

개인화의 출발점은 구체성에 있다. 그것도 초개인화 수준의 구체성이 필요하다. 중립적 표현과 가치를 피하라. 개인은 중립적이지 않다. 예를 들어보자. 마음과 감정이란 표현은 중립적이다. 초개인화 수준에서는 '슬픔', '분노', '기쁨' 정도의 은밀하고 구체적인 기분까지 치고 들어가야 한다. 세대에 따라서는 그들만의 언어 표현 수준으로 구체화될수록 좋다.

리더는 변수가 아니라 상수다. 손정의 소프트뱅크 CEO는 2018년 9월 6일 기준 239만 8,798명의 팔로어를 보유한 파워 트위터리안이다. 그렇다면 그는 몇 명을 팔로잉할까? 고작 80명이다. 약 240만 명에게 메시지를 전달하지만 정작 자신은 80명의 메시지만 받아들이는 지독한 불균형을 보인다. 손정의뿐만이 아니다. 트위터를 이용하는 CEO가 대부분 비슷하다.

좋은 커뮤니케이션의 출발이 말하기보다 듣기라는 점에서 의외의 사실이다. 하지만 이들 CEO가 말하는 것이 아니라 해답을 제공하는 것이라면 어떨까? CEO가 일방적으로 메시지를 전달하면 이해관계자로부터 좋은 평가를 얻을 수 없다. 하지만 해답을 제공하면, 그래서 해답을 제공하는 커뮤니케이션 플랫폼으로 스스로를 활용하는 것이라면 전혀 다른 사안이 된다.

CEO 커뮤니케이션은 무엇보다도 CEO 스스로에 의해 좌우된다. CEO가 어떠한 경쟁력을 가지느냐에 따라 CEO 커뮤니케이션 효과도 달라진다. 그리고 CEO 경쟁력은 다섯 가지 커뮤니케이션 전략 자산을 어떻게 조합해 활용하느냐로 결정된다. 이 과정에서 CEO는 전략 자산을 전부 활용할 필요가 없다. 실제로 전부 활용할 수도 없다. 단지 최적의 효과를 뽑아낼 수 있도록 적절한 전략 자산을 보유하면 된다. CEO 커뮤니케이션의 본질이 '상대적 충분함'인 이유가 바로 여기에 있다.

당신이 최전선이다. 밀리지 마라. 모든 현장이 기업 커뮤니케이션의 최전선이다. CEO부터 일반 사원에 걸쳐 있다. 같은 전쟁을 공유한다. 따라서 책임과 권한을 배분해야 한다. 구성원에게 관전만을 유도해서는 적극적 개입을 얻어낼 수 없다. 연대감만으로 지지와 동조를 끌어낼 수 있어도 행동까지 이끌 수는 없다. 행동은 책임과 권한에서 나온다.

책임과 권한의 배분을 위해 앞서 설명한 코스트 밸런싱이 다시한 번 필요하다. 코스트 밸런싱에 따라 책임과 권한이 구성원에 위임된다.

당신만 커뮤니케이터가 아니다. 이전의 기업 커뮤니케이션 수신자는 분명했다. 기업은 커뮤니케이션 효과를 극대화하기 위해 수신자를 고정한 채 메시지와 채널에 변화를 주었다. 그러나 지금은 그 이상을 요구한다. 먼저 수신자가 불분명하다. 정확히 말하자면 수신자는 복합적이고 다중적이다. 예를 들어 직원은 구성원일 뿐만 아니라 소비자와 투자자이기도 하다. 직원은 우리사주를 통해 자신이 근무하는 기업의 대주주로 자리한다. 반대로 대중이 직원 역할을 담당하기도 한다.

독일 1위 커피 브랜드이자 생활용품 기업인 치보(Tchibo)는 매주 30~40개 새로운 제품을 출시하기 위해 소비자와 직원을 연결하는 통합 플랫폼 '치보아이디어스'(Tchibo Ideas)를 개설했다. 소비자가 아이디어를 제시해 직원과 함께 상품화를 논의한다.[30] 소비자가 제품 개발 프로세스에 적극적으로 개입하면서 소비자와 직원의 경계가 사라졌다. 수신자 지위가 가변적이기 때문에 고정되고 단일한 수신자를 상정한 전통적 커뮤니케이션은 그 효과를 상실했다.

초연결 시대의 설득전략은 무엇이 달라야 하는가

8장

세 번째 원칙,
새로운 빈도를 이해하라

당신이 직접 친밀한 사회적 관계를 맺고 유지할 수 있는 최대한의 사람이 몇 명이라 생각하는가? 옥스퍼드대학교의 문화인류학자 로빈 던바(Robin Dunbar)는 한 사람이 사회 관계를 맺을 수 있는 사람의 최대 숫자를 150명이라고 밝혔다. 이를 '던바의 수'(Dunbar's number)라고 부른다. 150명은 자주 만나서 대화하고 그 사람에 대한 정보를 기억해 다음에 다시 만날 때 참고하는 등 친분 관계를 유지할 수 있는 최대치다. 단순히 얼굴을 아는 정도 이상의 관계를 뜻한다. 이 정도의 인간관계를 유지하려면 많은 시간을 들여 관리해야 하는데, 사람의 두뇌 능력으로 150명을 넘어서기 힘들다. 던바는 이것을 '사회적 두뇌 가설'(Social Brain Hypothesis)이라고 이름 붙였다.

던바는 페이스북에 대해서도 언급했다. 던바는 면대면 대화, 페이스북, 스카이프, 이메일, 전화, 문자메시지 등 여러 커뮤니케이션 채널에서 이뤄지는 상호작용이 얼마나 만족감을 주는지 비교했다. 당연히 면대면 대화의 만족감이 가장 높았다. 이 결과를 두고 던바는 소셜 미디어가 멀어져가는 친구 관계를 지연시킬 수는 있어도 친밀한 관계를 확장하는 데는 별 기여를 못 한다고 결론지었다.[1]

2,617과 잠들지 않는 손가락

그렇다면 다른 전문가들의 연구 결과는 어떨까. 인맥 관리의 경제성을 높였다는 소셜 미디어 덕분에 던바의 수가 확장됐을까. 연구 결과는 상반된다. 소셜 미디어에서 사람들이 만족하는 수준의 인간관계를 만들고 유지하려면 역시 시간과 정신적 노력이 소요되기 때문에 여전히 던바의 수가 맞다는 연구가 있다.[2] 반면 던바의 수가 611명까지 높아진 결과도 나왔다.[3]

다만, 의문은 남는다. 현재까지의 연구 대상은 대부분 아날로그와 디지털 세계를 동시에 겪은 사람들이다. 제트 세대, 다시 말해 초연결된 세상에서 태어나 성장한 세대들에게도 던바의 수는 동일할까? 이들 세대의 친밀함과 관계라는 것이 이전 세대와 동일할까? 이 의문에 대한 답은 초연결 대중의 커뮤니케이션과 그 영향력의 작동 구조에도 적지 않은 영향을 주게 될 것이다.

던바의 수는 사람뿐만 아니라 장소에도 적용된다. 한 연구에 따르면 사람들이 편하게 찾는 장소는 평균 25곳이었다. 인터넷 서핑을 할 때 웹브라우저에 자주 들르는 사이트를 즐겨찾기에 추가해놓는 행동과 비슷하다. 새로운 장소가 추가되면 기존의 즐겨찾던 장소 한 곳이 천천히 제외된다. 즐겨찾기 장소의 목록이 한정된 이유는 확실치 않지만 인지 능력의 한계로 보인다.[4]

한편 디지털 사용자 경험을 조사하는 기업인 디스카우트(Dscout)는 2016년 스마트폰이 어느 정도로 사람들의 일상생활을 차지하는지 조사한 적이 있다. 디스카우트 연구진은 우선 자원자들 중 94명의 안드로이드폰 이용자들을 선발해 이들의 스마트폰에 애플리케이션을 설치했다. 그리고 애플리케이션으로 자원자의 스마트폰 이용 행태를 데이터화했다. 통화와 애플리케이션 이용은 물론 스마트폰을 손에 쥐거나 두드리거나 쓰다듬는 등 모든 행위를 '터치'로 규정하고 데이터화했다. 5일 동안 자원자들의 모든 스마트폰 터치를 수집했다.

결과는 놀라웠다. 94명의 자원자들이 5일 동안, 더 정확히는 4.5일 동안 자신의 스마트폰을 6만 3분 동안 터치했다. 한 사람당 하루 145분을 터치했다. 빈도를 기준으로 하면 94명이 하루 평균 2,617번 스마트폰을 터치했다. 상위 10%에 해당하는 고사용자의 경우 하루 평균 5,427번 터치했고, 여기에 소요된 시간은 225분이었다. 스마트폰을 집중적으로 이용하는 시간대를 '세션'(session)이라고 했을 때 하루 평균 76회의 세션이 있었고, 고사용자는 세션이 132번이었다.

24시간을 기준으로 스마트폰 터치 수는 밤 자정 무렵부터 새벽 5시 사이에 감소한다. 새벽 5시부터 아침 8시 사이에 급격하게 증가해 터치 수가 가장 낮은 새벽 5시 즈음보다 6배가량 높아진다. 그리고 아침 8시부터 상대적으로 완만히 증가하다가 12시경 높아지고, 오후 4시부터 저녁 8시 사이에 정점에 달한다.

데이터가 보여준 최종 결론은 '손가락은 잠들지 않는다'였다. 사람들이 스마트폰을 터치하지 않는 시간대는 없었다. 이 데이터는 우리가 커뮤니케이션을 위해 사람보다는 스마트폰을 더 많이 터치한다는 것을 보여준다. 사람의 새로운 신체성, 즉 연결된 신체성이 탄생했다. 초연결 사회의 한 단면이다. 인스타그램에 올라온 패션 사진을 보면 알 수 있다. 멋있는 모델은 한결같이 한 손에 스마트폰, 다른 한 손에는 테이크아웃 커피를 든다. 시대의 트렌드를 보여준다. 스마트폰은 도구를 넘어 새로운 신체가 되었다. 이것은 오래전부터 예견됐었다.

미국 사회가 매스 미디어 시대에서 인터넷 시대로 진입을 시작한 2000년에 〈뉴욕타임스〉에 한 칼럼이 실렸다. "저녁에 집에 가서 메일을 읽고 답하고, 잠자리에 든 뒤 아침에 깨자마자 다시 메일을 보고 출근한다. (…) 시간을 인터넷에 이렇게 쓰면서 가족의 목소리는 듣지 않고 포옹도 하지 않는다."[5]

새로운 신체성의 의미는 소셜 과잉을 말한다. 우리는 인류 역사상 어느 때보다 많이 연결됐고 소셜의 과잉을 경험하고 있다. 세일즈포스 CEO 마크 베니오프는 소셜 과잉을 중독에 비유했다. 베니오프는

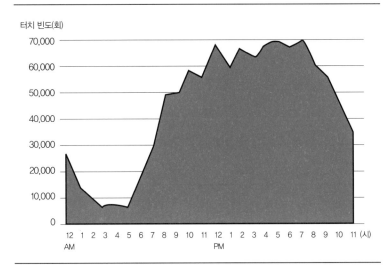

2018년 1월 〈CNBC〉와의 인터뷰에서 소셜 미디어 기업들이 중독성
이 더 강한 기술을 사람들에게 제공하려 한다고 실토했다. 그는 인터
뷰에서 페이스북을 담배에 비유하면서 규제의 필요성을 주장했다.[7]

　조지 소로스(George Soros) 역시 베니오프와 비슷한 비판을 주도하
고 있다. 소로스는 2018년 2월 〈프로젝트신디케이트〉라는 온라인 사
이트에 기고한 "사회와 보안에 대한 소셜 미디어의 위협"(The Social
Media Threat to Society and Security)에서 구글과 페이스북을 "혁신의 장
애물이자 이제서야 알게 된 여러 문제점을 일으키는 기업"이라고 혹
평했다. "기업은 환경을 이용해 돈을 번다. 광산 기업과 석유 기업은
물리적 환경을 이용하고, 소셜 미디어 기업은 사회적 환경을 이용한

다. 특히 소셜 미디어 기업은 사람들이 깨닫지 못하는 사이 어떻게 생각하고 행동하는지에 영향을 주기 때문에 바람직하지 않다. 이것은 민주주의 작동과 선거의 완결성에 영향을 준다"[8]

그렇다고 소로스가 인터넷 기술을 비판만 하진 않는다. 그가 구글과 페이스북을 비판한 글을 게재한 〈프로젝트신디케이트〉는 글로벌 정계, 재계, 학계의 진보적 인사들이 주로 칼럼을 기고해 각국 매체들에 게재를 중재하는 온라인 미디어다. 그리고 소로스 역시 트위터를 이용하는데, 재미있는 점은 그의 아들 알렉산더 소로스(Alexander Soros), 그가 주도하는 오픈소사이어티재단, 이 칼럼을 게재한 〈프로젝트신디케이트〉, 문화예술 중심의 평론지 〈뉴욕리뷰오브북스〉만을 팔로잉한다.

소셜 과잉에 대한 우려는 주로 구글과 페이스북에 집중된다. 베니오프와 소로스 외에도 소셜 미디어에 대한 비판에 앞장서고 있는 인물들은 대부분 직간접적으로 페이스북과 관련이 있다. 그 가운데는 페이스북 초기 투자자이자 스스로 저커버그의 멘토라 했던 로저 맥너미(Roger McNamee)와 냅스터(Napster)의 개발자이자 페이스북 공동창업자 겸 CEO였던 션 파커(Sean Parker)가 있다.

맥너미는 〈가디언〉에 기고한 칼럼에서 페이스북의 위험성을 경고했다. 칼럼의 제목이 "나는 저커버그의 멘토였다. 오늘 그에게 말한다. 당신의 이용자들이 위험하다"일 정도로 그의 비판은 강했다.[9] 맥너미는 저커버그가 사람들의 비판을 의식해 뉴스피드 알고리즘을 사람들이 의미 있는 상호작용을 할 수 있도록 변경하겠다고 밝힌 것조차 부족하다고 평가했다.

파커는 페이스북이 사람들로 하여금 쾌락 지향적인 행동을 하도록 자극하는 신경 전달 물질인 도파민을 활성화한다고 밝혔다. 도파민은 스스로 동기부여를 하고 그에 따라 즐거움을 주는 행동을 더 열심히 하도록 뇌를 자극하는데, 이러한 영향이 페이스북에서도 작용한다. 그는 이러한 행동 유도 패턴을 '사회적 확증 피드백 루프'(Social-validation feedback loop)라고 불렀다.[10]

맥너미와 파커 두 사람 모두 페이스북이 강한 중독성을 가지고 있어 사람들로 하여금 진짜 세상의 대화보다 소셜 미디어의 관계에만 몰입하도록 만든다고 비판했다. 독일의 뇌신경학자 만프레드 슈피처(Manfred Spitzer)는 '디지털 치매'(digitale demenz)라는 말로 소셜 중독 현상을 표현했다. 슈피처는 "여기서 말하는 것은 암기가 아니다. 산이나 등정 루트의 이름을 외운다고 해서 등반가가 될 수는 없다"라며, 소셜 과잉 현상을 비꼬았다.[11]

뇌는 진실만을 말한다

코카콜라와 펩시콜라의 콜라 전쟁은 마케팅 역사만큼 오래됐다. 가장 유명한 싸움은 1976년 펩시콜라의 도발로 시작됐다. 콜라 시장에서 만년 2위에 머무르던 펩시콜라는 공공 장소에서 콜라 시음 블라인드 테스트를 진행했다. 펩시 챌린지(pepsi challenge)로 명명된 이 프로모션에서 참가자들은 맛있는 콜라로 펩시콜라를 선택했다. 사람들은 왜 펩시콜라를 선택했을까? 이에 대해 맬컴 글래드웰은 단맛이 상대적으로 강한 펩시콜라가 한 모금만 맛보는 블라인드 테스트에서 유리하다고 설명한다.[12] 펩시콜라는 블라인드 테스트로 실험자가 순간의 판단을 내리는 데 필요한 정보를 훌륭하게 제공했기 때문에 코카콜라보다 나은 평가를 받았다는 분석이다.

역사상 최고 마케팅 중 하나로 평가되는 펩시 챌린지에도 불구하고 콜라 시장 부동의 1위는 코카콜라다. 2018년 〈CNN〉 보도에 따르면 코카콜라의 시장 점유율은 10년 동안 17.3%에서 17.8%로 소폭 증가했지만, 펩시콜라는 10.3%에서 8.4%로 감소했다.[13] 사람들은 펩시콜라가 맛있다고 답하지만 정작 마트에서 콜라를 구매할 때는 코카콜라를 카트에 담는다.

펩시 챌린지의 아이러니는 뇌신경과학자들의 연구에서 풀렸다. 뇌신경과학자들은 펩시콜라의 블라인드 테스트를 재현하면서 실험자의 뇌를 fMRI(기능적 자기공명영상)로 촬영했다.[14] 블라인드 테스트에서 실험자는 펩시콜라와 코카콜라 중 어떤 콜라를 선택하더라도 뇌 부위 중 의사 결정과 자기 통제를 조절하는 동일한 곳이 활성화됐다. 실험자는 펩시콜라가 맛있다고 느끼더라도 이러한 반응을 관장하는 뇌는 펩시콜라와 코카콜라를 구분짓지 않았다. 반면 실험자에게 브랜드 정보를 제공하자 뇌는 다르게 반응했다. 코카콜라 브랜드를 알려주자 실험자 뇌에서 감정으로 행동을 바꾸도록 관장하는 부위가 활성화됐다. 반면 펩시콜라 브랜드를 알려줘도 활성화 부위는 크게 달라지지 않았다.

펩시콜라와 코카콜라는 화학적으로 거의 동일한 음료다. 맛으로 뇌의 활성화 부위가 달라지지 않는다. 오히려 브랜드가 특정 뇌 부위를 활성화한다. 수십 년간 펩시콜라가 블라인드 테스트로 싸움을 걸어도 마트에서 사람들이 코카콜라를 선택하는 이유가 여기에 있다. 최종 승패는 소비자의 말이 아니라 두뇌에서 갈렸다.

뇌신경의 반응 패턴을 마케팅에 활용하는 첨단 기법을 뉴로마케팅이라 한다. 뉴로마케팅은 진실을 말하는 뇌에 초점을 맞춘다. 소비자 행위와 의사 결정을 예측하고, 나아가 조작할 수 있도록 뇌를 연구한다. 뉴로마케팅이 이런 접근을 할 수 있는 배경에는 신경과학과 뇌과학이 자리한다. 노벨 생리의학상 수상자 프랜시스 크릭(Francis Crick)은 인간의 모든 감정, 사고, 행위, 심지어 의식마저도 단지 뇌 속에서 발생하는 신경 활동의 산물로 보았다.[15]

뉴로마케팅은 기존 마케팅과 전혀 다른 방향성을 가진다. 기존 마케팅은 커뮤니케이션으로 자극을 전달하는 데 초점을 맞췄다. 특정 자극을 줘서 이에 따른 반응을 이끌어내는 선형적 과정이 커뮤니케이션의 본질이다. 하지만 뉴로마케팅은 자극이 아니라 반응이 중요하다. 자극은 중요하지만 반응을 결정하는 절대 요소가 아니다. 자극과 반응은 두뇌 속 비선형 상호작용에 의해 결정된다. 이제 마케터들은 뇌를 연구하면 변덕스러운 소비자 행위를 이해하는 데 불확실성을 줄일 수 있다고 믿는다.

뉴로마케팅의 사례들은 자극과 반응의 비선형 상호작용을 입증한다. 예를 들어 아기를 등장시킨 유아 제품의 광고는 지금까지 소비자를 아기에 집중하도록 했다. 그 결과 수많은 광고에서 웃는 아기의 얼굴을 클로즈업하는 촬영 방식을 채택했다. 하지만 안구추적 기술(eye tracking)로 확인한 결과 광고 속 아이 얼굴이 정면을 응시할 경우 광고 메시지에 대한 집중도가 떨어졌다. 반면 아기가 제품 또는 광고 메시지를 응시하면 사람들이 광고에 더 집중하는 것으로 나타났다.[16] 여기서 반응을 이끌어내는 커뮤니케이션은 아기, 즉 자극이 아니다. 상황에 따라서 다르게 작동하는 자극과 반응의 비선형 상호작용이 커뮤니케이션 효과를 결정한다.

자극이 마케팅의 전부였던 시절의 커뮤니케이션 전략은 간단했다. 소비자에게 더 많이, 더 자주 메시지를 제공하면 충분했다. 그러나 뉴로마케팅은 종전의 마케팅 방식에 문제를 제기했다. 반응은 자극으로만 결정되지 않는다. 상황에 따라 자극과 어떻게 상호작용하는가에 좌우된다. 따라서 넛지와 같이 상황 의존적 메시지가 더 큰 효과를 발휘한다. 커뮤니케이션 패러다임은 양과 규모에 초점을 맞춘 극대화가 아니라 최적화로 변하고 있다.

마케팅에서 커뮤니케이션을 죽이다

펜실베이니아대학교 와튼스쿨의 조나 버거 교수는 선글라스의 가격과 마케팅을 비교 분석했다. 50달러 미만의 저가 제품은 열 개 중 단지 두 개만 브랜드 또는 로고를 표기했다. 그보다 높은 가격에 선 브랜드 표기가 점점 많아졌다. 100달러에서 300달러 사이의 제품은 열 개 중 아홉 개에 식별 가능한 브랜드 표기가 달려 있었다. 그런데 가격이 더 올라가면 흥미로운 현상이 발생했다. 브랜드 표기가 오히려 줄었다. 500달러 이상 고가 제품에서 열 개중 세 개만이 브랜드 또는 로고를 노출했다. 가격과 브랜드 노출의 관계는 정비례가 아니라 역U자형에 가까웠다.[17]

브랜드와 로고가 없으면 소비자는 50달러와 500달러짜리 선글라스를 구분 못 한다. 그런데도 고가 브랜드가 자신을 감추는 이유에 대해 버거 교수는 특정 사람만 알 수 있는 신호 혹은 정보를 의미하는 도그 휘슬(dog whistle) 개념으로 설명한다. 분명하고 과시적인 식별 정보는 대다수 사람이 쉽게 확인할 수 있다. 쉽게 따라 하거나 심지어 가로챌 수도 있다. 예를 들어 누가 봐도 알 수 있는 고가의 선글라스를 착용하면 사람들은 아마 그를 부자라고 생각할 가능성이 높다. 모두가 이 선글라스만 쓰면 부자처럼 보일 수 있다.[18] 이 때문에 명품 브랜드는 비식별 정보를 통해 스스로를 차별화한다. 타인은 알지 못하고 내부자만 식별할 수 있는 신중한 표시를 둔다. 일종의 표식인데, 극히 일부 사람만 알 수 있도록 은밀하기까지 하다.

원래 마케팅은 소비자의 심리 장벽을 허무는 데 역점을 두었다. 가격이 약점이라면 디자인을 강조해 구매를 자극한다. 품질이 뛰어나지 않다면 가성비를 앞장세운다. 어떻게든 소비자가 마음의 문을 열도록 한다. 그런데 고가 선글라스는 전혀 다른 마케팅 방식을 보여줬다. 브랜드가 커뮤니케이션을 스스로 줄였다. 소비자의 심리 장벽을 허문 것이 아니라 오히려 세웠다. 고가 선글라스는 의사 결정에 필요한 정보를 제한해 소비자가 제품에 쉽사리 접근하지 못하도록 방해했다. 소비자를 불편하게 만들고 까다롭게 했다. 사실상 제품과 소비자 사이의 커뮤니케이션을 죽였다는 표현이 나을지도 모른다. 그런데 이 전략은 소비자에게 차별성을 제공하고 충성심을 끌어낸다.

소비자의 심리 장벽을 세우는 방식의 마케팅 커뮤니케이션은 오래전부터 있었지만 주류가 아니었다. 마케팅의 핵심은 심리 장벽을 허무는 데 있었다. 그러나 커뮤니케이션 환경의 변화가 마케팅에 영향을 미치기 시작했다. 인터넷과 디지털 모바일의 등장으로 인류의 커뮤니케이션 양은 최고 수준에 도달했다. 현대인은 하루 평균 1만 3,000건의 상업적 메시지에 노출된다.[19] 소셜 미디어가 등장하면서 커뮤니케이션 양은 폭발했다. 2017년 메신저 서비스 왓츠앱(Whatsapp)에서 하루 550억 건,[20] 텔레그램에서 120억 건의 메시지가 오갔다.[21] 기업이 카카오톡 사용자에게 보내는 메시지인 카카오 알림 톡도 2018년 70억 건에 이어 2019년 100억 건을 넘어설 것으로 전 망됐다.[22]

커뮤니케이션 빅뱅이 진행되면서 기존 마케팅은 해변에 한 줌 모래를 뿌리는 것처럼 그 효과가 하락했다. 신차가 출시되기 전 파워 블로거는 예상 디자인을 블로그에 올리고, 이를 두고 커뮤니티에선 격론이 발생한다. 새로운 스마트폰이 등장하면 기업이 마케팅을 본 격적으로 하기도 전에 수많은 유저들이 개봉기 또는 이용 후기를 올리며 신랄한 비판을 가한다. 이러한 상황에서 기업은 소비자의 심리 장벽을 허물기 위해 수백억 원 비용을 쏟아부어도 원하는 효과를 거두지 못한다.

커뮤니케이션이 넘쳐나는 시대에 기업이 소비자와의 커뮤니케이션을 죽이는 방식의 전략을 취하기는 쉽지 않다. 그러나 미네소타대학교의 주이(Zhu Yi) 교수와 서던캘리포니아대학교의 앤서니 듀크(Anthony Dukes) 교수는 가능성을 제시한다.[23] 이들은 새로운 제품을 런칭하면서 차별화 대신 경쟁자와의 공통점을 강조한 네슬레의 사례를 분석했다. 스위스 식품 기업 네슬레는 새로운 생수 브랜드 퓨어 라이프(Pure Life)를 출시했다. 퓨어 라이프가 출시한 시점에 생수 시장에서 가장 강력한 브랜드는 프랑스 식품 기업 다논(Danone)의 에비앙(Evian)이었다. 에비앙은 알프스의 깨끗한 이미지를 제품에 연결하며 청정함을 전면에 내세웠다. 따라서 다른 기업은 청정함을 제외한 다른 속성을 강조하는 차별화가 필요했다.

하지만 네슬레도 동일하게 청정함을 강조했다. 후발주자가 차별화 없이 시장에 진입하려는 마케팅 전략은 이례적이면서 위험해 보였다. 놀랍게도 결과는 달랐다. 네슬레는 생수 시장에서 30%의 시장점유율을 유지하고 있다.

네슬레는 마케팅 교과서가 중요시하는 차별화에 역행했지만 성공했다. 두 교수는 정보가 넘쳐나는 사회에서 소비자 관심이 쉽게 분산되기 때문이라고 지적한다. 엄청난 마케팅이 오히려 소비자 관심을 떨어뜨리고 차별성을 약화하는 '희석 효과'(dilution effect)를 발생시킨다고 설명했다. 그들은 네슬레 사례를 분석하기 위해 여러 마케팅 담당자를 인터뷰했다. 마케팅 담당자는 마케팅 시간이 점점 줄어들기 때문에 경쟁사와 같은 특성을 강조하는 전략이 오히려 합리적일 수 있다고 봤다.

네슬레가 마케팅 차별화 없이도 성공할 수 있었던 또 다른 이유는 '물'이 가진 오리지널리티(originality)인 깨끗함을 강조했기 때문이다. 생수의 핵심은 깨끗함이다. 차별화를 이유로 물의 오리지널리티인 깨끗함을 외면하는 마케팅은 시작부터 잘못되었다. 오리지널리티를 담으면 굳이 차별화하지 않아도 시장에서 저절로 차별화된다.

빈도, 빈도, 빈도

커뮤니케이션을 많이 하면 좋은 기업일까? 기업은 커뮤니케이션으로 가치를 창출하고, 전략을 실현하며, 이해관계자와 원활한 관계를 형성한다. 커뮤니케이션에 능한 기업은 좋은 기업으로 인식된다. 커뮤니케이션을 '잘한다'라는 표현은 긍정 가치를 포함한다. 많은 사람이 당연하게 받아들인다. 기업은 커뮤니케이션을 '잘하기' 위해 '많이' 시도한다. 다시 말해 이해관계자에게 많은 메시지를 전달하고 그들에게 피드백을 많이 받을수록 커뮤니케이션을 '잘했다'라고 여긴다. 하지만 양(量)이 반드시 질(質)을 담보하지 않는다. 즉 커뮤니케이션은 한계효용 체감이 작동한다. 하지만 기업은 커뮤니케이션을 많이 할수록 잘한다고 여긴다. 여기에서 커뮤니케이션 강박증이 나타난다. 무엇이 커뮤니케이션 강박증을 자극할까?

먼저, 커뮤니케이션 맥락이 기업을 자극한다. 커뮤니케이션 맥락은 특정 사회와 문화에 따라 다르다. 인류학자 에드워드 홀(Edward Hall)은 커뮤니케이션이 얼마나 명시적으로 이뤄지느냐에 따라 고맥락과 저맥락 사회로 구분했다.[24] 고맥락 사회에서 메시지 송신자와 수신자는 비슷한 생각과 문화를 공유한다. 그래서 커뮤니케이션이 분명하지 않아도 문제되지 않는다. 반면 저맥락 사회는 커뮤니케이션을 반드시 명시적 형태로 시도한다.

홀은 미국을 저맥락 사회로 구분했다. 미국인은 타인과 교류

할 때 상세한 배경 정보가 필요하다. 모호하거나 함축적 말을 하면 서로가 못 알아듣기 일쑤다. 샌디에이고주립대학교 엘리너 린치(Eleanor Lynch) 교수는 저맥락 사회의 사람이 "말을 더 많이, 더 빨리, 더 크게"한다고 설명한다.[25] 저맥락 사회는 오랜 침묵과 모호한 문장을 불편해한다. 심지어 시간 낭비 또는 커뮤니케이션 방해 신호로 여긴다. 이러한 상황에서 저맥락 사회의 사람은 스스로 편안함을 느끼는 행동 패턴을 반영하려고 말을 더 많이, 빨리한다. 게다가 목소리도 커진다. 애리조나주립대학교의 로버트 모란(Robert Moran) 교수도 미국인이 커뮤니케이션할 때 "하나에서 끝까지 다 명시한다"라고 설명했다.[26] 저맥락 사회는 말과 메시지로 커뮤니케이션을 이해한다. 그러므로 미국인은 분명함을 위해 최대한 자세히 커뮤니케이션한다.

커뮤니케이션 송신자를 개인에서 기업으로 바꿔보자. 저맥락 사회의 기업은 메시지를 많이 전달해야 커뮤니케이션이 분명해진다. 마치 '퍼즐 맞추기'와 비슷하다. 퍼즐 맞추기는 모양에 적합한 퍼즐 조각이 늘어날수록 숨겨진 그림이 분명하게 나타난다. 저맥락 사회의 기업은 커뮤니케이션을 많이 할수록 효과도 커진다. 따라서 저맥락 사회에 속하는 미국 기업은 하나보다 두 개, 두 개보다 네 개 채널을 운영할 때 효과가 좋아진다.

한국은 미국과 전혀 다르다. 홀은 한국을 고맥락 사회로 구분했다. 고맥락 사회는 말보다 맥락으로 이해하기 때문에 모호한 메시지로도 충분하다. 한국 미디어가 정치지도자 발언을 해석하고, 기업에서 임원의 심중을 잘 헤아리는 직원이 인정받는 이유도 이 때문이다. 반면 말에 의존하는 사람을 덜 신뢰한다. '빈 수레가 요란하다'와 '침묵은 금이다'라는 속담은 이를 반영한다.

기업도 마찬가지다. 고맥락 사회의 한국 기업이 커뮤니케이션을 많이 해도 효과는 비례하지 않는다. 오히려 커뮤니케이션을 많이 할수록 갈등도 많다고 여긴다. 한국 기업의 커뮤니케이션은 많은 메시지를 전달하는 것이 아니라 일관된 메시지로 신뢰를 형성하는 것이 중요하다.

고맥락과 저맥락 사회의 커뮤니케이션이 다르므로 기업 커뮤니케이션도 다를 수밖에 없다. 소셜 미디어를 여러 개 활용하는 미국 기업은 잘하고, 그렇지 않은 한국 기업은 못한다는 이분법을 경계해야한다. 저맥락 사회인 미국 기업은 커뮤니케이션을 많이 해야 한다. 하지만 한국 기업은 그렇지 않다. 한국 기업은 커뮤니케이션 강박증에서 벗어날 필요가 있다.

많이 할수록 좋지 않은 이유

커뮤니케이션 강박증을 자극하는 다른 이유로 특정 사회가 불확실성에 어떻게 대응하느냐가 있다. 네덜란드 사회심리학자이자 경영

컨설턴트인 게흐트 호프스테드(Geert Hofstede) 교수는 전 세계 수천 명의 IBM 직원을 분석해 문화 차원 모델(cultural dimension model)을 제시했다.[27] 문화 차원 모델은 해외 진출을 모색하는 기업이 가장 먼저 고려할 정도로 비교문화 분야의 정수로 자리 잡았다.

문화 차원 모델은 다섯 가지 문화 차원으로 구성된다. 이 중 하나가 불확실성 회피 성향(Uncertainty Avoidance)이다. 이것은 불안정과 불확실성을 감소시키려는 문화적 가치를 의미한다. 호프스테드 교수는 불확실성 회피 성향이 강한 사회는 공식 규칙을 세우고, 여론 일치를 추구하며, 전문 지식 의존도가 높다고 봤다. 반면 불확실성 회피 성향이 약한 사회는 불안함을 받아들이고, 일탈을 인정하며, 모험을 추구한다. 따라서 규칙은 가능한 최소한으로 줄이고 전문가보다 자신을 믿는다. 남미, 지중해 국가, 한국, 일본은 불확실성 회피 성향이 강하지만 독일, 스칸디나비아, 영미권 국가는 약하다.

불확실성을 받아들이는 과정에서 권위에 따라 커뮤니케이션 차이가 발생한다. 불확실성 회피 성향이 강한 사회에서 권위를 인정받는 인물은 불확실성을 감소시킨다. 예를 들어 불확실성 회피 성향이 강한 사회는 그것이 약한 사회보다 전문가가 등장해 제품의 성능과 효용을 설명하는 광고가 더 많다. 하지만 불확실성 회피 성향이 약한 사회는 권위의 비중이 크지 않다.

권위는 커뮤니케이션 채널 운영에도 영향을 미친다. 한국같이 불확실성 회피 성향이 강한 사회의 기업은 채널의 권위 또는 위상을 중요하게 여긴다. 하지만 미국처럼 불확실성을 회피하려는 성향이 약한 사회의 기업은 채널보다 채널의 콘텐츠가 중요하다. 따라서 한국의 기업 커뮤니케이션은 채널이 콘텐츠만큼 중요하지만, 미국은 오로지 콘텐츠가 채널 운영을 결정한다.

이러한 측면에서 한국 기업은 페이스북 또는 카카오스토리 같은 1등 서비스에 집중한다. 정확히 말해 1등 서비스라는 사회적 권위에 편승한다. 또한 소셜 미디어 수를 늘리기보다 1등 서비스에서 경쟁 기업보다 가입자 또는 '좋아요' 클릭 수를 늘리는 것이 효과적이다. 반대로 불확실성 회피 성향이 약한 미국 기업이 소셜 미디어로 커뮤니케이션을 활성화하려면 다양한 메시지와 콘텐츠를 유통해야 한다. 이를 위해 채널 확대는 당연하다. 미국 기업에게 채널 확대는 모험이자 기회다. 가입자를 늘리기보다 다양하고 차별화한 콘텐츠를 유통하도록 소셜 미디어를 추가하는 것이 필요하다.

커뮤니케이션 한계효용에도 불구하고 기업은 커뮤니케이션을 많이 하면 잘한다고 여긴다. 이것은 총량에 집착하는 기업의 커뮤니케이션 강박증을 만들어냈다. 기업은 커뮤니케이션 효과를 높이기 위해 채널을 늘리고 메시지를 많이 전달한다. 그러나 이것은 특별한 전략이 아니다. 단지 커뮤니케이션 강박증을 자극하는 요인에 영향받았을 뿐이다.

미국과 한국의 매출액 기준 상위 100대 기업이 소셜 미디어를 얼마나 활용하는지 살펴봤다. 미국 기업은 소셜 미디어를 적극 이용하지만, 한국 기업은 반대다. 미국 100대 기업 가운데 97개 기업이 유튜브를 이용한다. 페이스북과 트위터는 96개 기업이 활용한다. 89개 기업은 인스타그램에 공식 페이지를 운영한다. 반면 한국 기업 가운데 페이스북에 공식 페이지를 운영하는 업체는 82개다. 76개 기업이 유튜브를 이용한다. 트위터와 인스타그램을 활용하는 한국 기업은 절반에도 못 미친다.

미국 기업의 적극적 자세가 좋은 커뮤니케이션일까? 혹시 많이 할수록 좋다는 인식 때문 아닐까? 퓨리서치센터의 분석이 이 질문에 실마리를 제공한다.[28] 미국인의 50%가 오로지 페이스북으로 뉴스를 접한다. 유튜브로 뉴스를 접하는 미국인의 68%는 페이스북에서도 본다. 심지어 트위터로 뉴스를 접하는 미국인의 62%는 페이스북, 32%는 유튜브에서 중복 소비한다. 인스타그램에서 비중은 더 커진다. 인스타그램으로 뉴스를 접하는 미국인의 76%는 페이스북, 52%는 유튜브를 동시에 이용한다. 미국의 페이스북 이용자는 다른 소셜미디어를 이용하지 않아도 중요한 정보를 접하는 데 지장 없다. 기업 입장에서 페이스북만 활용해도 소비자와 커뮤니케이션하는 데 문제가 없음을 알 수 있다.

미국 100대 기업 중 97개가 페이스북과 트위터를, 88개는 소셜 미디어 4개를 동시에 운영한다. 이것은 효용성과 상관없이 커뮤니케이션 채널을 확대해야 하는 특별한 이유가 미국 기업에 있음을 보여준다. 이러한 이유가 커뮤니케이션 채널을 많이 확보할수록, 커뮤니케이션을 잘할수록 좋은 기업이라는 일종의 '커뮤니케이션 강박증'을 자극하는 셈이다.

두 나라의 100대 기업의 특성 역시 소셜 미디어 활용의 차이로 이어진다. 미국 100대 기업은 금융, 유통, IT 등 내수 시장에서 최종소비재를 제공하는 서비스 기업이 다수를 차지한다. 반면 한국 100대 기업은 전자, 철강, 화학 등 수출에 주력하는 제조 업체가 많다. 이들 기업은 중간재를 생산하기 때문에 소비자와 접점이 많지 않다. 업종 특성상 서비스업은 제조업보다 이해관계자가 다양하다. 그리고 최종소비재를 제공하기 때문에 제품과 서비스가 가진 자체 경쟁력뿐만 아니라, 평판과 이미지 등 무형 가치가 중간재 기업에 비해 상대적으로 중요하다.

커뮤니케이션, 어느 정도면 적절한가

인간은 정보를 처리할 때 인지 한계를 가진다. 독일 심리학자 헤르만 에빙하우스(Hermann Ebbinghuas)는 이것을 입증했다. 에빙하우스는 학습과 기억 간 관계를 연구해 망각 곡선을 발표했다. 망각 곡선은 시간 흐름에 따라 손실되는 기억의 정도를 표시한다. 인간은 학습 후 10분부터 기억을 잃고, 한 달 후 학습량의 80%를 기억하지 못한다.[29]

그렇다면 우리가 잊지 않으려면 어떻게 해야 할까? 정답은 반복이다. 반복은 망각의 간격을 메워주고 과잉 학습을 달성해 인지 한계를 연장한다. 인지 한계를 연장하는 반복 효과는 확실히 입증되었다. 예를 들어 정교화 가능성 모델(Elaboration Likelihood model)로 유명한 리처드 페티(Richard Petty)와 존 카치오포(John Cacioppo) 교수는 메시지 반복이 태도 변화와 선호도에 미치는 연구를 진행했다.[30] 그들은 메시지를 세 번 반복할 때까지 선호도가 증가하는 사실을 밝혀냈다. 하지만 네 번 반복하자 메시지 질에 상관없이 사람들은 지루해하고 선호도가 떨어졌다.

에빙하우스의 망각 곡선 그리고 이후 연구들을 고려하면 커뮤니케이션 효과를 높이기 위한 방법은 분명하다. 최신 정보를 주기적으로 반복해서 제공해야 한다. 스스로 학습하기를 기대해서는 안 된다. 반복을 통해 사람들의 인지 한계를 넓혀야 한다. 하지만 지나친 반복은 커뮤니케이션 효과를 저해한다. 많이 할수록 좋은 것이 아니라 적절히 하는 것이 필요하다.

커뮤니케이션에서 적절한 수준이란 중간이 아니다. 적절한 수준은 자원 낭비를 줄이는 동시에 커뮤니케이션 효과의 극대화를 추구한다. 이에 따라 커뮤니케이션의 한계효용 최대치가 적절한 수준이다. 커뮤니케이션의 적절한 수준은 상황에 따라 다르다. 적절한 수준을 결정하는 요인은 세 가지다. 집중성, 근접성, 관련성이다.

첫 번째, 집중성은 콘텐츠를 얼마나 빈번하게 전달할지, 얼마나

도표 8-2 페이스북과 트위터 게시물 1개당 포스팅 소요 시간

구분	해당 국가	페이스북	트위터
현대자동차	한국	1.2일	17.6일
	미국	0.9일	0.6일
기아자동차	한국	0.8일	3.85일
	미국	0.25일	0.2일
GM	미국	1.3일	1.15일
포드	미국	12.65일	3.85일

다양한 채널에서 반복할지로 결정한다. 예를 들어 현대자동차와 기아자동차는 한국과 미국에서 소셜 미디어의 집중도를 각각 다르게 가져간다. 최근 20개 게시물을 살펴보면, 현대자동차는 페이스북에 1개 게시물을 올리는 데 한국에서 1.2일, 미국에서 0.9일이 걸렸다. 트위터에 1개 게시물을 올리기 위해 한국에선 무려 17.6일이 걸렸지만, 미국에선 0.6일에 불과했다. 기아자동차도 마찬가지다. 한국보다 미국에서 페이스북과 트위터 게시물이 빈번하게 올라왔다.

적절한 수준의 커뮤니케이션을 위해 고려해야 할 두 번째는 밀접함이다. 트위터 경영으로 유명한 이마트의 정용진 부회장은 2013년 5월 27일 이후 트윗을 게시하지 않았다. 사주가 트위터를 끊자 기업도 트위터를 포기했다. CJ제일제당의 트위터 공식 페이지도 2014년 1월 23일 이후 게시글이 없다. 미국 식품 회사 타이슨푸드(Tyson Foods)의 페이스북도 한 달간 아무런 포스팅이 없다. 이들 기업의 소셜 미디어는 커뮤니케이션 채널로서 의미가 없다. 오히려 계정을 빨리 없애는 것이 기업 이미지와 신뢰도에 도움이 된다.

커뮤니케이션의 기본은 메시지를 빠르고 정확하게 전달하는 데 있다. 따라서 이마트, CJ제일제당, 타이슨푸드와 같이 최근 소식을 정확히 제공하지 못하면 그것은 불필요한 낭비일 뿐이다. 동시에 타깃층이 최신 정보에 주기적으로 접근할 수 있어야 한다. 주기는 대상과 상황에 따라 다르다. 가령 소비자 커뮤니케이션은 다양한 채널로 매일 제공하는 것이 바람직하다.

소셜 미디어로 기업 소식을 접하는 이해관계자는 주로 소비자 또는 대중이다. 이들에게 최신 정보를 어떠한 주기로 반복해서 제공해야 할까? 18세~44세 사이 미국인은 페이스북에 하루 평균 13.8회 접속한다. 한국 안드로이드폰 이용자는 페이스북에 하루 평균 19회 접속한다. 소비자와 대중이 이렇게 자주 페이스북에 접속한다면 기업 커뮤니케이션은 이에 발맞춰 빠르게, 자주 정보를 제공해야 한다.

커뮤니케이션의 적절한 수준을 찾으려면 타깃으로 삼은 대상은 누구이며, 그들의 미디어 이용 행태는 어느 정도인지 알아야 한다. 예를 들어 기업이 돈과 인력을 투입해 소셜 미디어를 운영한들, 빠르고 정확하게 콘텐츠를 제공하지 못하면 기업 커뮤니케이션은 여전히 부족하다. 반면 월간 소식지로 충분한 상황에서 소셜 미디어로 매일 소식을 알리는 것도 낭비다. 이러한 측면에서 볼 때 근접성은 시간과 공간의 가까움인 동시에 커뮤니케이션 대상을 얼마나 잘 아는지로 결정되는 관계의 밀도다.

적절한 수준의 커뮤니케이션을 위해 고려해야 할 세 번째는 관련성이다. 관련성을 위해 관련성이 없는 이야기를 해보자. '데일리룩으로 완성한 아메카지룩 코디법', '한겨울 추위를 녹여주는 수제과일청 만드는 방법', '아날로그 감성을 채워줄 2018년 다이어리 추천', '겨울 산행에도 문제없는 극한 가방 추천'. 최근 어떤 트위터에 올라온 글들이다. 패션, 요리, 레저, 쇼핑 등 분야를 가리지 않는다. 인터넷 포털의 '라이프' 카테고리와 비슷한 느낌이다. 놀랍게도 트위터 계정의 주인은 한화케미칼이다. 이 책을 쓰는 시점에 한화케미칼 트위터에 올라온 20개 게시물 중 11개가 기업과 상관없는 내용이다.

관련성 측면에서 한화케미칼이 적절한 커뮤니케이션을 하는지 살펴보자. 한화케미칼은 최종 소비자와 접점이 없다. 오직 투자자만 한화케미칼을 주목한다. 반면 소셜 미디어는 주로 젊은층이 이용하는 플랫폼이다. 일반적으로 소셜 미디어 이용자는 한화이글스에 열광하지만 한화케미칼엔 관심이 없다. 소셜 미디어로 젊은 소비자에게 다가가려는 목적이 분명하다면 기업을 이해시키기 전에 우호적 태도를 갖도록 만들어야 한다.

한화케미칼처럼 기업과 상관없는 콘텐츠를 생산하는 커뮤니케이션 부서를 어떻게 지원해야 할지 CEO에게 묻고 싶다. 팔로어 관심을 끌었으니 더욱 지원해야 할까? 아니면 기업과 전혀 상관없는 콘텐츠이므로 낭비로 판단해야 할까? 대부분 기업은 기업 관련 소식으로 소셜 미디어에서 화제가 되길 원한다. 페이스북에 올린 제품 이미지가 수십 차례 공유되고 트위터에 올린 봉사 활동 동영상이 끊임없이 리트윗되길 바란다. 하지만 이러한 일은 일어나지 않는다. 말 그대로 환상에 불과하다. 그렇다고 화제가 될 만한 글을 올리면 기업과 아무 관련이 없다. 화제성으로 기업 이미지에 부정적 영향을 미칠 수도 있다.

관련성은 커뮤니케이션 목적과 연결된다. 관련성 높다고 반드시 적절한 것이 아니며, 관련성이 낮아도 바람직할 수 있다. 커뮤니케이션 목적에 맞게 관련성 여부를 선택하면 된다. 커뮤니케이션 대상에게 정보를 정확히 전달해 제대로 이해시키는 것이 목적이라면 관련성이 높아야 한다. 반면 태도 형성이 목적이라면 관련성이 반드시 높지 않아도 된다. 태도는 특정 사안에 대한 좋고 나쁨을 의미한다. 태도는 행동보다 앞선다. 메시지를 받는 사람의 태도를 미리 안다면 적절한 범위 안에서 반응 여부를 예측할 수 있다. 태도가 어떻게 작용하느냐에 따라 행동을 수정할 수 있으므로 커뮤니케이션 대상의 우호적 태도를 미리 형성하는 것이 필요하다. 많은 기업이 이미지 광고를 내보내고 다양한 공익 마케팅을 하는 이유도 우호적 태도 형성 때문이다.

새로운 빈도: 사람들은 무엇을 듣고 싶어 하는가

"과연 돈이 사람을 행복하게 만들까?" 많은 사람이 궁금해할 질문이다. 노벨경제학상 수상자 대니얼 카너먼과 앵거스 디턴(Angus Deaton) 교수는 답을 내놓았다.[31] 그들은 돈과 행복 간 상관관계를 연구했는데, 연간 소득이 7만 5,000달러에 이르면 아무리 소득이 올라도 더 이상 행복감이 증가하지 않았다. 다시 말해 연간 소득은 개인의 행복감을 높이는 데 일정 수준 기여하지만, 이후에는 한계효용 체감으로 이어졌다. 기업 커뮤니케이션에도 한계효용 체감이 나타난다. 채널은 기업 커뮤니케이션의 효과를 가늠할 수 있는 한계효용 체감의 핵심 이슈다. 기업은 채널을 많이 확보해 커뮤니케이션 양을 늘리더라도 커뮤니케이션 효과가 비례하는지 확신하지 못한다.

커뮤니케이션 채널을 어떻게 운영하느냐는 기업마다 다르다. 단일하게 적용되는, 채널 운영의 '적절한 수준'은 존재하지 않는다. 기업은 상황 요인에 따라 채널을 다르게 선택한다. 월마트, 엑슨모빌(Exxon Mobil), 삼성전자 등 다국적 기업은 업종, 타깃 소비자층, 핵심 시장 등에 구애받지 않고 거의 모든 채널을 가동한다. 보도자료와 지면 광고를 포함한 전통적 방식뿐만 아니라 자체 디지털 뉴스룸을 구축해 채널별로 최적화된 콘텐츠를 제공한다. 다양한 채널을 동시에 운영할 충분한 돈도 있다.

하지만 커뮤니케이션 채널을 적극적으로 운영하지 않는 기업도 존재한다. 워런 버핏이 이끄는 버크셔 해서웨이(Berkshire Hathaway)는 미국 주식 시장에서 여섯 번째로 크다. 버크셔 해서웨이는 애플, 구글, 페이스북 같은 IT 기업을 제외하면 시가총액이 가장 크고 1주당 가격이 30만 달러를 넘는 초우량 기업이다. 그러나 버크셔 해서웨이의 커뮤니케이션 채널은 편지와 주주 총회다. 홈페이지는 아무런 배경 없이 글자 몇 개뿐이고 소셜 미디어는 아예 운영하지 않는다.

소셜 미디어에 상관없이 'berkshire hathaway'를 검색하면 이 사실을 누구나 확인할 수 있다. 검색 결과로 모든 소셜 미디어에서 'Berkshire Hathaway HomeService The Preferred Reality Pittsburgh'라는 긴 이름의 부동산 중개 업체를 발견할 수 있다. 업체는 버핏의 버크셔 해서웨이와 상관없지만 영리하게도 페이스북, 트위터, 인스타그램, 유튜브 등 소셜 미디어에서 '버크셔 해서웨이'로 검색되도록 자사 페이지를 연결했다.

상황이 이렇다면 CEO는 고민에 빠진다. 커뮤니케이션 효과를 극대화하기 위해 가능한 모든 채널을 활용해야 할지, 또는 비용 대비 적정한 채널 수준은 무엇인지 선택해야 한다. 삼성전자는 모든 채널을 활용해 이해관계자와 커뮤니케이션하지만 외국 기자로부터 '북한보다 취재하기 어렵다'라는 비판을 받는다. 반면 버크셔 해서웨이는 주주 총회 한 번으로 기업이 하고 싶은 이야기를 이해관계자에게 충분히 전달한다. 매년 전 세계 수만 명이 자비를 들여 버크셔 해서웨이가 위치한 소도시 오마하(Omaha)를 방문한다. 세계 최고 부자인 버핏은 오전 8시 반부터 6시간 동안 주주 질문에 일일이 답한다. 버크셔 해서웨이 주주 총회가 자본가의 우드스톡(Woodstock)으로 불리는 이유가 여기에 있다.

커뮤니케이션 채널을 어떻게 운영할지 결정하는 황금률은 없다. 한 번에 모든 현상을 설명해줄 물리학 법칙이 없는 것과 마찬가지다. 그렇다고 무작정 채널을 늘릴 수도 없다. 커뮤니케이션 채널의 효과는 한계효용 체감이 작동하는 관계다. 적절한 수준을 모색하지 않으면 기업은 엄청난 낭비에 직면한다. 아이러니하게도 커뮤니케이션 채널을 줄이는 것 역시 망설여진다. 오늘날 높아진 불확실성에 적절히 대응하지 못하면 생존이 위태롭다. 이해관계자와 원만한 관계를 유지하도록 기업은 커뮤니케이션 채널을 여유 있게 가동해야 한다. 결국 기업은 스스로 선택해야 한다. 그리고 이 선택은 커뮤니케이션 양이 모든 것을 결정하지 못한다는 사실을 전제해야 한다.

프레임을 바꿔라. 너무 고요한 이미지 때문에 활기찬 이미지를 어떻게 강조할까 고민하던 핀란드는 국가 브랜드에 '고요가 자원이다'(silence is a resource) 관점에서 접근했다. 국가 차원의 관광 표어는 'Silence, Please'로 정했다. 2011년 당시 핀란드의 국가 브랜드 전략을 검토했던 전문가들은 미래에는 고요가 주는 경험이 중요한 자원이 될 것임을 강조했다. 그러나 이것은 그들의 전망보다 더 빨리 실현됐다. 글로벌 차원에서 고요가 마케팅은 물론 제품과 서비스로 포장되는 경우가 많아졌다. 핀란드의 시계 회사 론코(Rönkkö)는 슬로건을 바꿨다. 'Handmade in Finnish silence.'

관점을 바꾸면 평범한 것을 새롭게 보게 해주거나 못 보던 것을 볼 수 있게 해준다. 넷플릭스의 인기 시리즈 〈오렌지 이즈 더 뉴 블랙〉은 직관적으로 시각의 변화가 얼마나 큰 인지 충격을 줄 수 있는지 말해준다. 표현이 아니라 관점과 근원을 바꾸라는 말이다. 단순히 표현을 바꾸는 것으로는 충격을 줄 수 없다.

이를 위해 첫째, 스토리 전환이 이뤄져야 한다. 최고의 프레임은 스토리를 타고 전달되기 때문이다. '침묵'을 '고요함'이라는 새로운 정체성으로 전환한 핀란드의 관광 전략이 그 예다. '고요함'을 카피가 아니라 스토리로 만들어서 전달했다.

둘째, 스토리를 전하는 콘텐츠의 중요성이다. 모든 것은 콘텐츠가 될 수 있다. 예를 들어 사람들은 늘 악역, 악당을 욕하지만 콘텐츠로서는 그것을 최고로 선호한다. 혈액 진단 시약을 개발한 회사 테라노스(Theranos)로 실리콘밸리 최대의 사기를 기록한 엘리자베스 홈즈(Elizabeth Holmes)를 다룬 《배드 블러드》라는 책이 〈뉴욕타임스〉 베스트셀러를 기록했다. 퓰리처상을 두 번이나 탔던 기자 출신 작가의 안목이 탁월했다. 백만장자 상속녀 신분을 위장해서 뉴욕 사교계를 충격에 빠뜨렸던 20대 여성 안나 소로킨(Anna Sorokin)의 사기 사건 역시 마찬가지다. 소로킨은 재판에서도 할리우드의 유명 스타일리스트의 조언을 받아 출석 의상을 선정할 정도로 이슈 메이커였다. 결국 할리우드 영화계와 출판계는 안나 소로킨의 이야기를 드라마와 책으로 발간하기로 했다. 사람들은 선한 신화보다 악당의 신화에 더 관심이 많다.

셋째, 조직의 정체성을 바꿀 정도의 캠페인 전략에 대한 프레임 전환이 뒤따라야 한다. 미국의 농기계 제조 업체인 존디어(John Deere)는 콘텐츠 마케팅 전문가들에게 미디어 기업으로 평가받는다.[32] 100년 이상 발간해온 잡지 〈퍼로우〉 때문이다. 〈퍼로우〉에는 존디어의 제품명이나 기업 이름이 거의 나오지 않는다. 농업에 필요한 정보와 이야기를 중심으로 꾸며지기 때문이다. 에너지 드링크 제조 업체인 레드불(RedBull) 역시 독특한 캠페인 때문에 콘텐츠 기업으로 불린다. 레드불은 유튜브를 포함한 디지털 플랫폼에 직접 후원한 다양한 액티비티 영상물을 게시해 큰 인기를 끌고 있다. 레드불 역시 제품명이나 홍보 메시지는 전혀 담고 있지 않다.

사람들은 완벽한 사실보다 받아들일 수 있는 사실을 추구한다. 우리는 사람의 본성과 본질에 집중할 필요가 있다. 페이크 뉴스가 드러낸 사람의 본성은 분명하다. 사람들은 완벽한 팩트가 아니라 받아들일 만한 팩트를 원한다. 불편한 팩트는 환영받지 못한다. 커뮤니케이터가 자신이 판단한 대로 팩트만을 주장한다면 그것은 고집일 뿐이다.

성공한 캠페인의 공통점은 사람들을 완전히 자유롭게 했다는 데 있다. 선거나 광고 캠페인에 사람들을 가두지 않고 마음대로 하도록 내버려뒀다. 여기서 사람들의 스토리가 시작된다. 전 세계에 걸쳐 진행됐던 코카콜라의 해피니스 프로젝트에서 기업이 전달하려는 메시지는 따로 없었다. 사람들이 느끼는 감정과 생각이 메시지였다. 사람들이 받아들일 수 있는 사실을 스스로 만들어가도록 내버려둘 정도의 자신감과 신뢰가 캠페인의 출발점이자 성공의 관건이다.

빈도는 비주얼을 이기지 못한다. 소설가 무라카미 하루키와 가브리엘 마르케스(Gabriel Márquez)는 마술적 리얼리즘 작가다. 마술적 리얼리즘은 현실과 환상의 경계를 붕괴시켜 모호한 상태에서 이야기를 풀어나간다. 하루키와 마르케스 모두 공통적으로 환상적인 장면을 풀어갈 때 구체적으로 묘사한다. 독자들이 허구와 환상처럼 느껴질 장면들을 바로 곁의 실제처럼 느끼도록 하려고 색채, 음악, 숫자 등의 도구를 사용한다. 〈파리리뷰〉에서 마르케스는 자신의 대표 소설 《백년 동안의 고독》의 예를 들며, 마술적 리얼리즘을 독자에게 사실처럼 읽히도록 만드는 방법을 설명한 적이 있다.

○ 예를 들면 하늘을 훨훨 날아가는 코끼리가 한 마리 있다고 말할 때, 사람들은 아마도 그 이야기를 믿으려고 하지 않을 겁니다. 그렇지만 하늘을 훨훨 날아가는 코끼리 425마리가 있다고 말하면 사람들은 아마도 그 이야기를 믿으려고 할 것입니다.《백년 동안의 고독》은 그런 종류의 일들로 가득 차 있습니다.[33]

글로벌 완구 업체 레고의 경우도 마찬가지다. 레고의 제품 조립 설명서에는 텍스트가 없다. 오로지 사진과 그래픽으로만 모든 조립 과정을 설명한다. 글을 읽을 줄 모르는 어린아이도 사진만 보고 복잡한 조립을 할 수 있다. 비주얼이 모든 것을 말할 수 있다.

시간을 지배하라. 디지털 기술은 사람들의 커뮤니케이션 행위의 동시성을 해체했다. 사람들은 더 이상 기계적 시간에 얽매이지 않아도 된다. 사람들은 현재에 충실하고 몰입한다. 미래는 계속되는 현재일 뿐이다. 커뮤니케이션의 현재성이 더 중요해졌다. 이것을 미디어 이론가 더글러스 러시코프(Douglas Rushkoff)는 크로노스(chronos)에서 카이로스(Kairos)로의 전환으로 설명했다.[34] 크로노스는 시계에 의해 측정되는 물리적 시간을 말하며, 카이로스는 느낌과 주관에 의해 몰입되는 시간이다. 사람들의 시간은 카이로스적이다. 사람들에게 현재 가치를 극대화하는 방향의 커뮤니케이션이 이뤄져야 한다.

최초를 지배하라. 최초를 지배하는 방법은 세 가지가 있다. 첫째, 최대한 짧은 시간에 사로잡아야 한다.

둘째, 서사 구조의 변화에 주목해야 한다. 스토리는 여전히 강력한 설득력을 가진다. 반면 스토리를 만드는 서사 구조는 변화해야 한다. 통상적으로 기승전결의 서사 구조는 더 이상 매력을 느끼지 못한다. 사람들, 특히 젊은 세대일수록 빠른 결론과 같이 차별화된 서사 구조를 원한다.

셋째, 비주얼을 활용한다. 디지털 플랫폼을 중심으로 6초 영상광고 포맷이 유행하는 것을 보면 알 수 있다. TV영상 광고는 15초 포맷인데, 2016년부터 유튜브는 범퍼애드(bumper ad)라는 6초 광고 서비스를 제공하고 있다. 범퍼애드는 기존 유튜브 광고와 달리 건너뛰기를 할 수 없고 이용자가 무조건 봐야 한다.

9장

네 번째 원칙,
기술은 감정을 이기지 못한다

말 그대로 폭발적 반응이었다. 마이크로소프트의 스티브 발머(Steve Ballmer)가 2010년 CES(Consumer Electronics Show)에서 공개한 생체인식 게임기 키넥트(Kinect)는 발매 두 달 만에 800만 대가 팔렸다. 덩달아 키넥트를 구동하는 데 필요한 콘솔 게임기 Xbox 360도 크리스마스 판매량이 전년 대비 800% 성장했다. 이 흐름이 이어지며 발매 1년 후 키넥트는 총 2,400만 대가 팔려나갔다. 애초 마이크로소프트가 예상한 판매 총량을 불과 10개월 만에 달성한 급성장이었다. 이를 증명이나 하듯 키넥트는 2011년 3월 역사상 단기간에 가장 많이 팔린 전자 제품으로 기네스북에 등재됐다.[1]

그로부터 6년 후 2017년 10월 마이크로소프트는 키넥트 생산을 중단했다. 발매 7년 만의 쓸쓸한 퇴장이었다. 이유는 간단하다. 더 이상 팔리지 않아서였다. 전문가들은 키넥트의 혁신성을 여전히 높게 평가한다. 다양한 분야에서 키넥트를 활용한 상품도 속속 나오고 있다. 그러나 시장 반응은 싸늘하게 식어버렸다. 키넥트는 성장만큼이나 쇠락의 속도도 빨랐다.

상어는 혁신을 어떻게 잡아먹었나

키넥트 같은 흥망성쇠는 드문 현상이 아니다. 디지털 경제에서 혁신의 폭발적 성장은 곳곳에서 발생하고, 사회적으로 수용되기 무섭게 또 다른 혁신이 이를 대체하는 속도전이 빈번하다. 가령 유선전화가 1억 명의 이용자를 확보하는 데 75년이 걸렸지만, 휴대전화는 16년 만에, 인터넷은 7년 만에 달성했다. 스마트폰 보급 이후 속도는 더 빨라졌다. 1억 명에게 다가가기 위해 페이스북은 4년 6개월, 트위터는 2년 4개월, 모바일게임 〈캔디크러쉬사가〉는 1년 3개월이면 족했다.[2]

《어떻게 그들은 한순간에 시장을 장악했는가》(원제는 'Big Bang Disruption')의 저자 래리 다운즈(Larry Downes)와 폴 누네스(Paul Nunes)는 이것을 샤크핀 곡선(shark pin curve)으로 설명했다.[3] 지금까지 혁신 확산에 대해 가장 설득력 높은 설명은 에버렛 로저스(Everett Rogers)의 모델이었다. 로저스는 혁신 확산을 혁신자(innovator)-조기 수용자

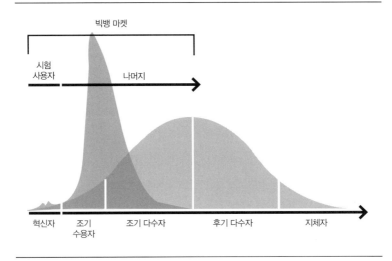

빅뱅 마켓

시험
사용자   나머지

혁신자   조기   조기 다수자   후기 다수자   지체자
          수용자

(early adopter)-조기 다수자(early majority)-후기 다수자(late majority)-
지체자(laggard)의 다섯 단계로 구성된 정규분포 곡선(bell curve)으로
설명했다.[5] 이때 혁신 확산은 '혁신자'와 '조기 수용자'를 아우르는
앞선 두 단계와 나머지 세 단계 사이에 존재하는 간극을 어떻게 뛰어
넘느냐에 달려 있다. 하지만 다운즈와 누네스는 디지털 경제 혁신이
즉각적으로 나타나고, 새로운 시장을 재빨리 형성하며 기존 시장을
완전히 대체한다고 진단했다. 따라서 기존의 완만한 정규분포 곡선
이 아닌 가파른 형태의 샤크핀 곡선 형태로 혁신이 확산한다.

샤크핀 곡선으로 혁신이 확산하는 디지털 경제에서는 오직 두 부
류만 존재한다. 하나는 '시험 사용자'(trial user)이고, 다른 하나는 '나

머지'(everybody else)다. 혁신 확산이 기존 다섯 단계에서 두 단계로 줄어들면서 혁신 제품과 기업이 급속히 나타났다가 정체된 후 빠르게 사라진다. 혁신 확산의 걸림돌이던 간극 자체가 사라진 셈이다.

샤크핀 곡선의 확산이 잘 드러나는 분야가 스타트업이다. 유니콘 (unicorn)으로 불리는 미국의 주요 스타트업은 '빅뱅 파괴 혁신'에 성공하며 단기간에 시장의 경쟁자를 압도했다. 우버는 미국 전역의 택시 회사를 생존 절벽으로 내몰았으며, 에어비앤비(AirBnB)는 힐튼 (Hilton)과 메리어트(Marriott) 같은 글로벌 호텔 체인의 새로운 대안으로 떠올랐다.

실리콘밸리 전문 시장 조사 기업 CB인사이츠(CB Insights)에 따르면, 2013년 3분기를 기준으로 주요 스타트업의 기업 가치는 단기간에 두 배 이상 성장했다. 특히 우버가 극적이다. 2013년 3분기에 39억 달러였던 우버의 기업 가치는 2014년 2분기에 194억 달러로 거의 다섯 배 이상 성장했다. 그리고 6개월 후 다시 두 배 증가해 400억 달러를 돌파했고, 이후 1년 후 기업 가치는 무려 500억 달러를 넘어섰다.[6]

에어비앤비와 위워크(WeWork) 역시 기업 가치가 두 배 이상 증가하는 데 3분기면 충분했다. 에어비앤비의 경우 2014년 3분기 105억 달러였던 기업 가치가 2015년 2분기에 252억 달러로 증가했고, 위워크는 2014년 4분기 54억 달러에서 2015년 2분기 113억 달러로 늘어났다.

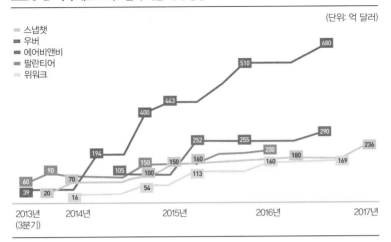

(단위: 억 달러)

■ 스냅챗
■ 우버
■ 에어비앤비
■ 팔란티어
■ 위워크

출처: CB인사이츠

샤크핀 곡선에서 볼 수 있듯이 올라가는 속도가 빠른 스타트업은 내려오는 속도도 남달랐다. 핏빗(Fitbit)은 2014년 3분기 이후 전년 대비 200% 이상의 폭발적 성장률을 기록했지만 불과 1년 만에 6분기 연속 감소하는 반전을 보였다. 스냅챗(Snapchat) 역시 2분기 연속 700% 매출액 성장을 보였지만 이후 1분기 만에 다시 200%로 떨어지며 하락세를 기록했다. 고프로(GoPro)도 2014년 4분기 매출액이 전 분기 대비 2배 이상 올랐지만 다음 분기에 곧바로 급락했다.

업종과 규모에 따라 차이가 있지만 빅뱅 파괴 혁신을 보이는 기업의 성장세는 불과 2~3분기에 불과하다. 이 기간에 매출, 주가, 판매량, 기업 가치 등 다양한 지표들이 천장을 뚫을 듯한 기세로 우상향한다. 하지만 하락세 역시 대부분 1년 이내 이뤄진다. 빅뱅 파괴 혁신 기업은 찰나의 순간에 성장과 쇠락이 발생하는 상반된 모습을 여실히 보여준다.

속도가 만들어낸 빅뱅 파괴 혁신은 크게 세 가지 특징으로 좁혀진다. 첫째, 기존과 전혀 다른 형태의 시장 전략을 채택한다. 지금까지 비용, 차별화, 맞춤화 가운데 경쟁자보다 단 하나의 치명적인 우위를 확보하는 것이 전략의 핵심이었다. 하지만 빅뱅 파괴 혁신 기업은 더 좋은 상품과 서비스를 더 싼 비용으로, 더 맞춤화해 동시에 제공한다.

둘째, 성장 패턴이 완전히 달랐다. 빅뱅 파괴 혁신의 확산은 수직에 가깝게 차오르는 샤크핀 형태다. 이로 인해 시장은 승자독식 구조를 보이고 혁신 제품과 서비스의 주기도 매우 짧다. 또한 소비자에게 어필하기 위해 오랜 시간을 들여 준비한 마케팅도 거의 없다. 빅뱅 파괴 혁신에서 얼리어답터는 제품 디자인과 마케팅 등 모든 분야에서 혁신 자체, 즉 일부분이기를 기대한다.

마지막으로 개발 부담이 사라졌다. 빅뱅 파괴 혁신에 성공한 기업은 종종 새로운 무엇을 만들기 위해 이미 시장에 존재하는 기존 요소를 조합하는 실험에 나선다. 이러한 실험은 실제 이용자를 콜라보레이터(collaborator)로 활용하며 시장에서 직접 이뤄진다. 단순히 말하자면 빅뱅 파괴 혁신은 성공한 실험인 셈이다.

전혀 다른 모습의 혁신이 등장하게 된 배경에는 디지털 경제의 비용 감소가 자리한다. 개발 비용, 정보 비용, 실험 비용이 줄어들면서 빅뱅 파괴 혁신이 가능해졌다. 인터넷 기술의 발달로 기업은 저렴하게 핵심 원자재에 접근할 기회를 얻게 되었다(개발 비용 감소). 동시에 이러한 기술로 소비자는 거의 완벽에 가까운 시장 정보를 쉽게 검색한다. 따라서 혁신을 시도하는 기업은 새로운 시장을 형성하기 위해 얼리어답터 집단을 만들 필요성이 사라졌다(정보 비용 감소).

기업과 소비자의 관계도 변했다. 인터넷에는 모든 것이 널려 있다. 이제 새로운 제품과 서비스는 무에서 유를 창출하는 것이 아니라 널려 있는 기존의 것들을 잘 조합해 실험한다(실험 비용 감소). 따라서 기업과 소비자가 협업해 무엇을 어떻게 조합하느냐가 혁신의 관건이다. 전통적 R&D와 비교할 때 이제는 '조합 비용'(cost of combination)이 '디자인 비용'(cost of design)을 앞서고 있다.[7]

더 이상 성장하지 않는 혁신

포켓몬고는 미국에서 출시 9일 만에 일일 평균 2,500만 명의 이용자가 즐기는 폭발적 성장을 이뤄냈다. 그리고 출시 19일 만에 누적 다운로드 5,000만 명을 넘어서자 미디어는 앞다퉈 포켓몬고(Pokémon Go)를 다뤘다.

그런데 멈추지 않을 것처럼 보였던 포켓몬고의 성장은 불과 2주 만에 꺾이기 시작했다. 해당 시점에 미국 내 일일 평균 이용자는 이미 정점 대비 12%가량 감소했다. 한국에서도 출시 5일째 524만 명으로

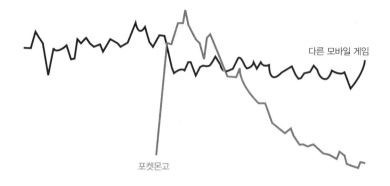

다른 모바일 게임

포켓몬고

6월 1일 / 6월 11일 / 6월 21일 / 7월 1일 / 7월 11일 / 7월 21일 / 7월 31일 / 8월 10일 / 8월 20일 / 8월 30일

출처: 라쿠텐인텔리전스

정점을 찍은 후 2주 만에 361만 명까지 줄었다. 정점 대비 감소율은 26%를 훌쩍 넘어섰다. 이 모든 것이 불과 2주 만에 벌어진 일이다.

시장 조사 기관 라쿠텐인텔리전스(Rakuten Intelligence)의 분석은 포켓몬고의 폭발적 성장과 급작스러운 쇠락을 여실히 보여준다.[8] 다른 모바일 게임과 달리 포켓몬고의 이용자 추세는 빅뱅 파괴 혁신의 샤크핀형 곡선을 그대로 따르고 있다. 사실 시간이 흐르면 모든 제품과 서비스는 소비자 관심에서 멀어진다. 하지만 샤크핀형 곡선을 보이는 혁신 제품과 서비스의 쇠락이 유독 두드러진다. 바로 여기에 주목해야 한다. 빅뱅 파괴 혁신은 왜 지속하지 못할까?

처음으로 빅뱅 파괴 혁신을 제시한 래리 다운즈와 폴 누네스는 포켓몬고뿐만 아니라 핏빗, 고프로, 제네핏츠(Zenefits), 티보(TiVo) 등 대다수 빅뱅 파괴 혁신 기업이 폭발적 성장을 유지하지 못한 이유를 총 일곱 가지로 제시했다.[9]

첫째는 린(lean) 방식에 빠지는 경우다. 아이디어를 바탕으로 시장에서 먹힐 최소한의 상품성을 갖춘 제품을 출시한 후 고객과 커뮤니케이션으로 개선하는 린 방식은 스타트업에 교과서와 같은 경영 기법이다. 하지만 빅뱅 파괴 혁신 기업은 제품과 서비스를 출시하는 순간 이미 모든 자원을 쏟아붓기 때문에 지속 가능한 성장을 담보할 수 없다.

둘째는 자본 구조가 실패를 촉진하는 경우다. 샤크핀형 모델은 단기간에 걸쳐 매우 빠르게 이뤄진다. 따라서 자금 투입이 성장으로 이어지는 선순환 구조를 만들기도 전에 빅뱅 파괴 혁신 기업은 유동성 문제를 겪게 된다.

셋째는 리더를 상실한 경우다. 영화 〈인턴〉을 보면 주인공은 창업 1년 반 만에 직원 220명을 거느린 스타트업으로 기업을 성장시켰다. 그럼에도 불구하고 투자자는 주인공에게 전문경영인을 채용하라고 압박한다. 영화뿐 아니라 실제로도 혁신 기업이 성장하면 투자자는 득달같이 요구한다. 전문경영인은 경험과 지식을 바탕으로 노련한 매니저 역할을 수행하지만 혁신을 계승하기보다 개선하는 데 초점을 맞춘다. 다시 말해 전문경영인은 투자자에게 투자금을 돌려줄 수 있지만 폭발적 성장을 끌어내지는 못한다.

넷째는 투자자 요구를 과도하게 맞출 때다. 둘째와 셋째와 마찬가지로 투자자 관련 오류다. 투자자는 다시 한 번 기업이 폭발적으로 성장하기를 바라지만 자신이 정해놓은 수익률이 실상 더 중요하다. 따라서 투자자 요구에 맞추다 보면 정작 시장의 변화에 뒤처지게 된다.

2017년 6월 온라인 식자재 스타트업 블루에이프런(Blue Apron)은 창업 5년 만에 뉴욕 증시에 상장했다. 그리고 같은 해 12월 창업주 맷 샐즈버그(Matt Salzberg)가 실적 부진을 이유로 CEO에서 사임했다. 당시 기사를 보면 "지속적 주가 하락을 겪은 블루 에이프런 주주들은 샐즈버그 퇴임과 구조 개혁 소식을 반겼다"라고 전한다.[10] 상장 6개월 만에 창업주가 물러나는 이례적 상황은 경쟁력을 상실한 기업의 본질적 문제가 자리한다. 그러나 4,000명의 직원에, 20억 달러의 기업 가치를 지닌 스타트업이 굳이 상장하면서까지 얻으려고 했던 목적, 그리고 상장 이후 자금 흐름을 살펴보면 단지 경쟁력 상실이 이러한 비극의 모든 것을 설명하지 못한다.

블루 에이프런은 투자금 회수라는 출구 전략을 투자자에 제시해야 했다. 또한 아마존이 온라인 식자재 시장에 뛰어들자 시설 투자와 마케팅 같은 투자자 불안을 잠재우기 위한 비용 조달이 필요했다. 결국 시장의 요구와 변화 사이에서 원치 않은 균형을 잡기 위해 기업 전략이 흔들렸다.

다섯째는 운이 좋은 경우다. 빅뱅 파괴 혁신 기업을 살펴보면 성공 주도권을 기업이 아닌 시장과 소비자가 가지고 있음을 심심찮게 확인할 수 있다. 완벽에 가까운 시장 정보가 승자독식 구조를 만들기 때문에 비슷한 수준의 혁신에도 불구하고 특정 기업은 초기 혁신자의 열정과 반응에 따라 폭발적 성장을 거두게 된다. 하지만 이런 행운은 두 번 오지 않는다.

여섯째는 규제 당국에 발목을 잡힐 때다. 에어비앤비와 우버의 사례처럼 혁신이 샤크핀형으로 확산하는 순간 기존 업체는 규제 당국을 움직여 이를 억제하려고 시도한다. 혁신을 이어가는 데 필요한 자원이 기업 외부 리스크를 줄이는 데 쓰이면서 시장과 소비자의 지지를 잃게 된다.

마지막은 존재하지 않는 고객에게 의지할 때다. 소비자에게 빅뱅파괴 혁신 기업이 갑자기 등장하듯 기업에도 엄청난 수의 고객이 한꺼번에 생겨난다. 일반적으로 CEO는 더 많은 소비자의 구매를 유발하기 위해 기업 자원을 쏟아붓지만 샤크핀형 기업은 성공 이후의 소비자 집단을 예측하기 매우 어렵다. 지금의 방식이 통하는 오늘의 시장이지만, 내일의 시장은 어떻게 변할지 모르는 것이 빅뱅 파괴 혁신 기업이 가진 어려움이다.

래리 다운즈와 폴 누네스가 밝힌 이 일곱 가지 이유에 보태야 할 요인이 두 가지 더 있다. 하나는 혁신이 소진된 때이고, 다른 하나는 혁신 피로가 발생한 경우다.

그들이 제시한 일곱 가지 이유는 혁신의 지속 가능성을 전제로 한다. 하지만 빅뱅 파괴 혁신의 성격을 고려하면 대부분의 기업은 보유한 혁신을 단기간 소진한다. 실제로 기존의 혁신은 성능이 떨어짐에도 불구하고 상대적으로 낮은 가격의 기술이 통하는 하위 시장에서 시작한다. 그러나 빅뱅 파괴 혁신은 낮은 가격에도 불구하고 기술 수준이 높으므로 주류 시장에서 혁신이 출발한다. 따라서 파괴적 혁신은 다섯 단계의 정규분포 곡선으로 확산하지만 빅뱅 파괴 혁신은 두 단계의 샤크핀형 곡선으로 급속히 확산하는 차이를 유발한다. 결국 빅뱅 파괴 혁신에 성공한 기업은 완성된 단일 제품 또는 서비스로 시장에 진입하기 때문에 소비자에게 자신이 지닌 모든 혁신을 쏟아낼 수밖에 없다.

혁신 소진은 빅뱅 파괴 혁신 개념의 두 창시자도 암묵적으로 동의한다. 그들은 빅뱅 파괴 혁신 기업이 지속 가능한 성장, 즉 두 번째 혁신에 성공하는 데 필요한 네 가지 팁을 제시했다. 그것은 "성공한 상품의 열기가 식기 전에 버려라", "상품 말고 플랫폼을 구축하라", "초기 상품을 서비스로 전환하라", "초기 혁신 기업에 투자 또는 인수하라"다.[11] 네 가지 모두 첫 번째 빅뱅 파괴 혁신을 마치 일회용인 것처럼 전제한다. 결국 성공한 빅뱅 파괴 혁신으로는 더 이상 성장할 수 없다는 가능성을 지적한 셈이다.

혁신 피로 역시 빅뱅 파괴 혁신에 성공한 기업이 더 이상 성장하지 못하는 이유로 작동한다. 이전과 비교할 수 없을 정도로 빠르고 반복적으로 확산한 혁신은 필연적으로 시장의 피로를 만들어낸다.

혁신 자체는 변함없지만 그것이 소비되는 과정에서 혁신의 인식이 급격히 악화한다. 시장은 혁신의 속도에 지쳐가고 소비자는 혁신의 강도에 적응하기 불편해한다. 시간이 흐를수록 혁신은 지루해진다. 이러한 혁신 피로는 기업의 지속 가능한 성장을 방해하는 내재적 요인으로 자리하게 된다.

혁신의 기저 효과

대다수가 빅뱅 파괴 혁신에 성공한 기업에 관심을 둔다. 하지만 첫 번째 대성공 이후 더 이상 성장하지 못한 기업에 주목할 필요가 있다. 이들 기업은 단 한 번의 성공으로 자신의 운을 모두 소진했으며 기업의 성공 방정식은 곧 실패의 지름길로 빠르게 변했다.

또 다른 이유는 도무지 알 수 없는 시장의 변덕을 이해하기 위해서다. 빅뱅 파괴 혁신 기업 대부분은 스스로 성공을 거둔 것이 아니라 시장에 의해 만들어졌다. 《어떻게 그들은 한순간에 시장을 장악했는가》의 저자들이 타이밍을 언급한 이유도 이 때문이다. 독특한 아이디어로 시장에 존재하는 수많은 실험을 조합해 적시에 출시하는 것이 빅뱅 파괴 혁신 기업에 있어 가장 중요한 성공 요인이다.

시장의 선택을 받은 기업은 특별한 마케팅이나 커뮤니케이션 전략을 가지지 못했음에도 매출은 하루가 다르게 늘고 소셜 미디어에서 이용자 호평이 쏟아진다. 하지만 기업의 퇴출도 시장이 결정한다. 시장이 만들어냈지만 기업에 대한 충성도는 매우 낮다. 시장은 항상 대체재를 찾고, 기업은 한때의 영광을 뒤로한 채 쓸쓸히 퇴장한다.

그렇다면 빅뱅 파괴 혁신 기업은 왜 더 이상 성공하지 못할까? 첫 번째 성공처럼 두 번째 성공, 다시 말해 지속 가능한 성장 역시 단지 운일 뿐일까? 빅뱅 파괴 혁신은 급진적 현상이자 최근 사례이기 때문에 성공만큼이나 실패 기업을 확인하는 것이 쉽지 않다. 《어떻게 그들은 한순간에 시장을 장악했는가》의 저자들은 2018년 〈하버드비즈니스리뷰〉 1-2월호에 '제2막에 성공하지 못한 혁신 기업'을 분석하며 동일한 문제의식을 가졌다. 우리는 그들이 사례로 든 11개 기업들 가운데 실패를 객관적으로 확인할 수 있는 기업, 즉 주식 시장에 상장해 매출과 이익 증감을 분기별로 보고하는 기업을 살펴봤다. 그리고 성장이 급격히 둔화하는 시점에 기업이 어떠한 행보를 보이는지 분석했다.

결론은 간단하고 분명했다. 빅뱅 파괴 혁신 기업이 정체의 늪에 빠진 이유는 규모 중심의 성장 전략에 기반한 '혁신의 기저 효과' 때문이다. 혁신의 기저 효과가 불러일으키는 착각이 경영 전략을 뒤흔들고, 이것이 실제 혁신의 쇠퇴를 불러일으키는 악순환으로 이어졌다. 혁신의 기저 효과는 규모와 익숙함 때문에 빅뱅 파괴 혁신 기업에 착각을 불러일으킨다. 먼저 규모에 따른 혁신의 기저 효과를 살펴보자.

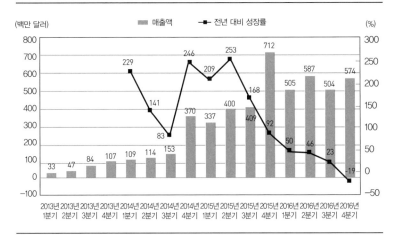

(백만 달러)   ■ 매출액   ■ 전년 대비 성장률   (%)

출처: 모틀리풀(The Mortley Fool)

공동창업자 중 한 명이 한국계여서 국내에서도 화제가 된 핏빗은 웨어러블 기기로 폭발적 성공을 거둔 스타트업이다. 핏빗은 2014년 4분기에 전년 대비 246%라는 경이로운 성장률을 시장에 보고했다. 이후 3분기 연속 200% 이상의 성장률을 보이며, 말 그대로 천장을 뚫을 듯한 기세로 폭발적 성장을 이어갔다. 그러나 2015년 3분기에 성장률은 갑자기 168%로 가라앉았고, 이후 분기를 거듭할수록 성장세만큼 가파른 하락세가 나타났다. 결국 2016년 4분기에 전년 대비 -19%라는 최악의 성적표를 받았다.

시장의 우려가 커지자 핏빗 경영진은 2016년 2월 새로운 경영 전략을 내놓았다. 하지만 한번 시작한 하락세를 멈추기엔 역부족이었다. 이때 의아한 점이 발생한다. 성장률이 처음으로 100% 아래로 떨어진 2015년 4분기 매출은 7억 1,200만 달러로 역대 최대를 기록했고, 심지어 -19%를 기록한 2016년 4분기 매출도 역대 3위에 해당하는 수준으로 이전 분기 대비 7,000만 달러가 늘어났다.

좀 더 분명한 대비를 위해 최고와 최악의 성장률을 기록한 시점을 살펴보자. 4억 달러 매출을 기록한 2015년 2분기는 1억 1,400만 달러 매출을 기록한 1년 전보다 253% 증가하며 최고의 성장률을 보였다. 반면 -19%라는 최악의 성장률을 보인 2016년 4분기 매출은 5억 7,400만 달러로 2015년 4분기 7억 1,200만 달러와 비교하면 약 1억 3,800만 달러 줄어들었다. 그런데도 최악의 성장률을 기록한 2016년 4분기 매출은 최고의 성장률을 기록한 2015년 2분기에 비해 무려 1억 7,400만 달러나 많다.

사람의 10대와 20대 성장 속도가 다르듯 기업 역시 규모가 커지면 성장세는 당연히 줄어든다. 이때 실제로 기업의 혁신은 소진되지 않았지만 마치 소진된 것처럼 보이도록 혁신의 기저 효과가 발생한다. 시장은 규모와 상관없이 계속해서 폭발적 성장을 기대하고, 이 기대에 미치지 못하면 혁신의 지체 또는 실패로 규정했다. 그리고 규모를 무시한 혁신의 기저 효과는 시장의 압박과 경영진의 초조함을 끌어내면서 성장률 저하가 규모의 축소로 이어지는 악순환을 만들어냈다.

익숙함 역시 혁신의 기저 효과를 불러일으킨다. 빅뱅 파괴 혁신은 단기간 매우 강렬하게 발생한다. 이 과정에서 빠르게 확산하는 모든 정보가 서로 다른 콘텐츠를 가지는 것이 아니다. 오히려 소수 콘텐츠가 빈번히 반복되며 확산한다. 이를 통해 시장은 효과적으로 혁신을 학습하지만 동시에 필연적으로 피로감이 발생한다.

사회심리학적으로 반복이 주는 피로는 오래전부터 규명됐다. 대표적으로 텍사스A&M대학교 리처드 밀러(Richard Miller) 교수는 지나친 반복이 불러일으키는 역효과를 입증했다.[12] 밀러 교수는 실험 참가자를 세 그룹으로 나누고 이들에게 외국 원조를 중단하라고 촉구하는 포스터를 보여줬다. 이때 30회 반복해 본 실험자들은 포스터에 긍정적이었지만, 200회 반복해 본 실험자들은 부정적이었다.

혁신도 마찬가지다. 반복해 노출된 혁신에 시장은 빠르게 익숙해진다. 그리고 익숙해진 혁신은 곧바로 피로감을 만들어낸다. 성장률이 감소하고 미디어가 부정적 기사를 쏟아내기 시작하면 빅뱅 파괴혁신에 성공한 기업은 불안해하며 자신만의 대안을 제시한다. 이들 기업이 내놓은 대안은 스스로 또 다른 혁신이라 생각하지만 시장은 기존 혁신이 주는 익숙함의 기저 효과로 인해 그것을 더 이상 혁신으로 인식하지 않는다. 게다가 실제로도 대안의 대부분은 혁신적이지 않다. 예를 들어 핏빗은 애플과 삼성이 장악한 스마트워치를 대안으로 제시했고, 그루폰은 우버를 비롯해 많은 기업이 이미 시행 중인 레스토랑 음식 배달 서비스를 시작했으며, 스냅챗은 구글이 지배하는 웨어러블 안경을 뒤늦게 내놓았다.

고프로는 아이폰이 아니다

빅뱅 파괴 혁신에 성공한 기업이 혁신의 기저 효과로 더 이상 성장하지 못하게 되는 과정을 살펴보자. 혁신의 기저 효과로 인해 기업은 큰 착각에 빠진다. 기업은 성장세가 둔화한 시점에 무엇인가를 바꿔야 한다고 판단한다. 그것은 기업 내부의 문제 제기일 수 있고, 외부 비판일 수도 있다. 기업은 두 가지 차원의 전략을 수정한다. 하나는 마케팅 전략이고, 다른 하나는 기업 커뮤니케이션 전략이다. 물론 마케팅이 기업 커뮤니케이션의 일부분이기 때문에 전체적으로 커뮤니케이션 변화로 볼 수 있다. 어찌 됐건 기업은 무엇을 팔고 어떻게 팔아야 할지 결정하는 데 있어서 이전과 다른 접근법을 채택한다.

샤크핀형 곡선의 뒷면에 해당하는 단계에 들어서자마자 두 번째 빅뱅 파괴 혁신에 실패한 기업은 하나같이 전문적이면서 특화된 기존 혁신 제품과 서비스를 보편적이면서 범용화가 가능한 형태로 바꿨다. 규모가 커지자 빅뱅 파괴 기업은 소규모 틈새시장에서 대규모 대중 시장으로 마케팅 전략을 급격히 수정한다. 핏빗은 2016년 성장세가 둔화하자 '피트니스'(fitness)라는 자신만의 마케팅 포인트를 '패션'(fashion)으로 바꿨다.[13] 상황이 개선되지 않자 채 일 년도 안 돼 '소셜'(social)과 '커뮤니티'(community)로 마케팅 전략을 다시 수정했다.[14]

'액션캠'이라는 새로운 영역을 만들어낸 고프로 역시 2015년 주가가 80% 이상 폭락하자 곧바로 마케팅 전략을 '아웃도어 액션캠'에서 일상을 기록하고 공유하는 '라이프스타일 솔루션'으로 바꿨다.[15] 하지만 고프로로 촬영한 서핑과 암벽등반 동영상을 유튜브에 자발적으로 올리던 이용자는 자신이 왜 아이의 생일 파티를 아이폰이 아닌 고프로로 촬영해야 하는지 그 변별성을 찾지 못했다. 결국 시장은 혁신이 변질됐다고 판단했고 기업은 혁신 동력을 상실했다.

두 번째 혁신에 실패한 기업은 커뮤니케이션 전략에서도 공통점을 보인다. 시장이 혁신에 의구심을 표하자마자 기업 커뮤니케이션의 초점을 개별 제품과 서비스에서 브랜드와 이미지로 급격히 바꿨다. 사실 빅뱅 파괴 혁신 기업의 커뮤니케이션 효과는 아직 분명하게 밝혀지지 않았다. 해당 콘셉트를 처음으로 제시한 래리 다운즈와 폴 누네스도 빅뱅 파괴 혁신은 시장에 의해 추동되기 때문에 커뮤니케이션에 별다른 관심을 두지 않았다. 그러나 형태와 규모에 상관없이 커뮤니케이션은 기업 가치에 분명히 영향을 미친다. 빅뱅 파괴 혁신 기업이라고 예외일 수 없다.

가령 빅뱅 파괴 혁신 기업으로 평가받던 그루폰은 커뮤니케이션으로 빅뱅 파괴 혁신의 초석을 다졌다. 성장세가 최절정에 이른 상장 직전 9개월 동안 그루폰은 커뮤니케이션 비용으로 총 6억 1,300만 달러를 지출했다. 이것은 당시 그루폰의 누적 고객 수 증가로 정확히 이어졌다.[16] 혁신을 가시화하기 위한 효과적 도구로 커뮤니케이션이 활용된 셈이다.

커뮤니케이션이 혁신 기업의 성공에 어떠한 영향을 미치는지는 미지의 영역이지만, 혁신 기업의 성장세가 꺾이자마자 곧바로 커뮤니케이션 초점을 브랜드로 바꾸는 전략은 분명히 실패했다. 제대로 진행한 커뮤니케이션 전략이라도 혁신의 성공을 완전히 담보할 수 없지만 부적절한 커뮤니케이션 전략은 반드시 혁신의 실패를 가져온다. 커뮤니케이션으로 혁신 확산에 성공한 그루폰도 성장세가 하락하자 브랜드 투자를 천명했다. 하지만 결국 재기하지 못했다. 또한 앞서 언급했던 핏빗 역시 브랜드에 기대 스마트워치로 영역을 확대하려는 전략을 제시했지만, 여전히 침체를 벗어나지 못하고 있다.

CB인사이츠는 101개 스타트업의 실패담을 분석해 20개 원인을 공개했었다. 이 조사에 따르면 8위와 9위에 해당하는 원인이 마케팅이었다. 8위가 형편없는 마케팅, 9위가 소비자 무시였다. 참고로 1위는 시장 수요의 부재, 2위 자금 부족, 3위 잘못된 팀 구성, 4위 경쟁에서 패배, 5위 가격 정책 문제 등이었다.[17]

성급하거나 잘못된 마케팅 전략을 초반에 수정해 실패를 모면한 사례도 있다. 수공예품을 거래하는 이커머스(e-commerce) 플랫폼 엣시(Etsy)는 커뮤니케이션 전략을 신속히 원점으로 되돌려놓으면서 최악의 결과를 피했다. 제2의 아마존으로 불리며 폭발적 인기를 누리던 엣시는 빠르게 성장세가 사그라들며 전체 직원의 23%를 해고하고, 연간 730만 달러의 손실을 기록했다. 그러자 엣시는 '차이가 우리를 만듭니다'(Difference Makes Us)라는 브랜드 캠페인 비용을 전년 대비 60% 늘렸다. 그럼에도 상황이 나아지지 않자, 결국 2017년 여름에 모든 브랜드 캠페인을 중지하고 커뮤니케이션 비용을 디지털 이용자를 끌어들이기 위한 체험과 경험 서비스에 투자하기로 했다. 이에 대해 시장은 우호적으로 평가했다.

삼성과 현대자동차의 브랜드 전략을 담당하며 국내에서도 잘 알려진 브랜드 전략 에이전시 비발디(Vivaldi)의 아가트 블랑숑-어샘(Agathe Blanchon-Ehrsam) 최고마케팅책임자(CMO)는 "엣시는 브랜드 캠페인에 투자해서는 안 된다"며 "엣시는 고객 체험과 제품 마케팅에 집중해야 한다"라고 언급했다.[18]

분명 갑작스러운 성장과 쇠락이 단지 빅뱅 파괴 혁신 기업만의 문제는 아니다. 그럼에도 빅뱅 파괴 혁신 기업이 첫 번째 성공 이후 더이상 성장하지 못하는 이유들이 있다. 그중에는 혁신을 소진하고 익숙하게 만들어버리는 기저 효과도 있다. 디지털 경제가 심화할수록 모든 산업과 기업이 점점 비슷한 문제를 겪게 된다. 혁신의 완성은 지속 가능한 성장이라는 점에서 실패한 혁신 기업의 커뮤니케이션은 오히려 많은 점을 시사한다.

혁신은 기술이 아니라 감정이다

빅뱅 파괴 혁신에 성공한 기업은 그 폭발적 성장만큼이나 시장에서 빠르게 소멸했다. 앞서 설명했듯 그 원인들 중 하나가 과잉 혁신에 있다. 소비자는 지치고 피로할 수 있다. 따라서 혁신은 소비자에게 자연스럽고 탈기술적으로 다가가야 한다. 기술이 아니라 감정에서 출발해야 한다. 혁신을 위한 커뮤니케이션의 성공 여부는 사람들이 기술을 감정의 형태로 어떻게 공유하는가에 달려 있다.

예를 들어 인스타그램은 감정으로 넘쳐난다. 인스타그램에서 가장 많은 해시태그는 '#Love'다. 인스타그램은 30개 정도의 해시태그를 달 수 있고, 사람들은 인스타그램에서 해시태그를 검색해서 원하는 콘텐츠를 찾아볼 수 있다. 따라서 사람들이 주로 찾는 해시태그를 잘 붙이면 쉽게 검색되어 널리 알려질 수 있다. 2018년 7월 현재 인스타그램에서 '#Love' 해시태그는 13억 6,800만 개의 이미지에 달려 있다. 감정이 인스타그램을 움직인다.

퓰리처상을 세 차례나 받은 〈뉴욕타임스〉 칼럼니스트 토머스 프리드먼은 《늦어서 고마워》에서 '변위적 혼란'(dislocation)을 언급한다. 이것은 마이크로소프트의 최고연구전략책임자 크레이그 먼디(Craig Mundie)가 말한 개념으로 환경이 너무나 빨리 바뀌어 모두가 그 변화를 따라갈 수 없다고 느낄 때 나타나는 현상이다.[19] 혁신의 수용자들은 변화를 거부하면 그만이지만 기업에는 치명적이다. 기술이 아무리 훌륭해도 시장이 기업을 찾아오지는 않는다. 실리콘밸리 마피아의 두목격인 피터 틸은 훌륭한 제품이 저절로 팔린다는 것은 거짓말이라고 단언한다.[20] 하물며 혁신을 팔아야 할 스타트업은 소비자에게 어떻게든 다가가야 살아남을 수 있다. 틸은 바이럴 마케팅을 권장한다. 자신이 창업해 성공시킨 전자상거래 결제 시스템 기업 페이팔(PayPal)은 물론 직접 투자한 페이스북, 링크드인 모두 바이럴 마케팅을 활용했다고 말했다. 그의 강조는 간결하다. 사람들 속으로 들어가서 최대한 관계를 맺으란 것이다.

여기서 우리는 두 가지 중요한 시사점을 발견할 수 있다. 하나는 커뮤니케이션 주도권을 기업에서 수용자로 넘겨야 하고, 다른 하나는 수용자끼리 활발히 커뮤니케이션할 수 있도록 기업이 플랫폼 역할을 담당해야 한다는 것이다. 커뮤니케이션 양을 조절하고, 속도를 늦추며, 방향을 바꾸고, 적절한 수준을 모색하는 방안은 두 가지 시사점에서 비롯한 방법론이다. 혁신을 재창조하기 위해 사용자 경험을 중시하고, 이용자에게 혁신의 이야깃거리를 제공하며, 혁신을 학습하도록 적절히 조절해야 한다. 이러한 원칙에 따라 기업은 두 번째 빅뱅 파괴 혁신에 필요한 커뮤니케이션 전략을 수립해야 한다.

앞서 언급했던 고프로를 다시 살펴보자. 혁신이 사그라들자 기업은 커뮤니케이션 전략을 바꿨다. 하지만 그들은 예전의 영광을 되찾을 수 없었다. 그렇다면 폭발적 성장을 거듭하던 시기에 고프로는 어땠을까? 극단적으로 말하자면, 당시 고프로는 특별한 커뮤니케이션 전략이 없었다. 왜냐하면, 소비자가 고프로로 촬영한 동영상을 자발적으로 유튜브에 올리고, 이것이 다시 화제가 되어 또 다른 소비자를 끌어들이는 것으로 충분했기 때문이다. 다시 말해 고프로는 이야깃

거리였으며, 커뮤니케이션 주도권은 수용자에게 있었고, 그들은 기업 커뮤니케이션에 스스로 뛰어들었다. 따라서 스타트업처럼 기술에 기반한 혁신적 제품이나 서비스에 치중하는 기업은 감정에 더욱 집중해야 한다

경험의 완성은 감정이다. 혁신을 알리기 위한 이성과 감정의 게임을 전투와 전쟁이라고 생각하라. 전투에서는 이성이 이길지 모르나 전쟁에서는 감정이 승리한다. 더 중요한 것은 사후 평가 역시 감정이 주도한다는 점이다. 노골적으로 민주당을 지지해온 정치학자 드루 웨스턴(Drew Westen)은 미국 정치 커뮤니케이션 컨설팅 분야에서 전설이 된 책 《감성의 정치학》에서 민주당 정치인들에게 유권자의 머리가 아니라 마음을 훔치라고 권했다. 정치는 이성과 감정의 싸움터이며, 이성이 이길 것 같지만 언제나 감정이 승리한다는 것이 그의 주장이다.

웨스턴에 감동한 미국 민주당 전국위원회 의장 하워드 딘은 "이 책은 꼭 읽어야 한다. 이 책대로만 하면 2008년 선거에서 민주당이 이긴다"고까지 주장했다. 웨스턴 덕분이라고는 할 수 없지만, 어쨌든 민주당은 오바마가 후보로 나선 2008년 대통령 선거에서 공화당을 누르고 정권을 가져왔다. 2008년 대통령 선거 캠페인에서 오바마가 유권자의 마음을 흔들었던 수많은 장면들이나 2016년 트럼프의 대선 승리를 생각하면, 정치 커뮤니케이션에서 인간의 정치적 본능은

이성에서 감정으로 진화한 것이 맞다.

공감은 감각으로 전해질 때 강해진다. 혁신은 이성이 아니라 몸의 경험으로 기억되고 평가된다. 공감은 이 과정을 다수의 집단에 사회화한다. 공감은 타인의 감정을 자신의 감정으로 만들어, 공유하려는 과정에서 발생한다. 이로 인해 감각의 공유는 유대감을 강화한다. 체화된 인지(embodied cognition)가 중요하다. 우리가 특별히 인식하지 않은 상태에서 신체를 통한 학습된 감각이 의사 결정을 돕는다.

중국 중산대학교 쉰 황 교수팀은 따뜻한 온도가 의사 결정에 미치는 영향을 밝혀냈다. 먼저 실험 참가자를 따뜻하거나 서늘한 방에 나누어 배정했다. 이 가운데 따뜻한 방에 배정한 실험 참가자는 주변 사람에게 더 친밀한 감정을 드러냈다. 이들은 서늘한 방의 참가자보다 더 높은 비율로 다른 사람이 선호한 TV 리모컨을 같이 구매하거나, 가상 경마에서 주변 사람에게 가장 인기 있는 말에 돈을 걸었다. 놀랍게도 이것은 경제적 의사 결정이 방 온도와 냄새에 의해서도 이뤄질 수 있다는 사실을 보여준다.[21]

몸의 경험이 감정을 통해 공감을 깨운다. 프루스트 효과가 이를 말해준다. 프루스트 효과는 냄새로 잠들어 있는 기억을 깨울 때 연관된 다른 경험들까지 같이 끌려나오는 현상을 말한다. 어렸을 때 시골집 된장찌개 냄새는 어머니의 따뜻한 품과 그에 대한 정서를 불러일으킨다. 사회에도 집단적인 프루스트 효과(prost effect)가 존재한다. 후각이 아니어도 청각이나 시각으로 언제든 과거의 감각이 현재의 감정으로 전이된다. 이처럼 축적된 경험은 이성이 아니라 감정을 통해 재현된다. 혁신은 이성이 아니라 몸의 경험으로 기억된다.

부정적 감정은 없다. 혁신을 알리는 데 모든 감정이 자원이다. 모든 감정이 중요하다. 외로움, 분노, 슬픔의 가치는 새롭다. 영화 〈인사이드 아웃〉의 '슬픔이'를 기억하라.

글로벌 컨설팅 기업 올리버와이만(Oliver Wyman)의 에이드리언 슬라이워츠키(Adrian J. Slywotzky) 부회장은 부정적 감정이 더 중요하다고 말한다. "고객이 기업의 제품을 보고 억누르기 어려울 정도로 매력적인 제품을 만들어야 한다. 이게 강력한 수요 창출의 첫 걸음이다. 탁월한 기능성과 감성이 결합해야 한다. 다음으로 고객의 시간과 돈, 에너지 낭비 같은 고객의 고충지도를 그리는 것이다. 고객이 제품을 느끼면서 얻게 되는 소소한 좌절감과 분노를 모두 분석해야 한다."[22]

감정은 집단적이다. 조직과 사회, 국가도 감정을 느낀다. 조직의 구성원이 공통의 가치를 강하게 공유할수록 연대감도 높아진다. 공동 가치는 구성원의 개별 감정을 공동 경험으로 묶어내는 역할을 한다. 사회 지능(Social Intelligence)이라는 개념을 만들어낸 미국의 심리학자 대니얼 골먼(Daniel Goleman)도 집단에서 감정의 역할을 강조했다.

"한 집단을 관통하는 감정은 구성원이 정보를 다루는 방식과 의사 결정에 큰 영향을 미친다."[23]

집단 구성원이 공유하는 가치는 감정을 사회적인 것으로 승화시키는 에너지다. "모든 감정은 사회적이다"라는 사회과학자들의 말이 맞지만 가치가 공유되지 않는 감정은 일방적이거나 일시적일 수밖에 없다.[24]

기술을 숨겨라. 비범함을 자랑하지 마라. 비범함은 쉽게 질리고 피로감을 유발한다. 보이지 않는 평범한 스마트가 매력 있다. 기술을 매력적으로 활용하는 방법은 첫째, 아날로그 커뮤니케이션 전략을 활용하는 데 있다. 대화는 인류 역사만큼 오래된 최고의 설득 전략이다. 젊은층을 중심으로 전화와 대화보다는 문자를 선호하는 커뮤니케이션 패턴이 확산되면서 대화의 종말을 우려하는 시선도 있다. 그러나 대화는 살아남을 것이다. 모든 커뮤니케이션 기술의 원형이기 때문이다.

둘째, 몸의 경험을 활용한다. 감정을 공감으로 연결시키는 원칙은 몸의 경험이다. 사람은 원래 직접 보고 만지고 들어야 한다. 감각의 원형이 작동하지 않고는 진짜 감정이 움직이지 않는다. 이메일 또는 문자로만 소식을 주고받는 사람을 정말 만나고 싶은가 생각해보자. 소비 제품 비즈니스에서 오프라인 매장의 몰락이 대세인데도 거꾸로 오프라인 비즈니스의 르네상스를 말하는 사람들이 있다. 이들의 사례는 몸의 경험, 다시 말해 감각 원형이 커뮤니케이션 과잉 시대에 신뢰를 다지는 데 얼마나 필요한지 역설적으로 말해준다.[25]

오프라인 쇼룸은 오히려 레드오션이 되어버린 온라인 비즈니스의 돌파구가 될 수도 있다. 미국에서 오프라인 비즈니스의 새로운 가능성을 연구한 펜실베이니아대학교 와튼스쿨의 데이비드 벨(David R. Bell) 교수는 다음과 같이 말했다.

○ 어떤 브랜드를 온라인이 아닌 오프라인 매장에서 처음 접한 고객은 더 다양한 품목의 제품들을 살펴보고 시도해볼 수 있을 뿐 아니라 브랜드 경험에 있어서도 더 강도 높은 몰입감을 느낄 수 있다. 브랜드에 대한 이런 몰입감과 호감은 온라인이든, 오프라인이든 상관없이 후속 구매의 빈도와 구매량을 높이는 계기가 된다.[26]

10장

다섯 번째 원칙, 소셜 무드가 좌우한다

인간은 본능적으로 감정과 기분을 먼저 읽는다. 집단도 마찬가지다. 다른 집단의 분위기를 먼저 타진한다. 그리고 생각이 움직인다. 다른 사람과 다른 집단의 감정을 읽고 맞춰서 형성한 각자의 감정이 상호작용해 응집되면 보다 큰 규모의 지배적인 정서가 형성된다. 이때 "불확실한 상황에서 무리를 이루려는 인간의 충동" 때문에 사회 분위기가 강하게 만들어진다. 사회 분위기는 감정을 기준으로 하면 희망, 오만, 두려움, 절망의 형태로 변한다.[1] 상승하는 긍정적 분위기가 희망에 해당하고, 이 상태가 최고조에 달하면 오만의 형태를 띤다. 그다음에는 쇠퇴하는 부정적 분위기가 오는데, 이때가 두려움이다. 그다음에는 부정적 분위기가 최악에 이르면 절망의 사회 분위기가 형성된다.

소셜 무드는 어떻게 소확행으로 이어지는가

네 가지 유형의 감정 배후에서 순환 사이클의 동력이 되는 감정이 있다. 바로 자신감이다. 노벨상을 수상한 경제학자 조지 애커로프(George A. Akerlof)와 로버트 쉴러(Robert J. Sholler)는 자신감을 핵심 경제 심리로 간주한다. 이들은 인간의 경제 심리를 '야성적 충동'(animal spirits)이라고 불렀다. 그리고 야성적 충동을 움직이는 에너지를 자신감이라고 봤다.

자신감은 어원에서도 정서적 에너지를 느낄 수 있다. 자신감의 라틴어 어원은 '피도'(fido)인데, 뜻은 '나는 신뢰한다'이다. 믿음과 신뢰가 자신감의 근원에 해당하는 정서다. 그리고 이를 딛고 선 정서가 합리성을 가장한 충동이다. 합리성을 뛰어넘는 자신감은 개인과 집단, 나아가 정부와 국가 수준의 지배적 정서를 이끈다.

애커로프와 쉴러는 자신감과 두려움의 전염력을 강조했다. "질병이 전염을 통해 퍼지듯 자신감이나 두려움도 마찬가지다. 실제로 자신감이나 두려움은 질병과 같은 전염력을 가질 수 있다. 낙관이나 비관의 전염은 특정한 사고방식의 감염률에 변화가 일어나 예기치 않게 발생할 수 있다."[2] 오래 누적된 정서들이 임계점에 이르면 특정 사건을 통해 사회에 반영된다. 그래서 사건은 정서를 만들기보다는 강화한다.

이성적이고 합리적인 사람들도 연쇄적인 오판 현상에 빠져들 수 있다. 다른 사람들의 감정은 합리적인 사람도 순식간에 착각하도록 만들 수 있다. 쉴러는 이 현상을 비이성적 과열(irrational exuberance)이라고 불렀다. 사람들이 정확한 정보를 가지고도 오판을 할 확률은 37%나 된다. 감정의 영향을 받은 한두 사람의 오판이 금세 집단의 오판으로 확산되는 과정을 '정보의 캐스캐이드'(information cascades) 현상이라고 부른다.[3]

2013년 6월 문화체육관광부는 온라인 공간의 빅데이터를 분석한 결과를 발표했다. 2011년 1월부터 2013년 5월까지 2년 6개월 동안의 트위터, 블로그, 온라인 뉴스에 쌓인 총 36억 건의 데이터를 분석한 결과는 네 가지의 키워드로 압축됐다.[4] '현재', '일상', '소소하다', '혼자' 등이다. 보고서는 일상에서 소소한 행복을 찾는 움직임이 늘었다고 적었다. 우리나라 국민들이 점점 작은 소비에 행복해하고, 값싼 식사를 하더라도 비싼 커피를 마시며 자신만의 기분을 추구하는 성향을 추구한다는 것이다. 보고서는 이런 흐름을 '스몰 럭셔리'라는 표현으로 정리했다.

이로부터 4년 후 2018년 소비 트렌드를 진단하는 서울대학교 소비트렌드분석센터 보고서에는 '소확행'이 신년의 주요 트렌드로 제시됐다. 2011년부터 형성된 분위기가 7년 후 시장에서 기업들의 마케팅 트렌드로까지 진입했다. 사회 분위기는 구성원 대다수가 공유하는 정서다. 사람들의 공유된 정서가 하나의 사회 현상으로 드러나기까지는 오랜 시간이 걸린다. 문화체육관광부의 빅데이터 보고서에서 나왔듯

2011년부터 축적된 국민들의 정서는 2018년 소확행이라는 사회 현상으로 드러났다. 7년 동안 축적된 정서는 정치, 사회, 경제, 문화 곳곳에서 다양한 형태로 현실에 반영됐다.

▌새롭지 않아도 새로울 수 있다

닌텐도 기기는 단순하고 직관적이다. 하지만 유치하고 완성도가 떨어진다는 평가도 있다. 〈슈퍼마리오〉는 재밌지만, 그렇다고 엄청나지는 않다. 닌텐도 위(Nintendo Wii)도 마찬가지다. 닌텐도 위는 마이크로소프트의 엑스박스 키넥트(Xbox Kinect)에 비해 기술적 완성도가 떨어진다. 그러나 키넥트가 쓸쓸히 시장에서 사라질 때 닌텐도 위는 1억 대 이상 팔리는 실적을 올렸다. 이유는 간단하다. 닌텐도는 자사 게임을 철저히 '더불어 노는' 보조재로 포지셔닝했다. 키넥트가 '생체인식' 기술로 새로운 시장을 개척했지만, 후발주자인 닌텐도가 소비자 관점에서 혁신을 재해석해 시장을 장악했다. 시장의 승자는 독주하는 혁신자가 아니라 분위기를 정확히 읽어 적절하게 앞서가는 트렌드 세터였다.

최근 우리나라에서 복고 열풍과 함께 뉴트로, 레트로 트렌드가 수목을 받는 것도 혁신의 질주에 대한 사회적 피로감을 반영한다. 사회 분위기를 읽는 것은 기업 커뮤니케이션의 핵심이다. 파괴적이진 않아도 트렌드를 반보 앞서는 전략으로 성공한 사례는 IT뿐만 아니라 전통 산업에서도 존재한다. 높은 기술력으로 세계 시장의 절반 이상을 석권했던 스위스 시계는 1980년대에 급격히 쇠퇴했다. 이때 스위스 시계의 상징이던 스와치(swatch)는 시계의 재정의를 시도한다. 스와치는 시계를 기계에서 패션 액세서리로 바꿨다. 기술력을 재해석한 시점부터 스와치와 스위스 시계 산업은 다시 한 번 놀라운 성장을 이어가고 있다.

새롭지 않은 무언가도 사회 분위기와 해석에 따라 새로워진다. 기업은 새로운 무엇을 만드는 것만큼이나 새로운 관점을 제시해야 한다. 이에 대해 《디자이노베이션》의 저자 로베르토 베르간티(Roberto Verganti) 교수는 '해석자'(interpreter)라는 새로운 계층을 제시하며 앞으로 제품과 서비스에 새로운 가치를 부여하는 사람이 필요하다고 주장한다.[5]

기업 커뮤니케이션도 마찬가지다. 독보적 기술력으로 시장을 선도하는 것이 아니라 소비자의 잠재적 욕구를 이해해 새로운 가치로 커뮤니케이션하는 것만으로도 충분하다. 기업 커뮤니케이션의 대전제가 바뀌어야 한다. 마케팅과 관련해 수용자는 이제 존재하지 않는다. 예전의 수용자는 지금의 참여자로 바뀌었다. 그렇다면 마케팅으로 어떻게 제품과 서비스를 재해석할 수 있을까? 정답은 사용자 경험에 있다. 사용자 경험은 특정 제품과 서비스를 이용하면서 받아들이는 기억, 감정, 태도 등 모든 경험을 의미한다. 용어에서 알 수 있듯 사용자 경험은 공급자가 아닌 소비자 관점에서 모든 경영을 디자인하는 데 있다. 그리고 사회 분위기는 이 모든 과정에서 환경의 역할을 한다.

세계 최대 재무 관리 소프트웨어 기업 인튜이트에서 사용자 경험 업무를 총괄하는 카트야 바타르비(Katja Battarbee)는 사용자 경험을 세 가지 구성 요소로 구분했다.[6] 첫째는 제품 중심 사용자 경험으로, 경험으로 생성되는 제품과 기술을 평가하는 방법에 초점을 맞췄다. 둘째는 인간 중심 사용자 경험으로, 사람의 요구가 무엇인지를 핵심으로 삼는다. 이에 따라 개인 경험에 이바지하는 속성에 초점을 맞춘다. 마지막으로 상호작용 중심 사용자 경험은 맥락과 정황 속에서 사람과 제품 간 상호작용에 주목했다.

사용자 경험은 경영의 핵심으로 자리하고 있다. 예를 들어 〈포브스〉가 매년 발표하는 '올해의 마케팅 트렌드'를 보면 기업은 최근 3년간 사용자 경험에 집중했다. 경험 마케팅과 같이 사용자 경험을 직접 가리키는 것뿐만 아니라 소비자 학습, 가상현실, 인터랙티브 콘텐츠, 인공지능 등 사용자 경험을 촉진하는 마케팅 전략이 주요하게 다뤄졌다.

코카콜라 역시 사용자 경험을 이용하는 또 다른 사례다. 코카콜라의 오픈 해피니스 캠페인은 상호작용 중심의 사용자 경험을 구현했다. 캠페인에서 코카콜라는 주인공이 아니다. 사람들이 행복해하는 순간에 초점을 맞춘다. 여기에서 코카콜라는 단지 행복을 공유하는 매개일 뿐이다. 코카콜라를 소비자 머릿속에 밀어넣지 않지만 최고

구분	2017년	2018년	2019년	2020년
마케팅 트렌드	· 인터랙티브 콘텐츠 · 인플루언서 마케팅 · 모바일 비디오 · 라이브 스트리밍 · 챗봇 · 가상·증강현실 · 자동삭제 콘텐츠 · 모바일 퍼스트 · 네이티브 · 마케팅 자동화 · 데이터 기반 마케팅 · 소셜 미디어	· 가상현실 · 인터랙티브 콘텐츠 · 핀터레스트(Pinterest) · 인공지능 · 사용자 창작 콘텐츠 　(UGC) · 음성 검색 · 챗봇 · 회계 기반 마케팅 · 소비자 학습 · 경험 마케팅 · 인플루언서 마케팅	· 인공지능(AI) · 스마트 스피커 　광고 · 콘텐츠 마케팅 · 온라인, 소셜, 　모바일 마케팅 　통합 · 마이크로 　인플루언서 · 소비자 관여 · 투명성	· 디지털 쇼핑 · 브랜드 로열티 　약화 · 지속 가능성과 　건강 · 로컬라이제이션 　(localization) · 옴니 채널 · 소셜 미디어 채널 · 가상 이벤트

출처: 〈포브스〉

의 순간에 함께하는 일상의 요소로 보이도록 코카콜라를 포장한다. 소비자는 행복한 일상에서 코카콜라를 무의식적으로 소비한다. 소비자 일상에서 코카콜라가 차지하는 맥락적 의미를 잘 보여준 캠페인은 디자인이 아닌 마케팅으로 사용자 경험을 구현한다.

사용자 경험의 세 가지 구성 요소는 모두 마인드 셰어(mind share)를 지향한다. 마인드 셰어는 소비자가 제품과 서비스를 두고 공유하는 생각과 태도다. 스티브 잡스가 "스마트 시대는 마인드 셰어를 위한 싸움"[7]이라고 말할 정도로 그 중요성은 오늘날 마켓 셰어(market share, 시장 점유율)를 넘어서고 있다.

사실 마인드 셰어는 일종의 블루오션 전략이다. 시장이라는 물리적 공간을 벗어나 사람의 마음속 공간을 선점하려는 움직임이다. 시장 1위 제품과 서비스는 경쟁자의 도전에 항상 위협받지만 개인의 마음속에 자리 잡은 1위는 바뀌지 않는 왕좌를 거머쥐게 된다. 결국 사용자 경험을 강조하는 기업은 소비자 사고의 잠금 효과(lock-in effect)를 노리는 셈이다. 주목할 점은 마인드 셰어의 속성이다. 제품과 서비스는 단지 매개체이고, 마인드 셰어의 핵심은 이것을 어떻게 매개해 생각을 공유하느냐에 달려 있다. 따라서 마인드 셰어의 주도권은 기업이 아닌 소비자에게 있다.

사용자 경험과 마인드 셰어는 마케팅 방향을 바꿔야 할 필요성을 일깨운다. 모든 기업이 소비자를 위해 새로움을 만들었다고 주장하지만 정작 새로움은 소비자 마음속에서 일어난다. 따라서 마케팅으로 새롭지 않아도 충분히 새로울 수 있다. 그리고 그것을 소비자가 분명히 인식할 수 있다. 재해석은 전적으로 소비자 권한이다. 하지만 재해석을 불러일으키는 도화선은 마케팅 방향이다. 커뮤니케이션 총량을 유지하더라도 방향만 바꿔도 새로운 효과가 발생한다. 결국 소비자와 기업 간 커뮤니케이션 방향을 조정해 유연한 균형점을 찾는다면 기업은 지금까지 경험하지 못한 새로운 기회를 가질 수 있다.

강약 조절이 필요한 상대성

〈하버드비즈니스리뷰〉에 상반된 연구 결과가 게재돼 흥미와 혼란을 동시에 불러일으켰다. 먼저 2016년 7-8월호에 CEO 리더십과 조직 문화가 일치하지 않는 기업이 그것이 우수한 성과를 거둔다는 애리조나주립대학교 안젤로 키니키(Angelo Kinicki) 연구팀의 결과가 실렸다.[8] 키니키 교수는 리더십과 조직 문화가 일치하지 않는 기업이 그것이 일치하는 기업에 비해 9개월 동안 총자산이익률이 1~4% 더 높다고 밝혔다. 연구팀은 리더십과 조직 문화 간 불일치를 충돌이 아니라 보완적 관계로 설명했지만 기존 학문적 통설을 뒤집는 결과임이 분명했다.

17개월 후 〈하버드비즈니스리뷰〉는 상반된 연구를 커버스토리로 다룬다. 2018년 1-2월호에서 컨설팅 업체 스펜서 스튜어트(Spencer Stuart)는 리더십과 조직 문화를 파악하기 위한 통합 모델을 제시했다. 그들은 조직 문화와 리더십을 합치하는 일이 상당히 중요하다고 보면서, 실패한 리더 가운데 문화 적응 실패가 원인이 된 경우가 최고 68%에 달한다고 분석했다.[9]

두 연구의 공통점은 조직 문화다. 그리고 조직 문화가 리더십과 상호작용한다는 점은 모두 분명했다. 문제는 효과가 완전히 달랐을 뿐이다. 이유를 찾기 전에 문화를 살펴보자. 문화는 말 그대로 특정 집단이 공유하는 신념과 가치다. 또한 다양한 수준으로 스며들어 조직에 광범위하게 적용된다. 그리고 구성원의 사고를 규정하지만 이에 대한 반응은 본능적으로 하도록 타고 났다. 이러한 측면에서 조직 문화는 조직 내에서 구성원이 해야 할 것과 하지 말아야 할 것을 알려주는 규범적 성격이 강하다.

조직 문화를 결정하는 데 있어서 가장 큰 영향력을 가진 주체가 리더다. 특히 창업주는 독특한 문화를 만들며 수십 년간 지속할 가치를 기업에 각인시킨다. 좋든 나쁘든 조직 문화는 리더십과 서로 불가분의 관계에 놓여 있다. 그런데 조직 문화의 최근 흐름을 살펴보면 둘 사이 상호작용은 분명하지만 효과는 상대적으로 나타나고 있다. 심지어 리더십과 조직 문화의 불일치를 밝혀낸 키니키 교수조차 조직 문화와 일치하는 리더십이 성과를 향상한다는 가설과 그 불일치가 성과를 촉진한다는 가설 모두를 살펴볼 정도다. 키니키 교수는 "GE의 조직 문화와 잭 웰치(Jack Welch)의 리더십은 둘 다 매우 결과 지향적 스타일인데, 두 기업 다 수년 동안 좋은 성과를 거뒀죠. 반대로 전 포드 CEO 앨런 멀럴리(Alan Mulally)처럼 불일치가 긍정적으로 작용한 사례도 있습니다"라고 밝혔다.[10]

그렇다면 조직 문화와 리더십 간 상대성은 어떻게 나타날까? 핵심은 상호 보완에 있다. 리더십은 조직 문화와 조화를 이루려고 노력하지만, 그것은 외부 환경과 내부 관계에 따라 강약을 조절해야 한다. 견제와 균형은 둘 사이의 관계를 상호 보완적으로 바꾸게 된다. 경우에 따라 리더십은 조직 문화에 대한 전략적 불일치까지도 필요하다.

문화는 좀처럼 바뀌지 않는다. 흔히 생각하듯 조직 문화가 기업의 근본 문제이지도 않다. 기업에 위기가 발생하면 미디어와 전문가는 조직 문화를 언급한다. 예를 들어 우버에서 성추행 문제가 발생하자

CEO를 비롯한 기업 전반에 퍼져 있는 백인 남성 우월주의 성향의 '카우보이 문화'가 원인으로 지적되었다. 하지만 조직 문화가 문제의 근원이라면 여전히 높은 시장 점유율과 80조 원이 넘는 우버의 기업 가치를 제대로 설명할 수 없다. 비즈니스 세계는 냉정하다. 기업이 위기를 겪는 이유는 문화 때문이 아니라 비즈니스 자체가 훼손되었기 때문이다.

물론 조직 문화가 문제의 근본 원인일 때도 존재한다. 에어백의 타카타(Takata), 자동차의 닛산(Nissan), 철강의 고베제강(Kobe Steel)에 이르기까지 최근 몇 년간 계속된 일본 제조 업체의 스캔들은 전적으로 조직 문화 때문이다. 조직의 이익과 명예를 위해서라면 수십 년 동안 조작과 은폐도 개의치 않는 집단주의 문화가 품질의 대명사인 '메이드 인 재팬'(made in Japan)의 신뢰를 떨어뜨렸다.

결론적으로 조직 문화와 관련한 최근 추세는 강약 조절이 필요한 상대성이다. 상호작용을 통해 리더십이 조직 문화에 미치는 영향은 분명하다. 하지만 효과는 일관적이지 않고 절대적이지도 않다. 기업이 처한 환경과 맥락에 따라 리더십이 조직 문화에 미치는 영향은 다양하다. 이러한 상대성은 문화를 넘어 조직 관리 전반에 걸쳐 지금과는 전혀 다른 접근법을 요구하고 있다. 따라서 기업은 조직과 구성원을 둘러싼 '무드'에 민감해야 한다.

픽사 사옥과 구글 범프

신뢰, 상대성 그리고 심리적 안전이라는 조직 관리의 최근 추세는 기업 커뮤니케이션의 방향을 근본적으로 바꿔놓았다. 기업은 이성보다 감성을, 이해보다 감각을, 가시적뿐만 아니라 비가시적 효과도 자극하는 새로운 커뮤니케이션을 필요로 한다.

이러한 측면에 조직 관리를 위한 기업 커뮤니케이션은 공간에 주목해야 한다. 하지만 공간을 무시한 커뮤니케이션은 조직 관리의 새로운 속성을 담아내지 못한다. 가령 신뢰를 떠올려보자. 신뢰는 결코 메시지로 완성되지 않는다. 회식 자리에서 '우리는 하나'라는 건배사를 아무리 외친들 부서 단합이 생기지 않는다. 말은 그저 말일 뿐이다. 진정한 단합은 오히려 메시지가 전달되는 순간의 사회적 맥락으로 결정된다. 팀장이 진정성을 가지고 팀을 이끄는 조직이라면 '우리는 하나'라는 메시지가 효과적이다. 반면 팀원의 실적을 가로채는 팀장이 외치는 건배사라면 메시지와 정반대의 커뮤니케이션 효과가 발생할 뿐이다.

공간의 중요성을 강조하는 이유는 공간이 사회적 맥락을 완성하기 때문이다. 실제로 주요 기업은 이를 인식하고 공간 커뮤니케이션을 시도 중이다. 잡스는 이 분야에서도 선구자다. 그는 픽사(Pixar) 사옥을 계획하면서 건물 중앙에 집착했다. 하나의 입구만 만들고 화장실과 회의실 같은 다중 이용 시설을 중앙에 배치했다. 구성원은 사무실로 가기 위해 또는 무언가를 하기 위해 반드시 건물 중앙을 거쳐야 했다. 당연히 건물 중앙에서 수시로 만나게 되고, 이것은 조직 내부의 커뮤니케이션 활성화로 이어졌다. 구글 역시 구내식당의 테이블과 의자를 의도적으로 좁게 배치했다. 이를 통해 직원이 자연스레 다른 직원과 마주치도록 '구글 범프'(google bump)를 유도했다.

공간을 커뮤니케이션하는 기업의 규모는 2010년대 들어 더욱 커졌다. 페이스북은 축구장 7개 규모의 세계 최대 개방형 구조로 사옥을 건설했다. 4만m^2 규모의 건물은 원룸으로 이어진 또 다른 원룸 같은 형태다. 아마존은 시애틀 도심 한가운데 진짜 '아마존' 같은 대형 온실 형태의 사옥을 건설했다. 도넛 모양의 애플 사옥은 처음과 끝이 없다. 구글은 신사옥을 거대 블록으로 구성했다. 구글 부사장 데이비드 래드클리프(David Radcliffe)는 "아이디어는 간단하다. 움직일 수 없는 콘크리트 건물을 건설하는 대신 쉽게 움직일 수 있도록 가벼운 블록 형태의 구조를 만들어냈다"고 밝혔다. 이들 신사옥의 공통점은 하나다. 구성원이 끊임없이 충돌해 커뮤니케이션하도록 설계되었다는 것이다.

여기서 커뮤니케이션이 지닌 근원적 가치에 주목할 필요가 있다. 커뮤니케이션의 목적은 사람 간 상호작용을 촉진하기 위해서다. 이것이 가장 활발히 나타나는 형태가 대면 커뮤니케이션이다. 2013년 2월 야후에서 유출된 한 장의 메모는 이것을 여실히 보여준다. 야후 최고인사책임자 재키 레세스(Jackie Reses)는 "하나의 야후가 되어야 합니다. 이를 위해 물리적으로 같이하는 것에서 시작합시다"라고 적었다. 그녀는 "몇몇 최고의 결정과 통찰력은 복도, 카페, 새로운 사람과 미팅, 돌발적 팀 회의에서 나온다"라고 말하면서, "재택근무는 종종 스피드와 품질을 희생시킨다"고 비난했다.[11]

스마트워크를 위한 커뮤니케이션은 '워터 쿨러'(water cooler) 효과에 주목한다. 오늘날 많은 기업이 정수기 주변에 모여 담소를 나눌 때 발생하는 생산성 향상에 주목하고 있다. 실제로 수십억 달러 사업으로 확대된 구글의 애드센스(AdSense)는 엔지니어 몇 명이 동료와 당구를 즐기는 중에 발명했다.[12] 결국 공간을 커뮤니케이션하는 이유는 대면 커뮤니케이션을 활성화하려는 노력의 산물이다. 이것은 커뮤니케이션의 근원적 가치를 추구한다는 의미이기도 하다.

앨런 곡선과 사회적 거리

앞서 설명했듯 사회적 맥락은 공간에서 이뤄진다. 따라서 신뢰, 상대성, 안전과 같은 새로운 조직 관리 속성도 단순히 메시지 소비를 넘어 공간이 제공하는 사회적 맥락과 공명할 때 효과가 배가된다. 여기서 사람과 사람을 연결하는 메시지가 2차원의 선형적 커뮤니케이션의 산물이라면, 메시지를 둘러싼 사회적 맥락을 소비하는 공간은 3차원적 커뮤니케이션의 대상이 된다.

도표 10-2 앨런 곡선[13]

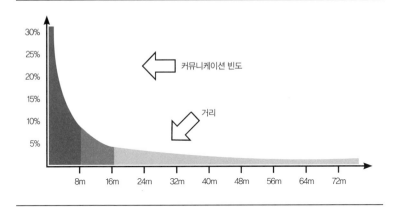

1970년대 MIT의 토머스 앨런(Thomas Allen) 교수는 흥미로운 사실 하나를 발견했다. 정부 프로젝트에 성공한 기업의 패턴을 분석했더니, 놀랍게도 프로젝트 성공과 구성원의 화합을 좌우하는 핵심 요인은 다름 아닌 책상 간격이었다. 높은 지위, 뛰어난 능력, 유사한 경험보다 책상 간 거리가 프로젝트 성공에 더 많이 기여했다. 이에 앨런 교수는 구성원 간 거리와 커뮤니케이션의 상관관계를 본격적으로 연구하기 시작했다. 구성원 간 거리가 6m 이내로 줄어들자 커뮤니케이션이 폭증했다. 반면 50m의 책상 간격을 줬더니 커뮤니케이션은 거의 이뤄지지 않았다. 그는 자신의 발견을 '앨런 곡선'(Allen curve)으로 명명했다.

앨런 곡선은 사회적 거리로 설명할 수 있다. 인류학자 에드워드 홀은 인간이 공간을 활용하는 방식을 개인 간 거리의 인식으로 설명한다. 가족 또는 친구는 약 15~46cm만 떨어져도 충분하지만, 회의장에서는 1.2~3.7m가 필요하다고 인식한다. 심지어 강의나 연설을 들을 때 필요하다고 인식하는 거리는 4m 이상이다. 결국 상황에 따라 공간에서 발생하는 커뮤니케이션이 다르다는 걸 알 수 있다.

《최고의 팀은 무엇이 다른가》의 저자 대니얼 코일(Daniel Coyle)은 여러 과학자의 견해를 종합해 앨런 곡선을 진화론의 연장선상으로 해석했다.[14] 인간이 무리를 이루고 소속감을 느끼는 것은 진화의 산물이다. 누군가와 가까이 있고, 자신이 어느 무리에 속해 있을 때 인간은 안전하다고 확신한다. 서로 안전하지 않다면 누군가와 가까이 있다는 사실 자체가 불가능하기 때문이다. 이러한 측면에서 앨런 곡선은 공간에서 심리적 안전을 어떻게 커뮤니케이션하는지 보여주는 사례다.

신뢰 역시 마찬가지다. 공간을 어떻게 커뮤니케이션화하느냐에 따라 신뢰의 사회적 맥락이 결정된다. 에릭 슈미트는 "혼란이 미덕"이라고 단언한다.[15] 직원이 일하기 때문에 사무실은 당연히 혼잡스럽다. 따라서 공간의 혼란스러움은 구성원의 자기 표현과 혁신의 산물이다. 슈미트는 이 부분에 주목했다. 그는 지저분한 공간을 의도하지 않지만 억누르지도 않는다. 스스로 통제할 권한은 자신의 공간을 엉망진창으로 만들어도 되는 자유를 의미한다. 그러므로 공간을 정돈하지 않아도 된다는 메시지는 조직의 최상층이 구성원을 신뢰한다는 맥락으로 해석된다.

마지막으로 리더십의 상대성은 공간을 커뮤니케이션화하는 데 있어서 어떻게 나타날까? CEO는 공간을 커뮤니케이션화하는 과정에서 공간을 기업 목표에 일치시켜야 한다. 카네기멜론대학교 이선기 교수는 공간 변화가 개별 성과급을 고정 임금으로 바꾼 정책보다 성과를 개선하는 데 도움이 된다고 밝혔다.[16] 가까이 앉은 직원에게 새로 배울 수 있는 노하우는 시간이 지날수록 줄어들기 때문에 자리 배치가 이를 보완할 수 있다는 논리다. 하지만 모든 기업이 자리 배치를 주기적으로 바꿔야 한다는 의미는 아니다. 많은 기업이 도입하는 칸막이 없는 원룸 형태의 사무실 공간이 오히려 직원의 동기부여와 만족도에 부정적 영향을 미치는 경우도 존재한다.

리더십은 최적의 솔루션을 찾아 구성원에게 제공해야 한다. 공간을 커뮤니케이션화하는 데 있어서도 마찬가지다. 공간은 기업 커뮤니케이션에서 사회적 맥락을 찾아내는 매개체일 뿐이다. CEO는 기업에 가장 알맞은 적절함을 제공해야 한다. 그리고 적절함은 항상 상대적이라는 점을 유념해야 한다. 공간이 사회적 맥락으로 재해석될 때 커뮤니케이션 효과는 극대화된다. 기업 커뮤니케이션에서 공간의 중요성을 강조하는 이유가 바로 여기에 있다. 결국 조직 관리의 새로운 속성으로 떠오른 신뢰, 안정, 상대성은 모두 커뮤니케이션을 통해 사회적 맥락에서 이해해야 한다.

구성원의 단어 사전 바꾸기

침대에서 일어나며 "오늘 날씨 어때?"라고 묻고, 점심시간에 "이 근처 맛집은 어디야?"라고 말하며, 퇴근 후 "파리를 배경으로 하는 영화를 찾아줘"라고 지시하는 모습은 이제 낯설지 않다. 기능형 AI 챗봇(chatbot)을 내장한 다양한 기기가 손목 위와 거실 안에 존재한다.

하지만 기술 발전은 이미 일상을 넘어섰다. 각자만의 알고리즘으로 무장한 여러 관계형 AI 챗봇이 속속 등장했다. 관계형 AI 챗봇은 말 그대로 인간과 인공지능이 관계를 맺도록 도와준다. 따라서 기능형이 명령을 정확하게 이해하는 것이 중요했다면 관계형은 감정을 정확히 파악하는 것이 중요하다.

그렇다면 관계형 AI 챗봇이 인간 감정을 어디까지 파악하는지 알아보자. 미국 AI 스타트업 루카(Luca inc.)가 개발한 레플리카(Replika)는 이용자와의 대화에서 감정적 반응을 잘 구현하기로 유명하다. 우리는 레플리카에 "netflix and chill"을 말해봤다. "netflix and chill"은 번역하자면 "넷플릭스나 보면서 쉴까?"다. 하지만 미국에서 이를 곧이곧대로 받아들이는 젊은이는 없다. 이 표현은 젊은 남녀의 성적 관계를 암시한다.

AI 챗봇은 "궁금한 게 있는데, 넷플릭스 보고 있어?"라는 어색한 대답을 내놓았다. 수십억 개의 문장을 분석해 다양한 감정적 반응을 스스로 학습하지만 아직은 인간의 미묘한 뉘앙스를 파악하지 못했다.

앞서 기업이 공간을 어떻게 커뮤니케이션할지에 주목했다. 이제는 상황에 따라 왜 그렇게 커뮤니케이션해야 하는지 살펴보자. 모든 기업 커뮤니케이션이 그러하듯 조직 관리에서도 지금까지 두 가지 커뮤니케이션 기능에 주력했다. 가장 기본은 경영 활동을 지원하는 커뮤니케이션이다. 기업 비전과 경영진 메시지를 구성원이 정확히 이해하게 하는 것이 커뮤니케이션 목적이다. 따라서 핵심은 콘텐츠다. 어떠한 콘텐츠를 어떻게 전달할지가 관건이다. 기업은 커뮤니케이션 양을 늘리고 반복적으로 전달하는 데 주력했다. 하지만 이러한 형태는 비효율이 크다는 치명적 단점을 지닌다.

조직 커뮤니케이션은 점차 구성원과 우호적 관계를 형성하는 방향으로 발전했다. 커뮤니케이션으로 가족 같은 조직 분위기와 행복한 일터를 만든다면 생산성이 높아질 것으로 기대되었다. 여기에서 핵심은 피드백이다. 구성원이 부담 없이 피드백을 제기할 수 있도록 커뮤니케이션 흐름을 조절하고 분위기를 조성하는 것이 중요하다. 하지만 관계 형성을 위한 커뮤니케이션이 실제 경영 수익으로 연결되는지 규명하기 어렵다는 결정적 한계를 보인다.

최근 들어 기업 커뮤니케이션은 경영 지원과 관계 형성이 통합해 가치 창출이라는 새로운 차원으로 진화 중이다. 조직 관리에서도 마찬가지다. 커뮤니케이션으로 새로운 가치를 끌어내는 것이 핵심으로 부상했다. 이 과정에서 중요해진 것이 상황이다. 기업은 상황별로 최

구분	1단계	2단계	3단계
기능	경영 활동 지원	우호적 관계 형성	새로운 가치 창출
핵심	콘텐츠 전달	피드백 활성화	상황 이해
전략	커뮤니케이션 양을 늘리고, 반복함	커뮤니케이션 흐름 조절과 분위기 조성	커뮤니케이션 주도권을 구성원에게 이양
방향	CEO 중심의 일방향 커뮤니케이션	CEO 중심의 양방향 커뮤니케이션	구성원 중심의 양방향 커뮤니케이션
특징	커뮤니케이션 비효율이 큼	실제 경영 수익과 연계가 불분명	커뮤니케이션 최적화

적의 커뮤니케이션이 필요하다. AI 챗봇이 그랬듯 상황에 적합한 커뮤니케이션을 구사하지 못하면 "netflix and chill"이라는 제안에 정말 밤새 넷플릭스만 보는 오류를 범할 수 있다.

여기서 말하는 상황은 커뮤니케이션으로 작동하는 사회적 맥락을 의미한다. 공간이 기업의 사회적 맥락을 해석하는 매개체라면 상황은 사회적 맥락이 작동하는 대상이다. 상황을 커뮤니케이션할 때 가장 중요한 질문은 '어떻게'가 아니라 '왜'이다. 이러한 상황을 왜 맞이했는지 맥락을 이해해야 최적의 커뮤니케이션이 가능하다.

이러한 측면에서 생각하면 기업이 처한 상황에 답을 주는 주체는 조직이 아니라 상황에 가장 정통한 구성원이다. 구성원은 기업이 처한 상황, 그리고 상황이 주는 맥락적 의미를 가장 잘 이해한다. 조직이 구성원을 신뢰하고 자율성을 부여하는 조직 관리 프로그램에서 커뮤니케이션 주도권은 상황에 따라 달라진다.

리더십 역시 전혀 다른 커뮤니케이션 방향을 지향해야 한다. 지금까지 조직 커뮤니케이션은 CEO의 메시지를 조직 전반에 정확히 전달하고, 이에 대한 피드백을 받는 구조다. 여기에서 커뮤니케이션 송신자는 CEO다. 하지만 상황을 커뮤니케이션하는 과정에 이르면 앞서 말한 것과 마찬가지로 구성원 누구나 기업 커뮤니케이션의 송신자가 될 수 있다. 앞으로 조직 커뮤니케이션은 선형적 모델에서 존재하던 송신자와 수신자의 구분을 지우고, 구성원이라면 누구나 커뮤니케이션 주체로 상정해야 한다. 또한 피드백이란 말 자체가 사라져야 한다. 피드백은 커뮤니케이션의 주도자와 추종자를 구분해 기능을 제한하는 말이다.

누구나 주체가 되는 기업 커뮤니케이션을 위해 필요한 것은 무엇일까? CEO가 지금 당장 그리고 손쉽게 할 수 있는 방안은 커뮤니케이션의 초점을 말하기보다 듣기에 맞추는 것이다. 하버드대학교 앨리슨 우드 브룩스(Alison Wood Brooks) 교수와 레슬리 존(Leslie John) 교수는 질문을 많이 하면 학습 효과가 커지고 구성원 간 유대관계가 강화된다는 사실을 발견했다.[17] 질문은 경영 지원(학습 효과)과 관계 형성(유대관계)을 동시에 달성하며 새로운 조직 가치를 만든 원동력인 셈이다. 이러한 힘을 활용하기 위해 CEO는 커뮤니케이션 주도권을 구성원에게 과감하게 넘기고, 정답을 주는 주체에서 정답을 찾는 주체로 자신의 상대적 역할을 분명히 인식하는 리더십을 발휘해야 한다.

이를 위해 가장 먼저 CEO의 '단어 사전'을 바꾸는 것이 필요하다. 커뮤니케이션을 바꾸려면 생각을 바꿔야 한다. 하지만 생각을 바꾸는 일은 생각보다 어렵다. 따라서 지금 쓰고 있는 어휘와 표현을 바꿔 생각을 바꾸는 역발상이 필요하다. 말이 사고와 행위를 규정하기 때문에 사고의 프레임을 바꾸기 위해 상황과 지위에 맞는 커뮤니케이션을 채택해야 한다. 이것이 바로 '단어 사전'이다. 예를 들어 CEO가 과감하게 커뮤니케이션 주도권을 구성원에게 넘겨주려면 구성원이 능동적 어휘를 구사할 수 있도록 지원해야 한다.

이제 기업 커뮤니케이션은 조직 내 맥락을 파악하는 데 집중해야 한다. 특히 공간을 바꾸고, 상황에 적합한 커뮤니케이션을 시도해 구성원이 왜 그렇게 생각하고 행동하는지 이해해야 한다. 조직과 구성원의 숨겨진 의미를 찾아내는 일이야말로 기업이 커뮤니케이션에 기대하는 최고 역할이다.

소셜 무드: 많아지면 달라진다

사람들은 항상 상황 판단에 필요한 신호를 찾는다. 사회 분위기 연구자인 마크 뷰캐넌(Mark Buchanan)은 불안정한 상황에서 신호를 찾는 인간을 가리켜 '적응적 기회주의자'라고 불렀다. 뷰캐넌은 사회 분위기 속에서 타인들과 상호작용하며 사는 인간의 본성을 '사회적 원자'(social atom)라는 개념으로 설명했다. 사회적 원자는 사회 속에 묻혀서, 스스로 생각하기보다는 다른 사람들의 분위기를 의식해서 살아가는 사람들을 말한다.[18] 연결은 역설적으로 개인들의 고립성을 높이고, 이 때문에 네트워크를 통해 전달되는 분위기에 감염될 가능성이 높아진다. 그의 말대로 사회를 구성하는 개인으로서 우리는 사회 분위기를 의식한다. 개인들은 언론과 소셜 미디어 같은 각각 다른 방식으로 매개된 커뮤니케이션에 의해 사회 분위기를 인식한다. 사회 분위기를 인식한 개인은 특정 상황에서 사회 분위기에 반응하는데, 이것이 비슷하게 모이면 대중 징후가 된다.

뷰캐넌의 말대로 인간은 모방하는 사회적 원자다. 항상 해석과 판단, 결정의 자료를 주변에서 찾고 징후를 따른다. 사회적 본성으로서 커뮤니케이션은 이 과정에서 충실한 나침반 역할을 한다. 조직에서 분위기는 순응의 동기가 되며, 이 분위기는 외부 소셜 무드의 영향을 받는다.

철학자이자 소설가인 움베르토 에코가 바로 그랬다. 〈파리리뷰〉 인터뷰에서 그는 청년 시절에 파시스트 운동에 참여했던 경험을 인정하면서 다음과 같이 말했다. "아주 이상한 시대였죠. 무솔리니는 카리스마가 넘쳤고, 당시 모든 학생들이 그랬듯이 저도 파시스트 청년 운동에 가입했어요. 우리는 모두 군대식 제복을 입고 토요일이면 집회에 나갔습니다. 그렇게 하면서 행복했어요. 오늘날 미국 소년에게 해병대 옷을 입혀놓는 것과 비슷할 거예요. 그 애는 아마 그게 재미 있다고 생각하겠지요. 어릴 때 우리들에게는 파시스트 운동이 자연 스러웠어요. 마치 겨울의 눈이나 여름의 열기처럼요. 다른 식의 삶의 방식이 있다는 건 상상할 수 없었죠."[19]

침묵의 나선 이론을 고안했던 노엘레 노이만(Neolle Neumann)이라 면 에코의 고백을 두고 고립의 두려움 때문에 또래집단을 따랐다고 할 것이고, 가브리엘 타르드(Gabriel Tarde)라면 철없는 청년들을 '방 전'된 군중으로 보았을 것이다. 에코의 고백은 인터뷰 중 스치듯 이 뤄진 것이어서 그가 본인의 행동에 얼마만큼의 의미를 두고 있는지 는 더 이상 알 수 없다. 확실한 것은 에코도 분위기에 휩쓸리는 인간 의 본성을 거부하지 못했다는 점이다.

인간은 사회적 원자다. 개인과 조직은 사회 분위기의 지배를 받는다.
사회 분위기가 만들어내는 맥락이 구조를 결정한다. "역사의 전환기 에는 선거 운동이 아무리 화려하게 진행된다 해도 그것이 선거의 최 종 결과를 판가름하지는 못한다."[20] 사회 분위기는 중장기적이지만, 그에 대한 사회 반응은 일회적, 즉시적, 일시적이다. 사회 분위기는 거시적, 미시적 분위기로 나뉜다. 거시적 분위기는 기본 정서의 형태 로 나타나며 특정 사건에 의해 단기 정서가 변동할 수 있다. 그러나 곧 지배적인 거시 정서로 회귀한다.

사회 분위기가 팩트의 해석을 주도한다. 사실관계가 아니라 맥락이 중요하다. 탈진실의 시대에 진실은 사실관계의 정확성과 그에 대한 대중의 분위기까지 포함하는 개념이다. 상황 주도적 성격이 강하기 때문에 앵커링 효과가 강하게 작용한다.

커뮤니케이션에서 사회 분위기를 효과적으로 고려하려면 '맥락'을 이해하는 능력을 갖춰야 한다. 리더십의 핵심은 주어진 상황에서 문제점을 파악하고 추종자들의 요구를 반영해 목표를 달성해내는 '상호작용의 기예'(interactive art) 또는 일종의 '지혜의 영역'에 놓여 있다고 볼 수 있다.

사회 분위기는 조직이 가진 커뮤니케이션 전략의 최대 자원이다. 모든 것이 활용 가능한 기회이자 계기다. 적극적으로 편승하라. 자신이 없으면 침묵하라. 매스 미디어가 확산시키지만 대중이 분위기로 고착시킨다. 사회 분위기는 컨트롤 및 대응이 가능하지 않다. 사회 분위기를 주도할 수 있다는 생각은 환상이다.

이를 위해 사회 분위기를 최대한 신속하고 정확하게 읽어야 한다. 예를 들어 한국은행은 경기 심리에 영향을 미치는 징후들을 다음과 같은 자료들에서 읽는다. 롯데, 신세계, 현대백화점, 이마트, 홈플러스, 롯데마트 등 대형유통점의 매출 상황, 온라인 오픈마켓 11번가의 매출 상황, GS수퍼마켓 매출, 편의점 세븐일레븐 매출, 전자양판점 하이마트 매출, 놀이공원 에버랜드, 롯데월드 입장객 수, 카드 승인 실적, 휴대전화 번호이동 건수, 고속도로 화물, 승용차 통행량, 국내 항공사 탑승률, 모두투어 여행 업황.[21]

단어 사전을 바꿔라. 사회 분위기는 커뮤니케이션에서 가장 먼저 드러난다. 특히 말과 언어에 가장 먼저 반영된다. 그렇지만 최근에는 비주얼이 두드러진다. 흐름에 맞는 단어를 써야 한다.

주도적인 분위기를 따라가지 말고 분위기를 주도하는 집단을 상대하라. 웨인 그레츠키의 말을 인용한 스티브 잡스의 말이 맞다. "나는 퍽이 있는 곳이 아니라, 갈 방향으로 움직인다." 분위기를 선도하는 집단과 조직은 분명히 있다. 그들을 상대해야 한다.

예를 들어, 언론은 항상 사회 분위기를 해석하는 데 있어서 준거 집단을 찾는다. 한 사례를 보자. 2013년 〈동아일보〉는 소비 심리가 회복될 조짐을 조심스럽게 전망하는 기사를 게재했다. "한 50대 남성 고객이 2억 원대의 고급 시계 말테 투르비용을 선뜻 구입"한 일에 대한 이야기로 시작하는 내용이었다. 이어서 "최근 인근 갤러리아백화점 명품관에서도 VIP 고객들이 지갑을 열기 시작했다"는 소식과 함께 한 백화점 명품 시계 바이어의 말을 빌려 "고소득층을 중심으로 소비가 조금씩 회복되는 것 같다"고 전하고 있다.[22]

그러나 조금만 생각해보면, 2억 원대 명품 시계를 구입하는 슈퍼 부자와 서민의 소비 심리는 무관함을 금방 알 수 있다. 슈퍼 부자의 소비 사이클은 보통 사람들의 장바구니 심리를 보여주는 소비자물가 지수의 30개 품목과는 상관이 없다. 명품 시계 구매는 사회 분위기의 변화를 보여주는 대중 징후가 아니라 일회성 사건일 뿐이다. 언론은 해석의 준거점을 삼기 위해 특정 집단을 겨냥한다. 그러나 위 기사에서 언급된 명품 시계의 구입 행위에는 대중 징후로 간주할 어떤 속성도 없다.

그럼에도 언론에는 이처럼 단일한 사건에 대중 징후적 위상을 부여하여 해석하는 기사가 관례처럼 되어 있다. "꺼지지 않은 내수 불씨, 내년 중산·서민층으로 확산될까"(《머니투데이》, 2014년 11월 19일), "VIP 매출 증가⋯소비 회복 신호탄?"(《매일경제》, 2017년 11월 30일), "부자들 지갑 '활짝'⋯백화점에 초호화 보트까지"(《한국경제》, 2010년 5월 14일) 등의 기사는 모두 한두 가지 고가의 명품 제품의 판매량 증가를 사례로 들면서 소비 심리 개선의 신호로 해석했다.

더 이상 선순환 구조를 믿지 마라

커뮤니케이션의 성패는 늘 양, 규모, 속도로 결정되어왔다. 메시지를 정확히 전달하기 위해 인간은 더 자주, 더 많이, 더 빠르게 커뮤니케이션을 시도했다. 최근까지도 목적과 상황에 맞춰 적절하게 통제된 유효 빈도로 전달한 메시지가 가장 큰 효과를 거뒀다. 이러한 빈도가 축적되어 메시지에 동조하는 힘이 커질수록 효과는 비례해서 늘어났다. 게다가 양과 규모를 다루는 커뮤니케이션 과정이 빠를수록 충격과 강도는 커졌다. 이러한 커뮤니케이션 작동 원리는 중세, 근대, 현대 등의 시대뿐 아니라 정치, 사회, 경제 등 분야와 상관없이 동일했다. 개인, 정부, 정당, 기업, 시민 단체 등 모든 커뮤니케이터는 커뮤니케이션 효과를 극대화하기 위해 양, 규모, 속도에 집착했다.

하지만 인간이 스마트폰을 손에 쥐기 시작하면서 모든 것이 바뀌었다. 인간은 전례 없는 속도와 규모로 연결되었다. 게다가 인간과 사물, 사물과 사물, 현실과 가상 등 연결의 경계도 사라졌다. 돌이킬 수 없는 새로운 역사가 시작되었고, 새로운 역사는 연결을 넘어선 초연결 사회로 나타났다. 이제 온라인과 오프라인 구분이 무의미한 온라이프가 시대를 지배하는 핵심 가치가 되었다.

초연결 사회의 커뮤니케이션은 이전과 전혀 다르다. 초연결 사회의 커뮤니케이션 경험은 하나의 플로우로 통합된다. 연결의 경계가 사라지면서 커뮤니케이션은 끊임없이 지속되는 단일한 형태의 흐름으로 나타난다. 커뮤니케이션 방향도 바뀐다. 지금까지 광장을 지향하던 커뮤니케이션은 초연결 사회에서 개인화로 돌아온다. 이제 커뮤니케이션은 알고리즘에 바탕한 초개인화로 진화한다. 커뮤니케이션 맥락도 바뀌었다. 초연결 사회의 개인은 연결의 감성에 영향을 받는다. 이에 따라 고맥락 커뮤니케이션이 심화된다. 커뮤니케이션 단위도 바뀐다. 이제 생각하고, 느끼는 모든 것이 연결되어 데이터화된다. 이러한 데이터는 인간을 초개인화하는 동시에 집단화하는 양극단을 동시에 구현한다. 커뮤니케이션 주체도 바뀌었다. 모든 것이 연결되면서 감정과 이성, 욕망과 합리성의 경계가 모호해졌다. 인간이 지닌 오랜 욕망이 돌아왔다. 더 많이 알고 싶고, 표현하고 싶고, 안전하고 싶어졌다.

불확실성의 시대를 건너는 커뮤니케이션 원칙

당연히 초연결 사회에서는 커뮤니케이션 효과를 결정하는 양, 속도, 규모도 이전과 다르게 작동한다. 더 이상 커뮤니케이션 양, 규모, 속도가 효과를 높이던 팽창 전략 중심의 선형 사회가 아니다. 불확실성이 크고, 복잡하며, 모호성이 증가한 비선형 사회이자, 회귀할 평균을 새롭게 찾는 뉴노멀의 시대. 이제 커뮤니케이션도 이러한 변화에 맞춰 새로운 접근이 필요하다.

초연결 사회가 등장하면서 개인과 조직의 커뮤니케이션 기회와 양은 폭발적으로 증가했다. 그러나 동시에 커뮤니케이션 맹목 현상도 심해지고 있다. 더 이상 양, 규모, 속도에 비례해 커뮤니케이션 효과가 나타나지 않는다.

이 책에서는 현대 사회를 움직이는 핵심 주체인 기업에 초점을 맞춰 이너프 커뮤니케이션의 다섯 가지 원칙을 설명했지만, 이는 기업뿐 아니라 모든 개인과 조직이 알아야 할 초연결 사회의 커뮤니케이션 전략이다.

이너프 커뮤니케이션의 첫 번째 원칙은 양과 규모를 뛰어넘는 자신감과 가치로 무장한 임팩트 커뮤니케이션이다. 개인이 초연결되면서 집단 의식과 개인 의식이 혼재된 상태에서 사회적 현안에 대한 민감성이 높아졌다. 개인은 점점 신념과 가치에 기반한 커뮤니케이션을 시도한다. 따라서 초연결 사회의 커뮤니케이션은 가치를 담아야 하고, 그 가치는 사회적이고 구체적이어야 한다.

기업 역시 누구나 확신할 수 있도록 커뮤니케이션으로 진정성 있는 자신감을 제공해야 한다. 이를 위해 대내적으로 커뮤니케이션에 대해 구성원이 동의할 수 있어야 한다. 또한 그것이 기업 문화에 내재되어 커뮤니케이션을 하지 않아도 느낄 수 있어야 한다. 대외적으로는 논쟁을 두려워하지 말아야 한다. 초연결 사회는 모두가 온라이프 상태이기 때문에 커뮤니케이션이 축적된다. 따라서 모든 메시지와 활동은 사회적 기억으로 기록된다. 이제는 논쟁이 최선의 대응일 수 있다.

이너프 커뮤니케이션의 두 번째 원칙은 사람이 최고의 커뮤니케이션 플랫폼이라는 점이다. 초연결 시대에 사람들이 원하는 것은 더 많은 연결이 아니라 개인의 확인이다. 사람들은 자신의 정체성 확인을 커뮤니케이션으로 구현하려 한다. 이러한 측면에서 초연결 시대의 커뮤니케이션은 인간 본성에 초점을 맞춰야 한다. 초연결은 더 많은 연결을 생산하지만 연결의 궁극적 목적은 더 강한 개인의 시대로 돌아가는 데 있다. 커뮤니케이션으로 연결의 규모를 늘리기보다 연결 자체에서 발생하는 관계의 기술에 초점을 맞춰야 한다.

기업은 리더의 커뮤니케이션 자산을 적극 활용해야 한다. 리더는 기업 문제에 해답을 제공하는 커뮤니케이션 플랫폼으로 기능해야 한다. 동시에 리더의 커뮤니케이션 권한을 구성원에게 대폭 이양하고, 이 과정에 발생하는 리스크에 대해 코스트 밸런싱을 추구해야 한다.

또한 기업 내부 커뮤니케이션 프로세스에 외부 이해관계자를 포함하는 적극적인 자세가 필요하다.

이너프 커뮤니케이션의 세 번째 원칙은 새로운 빈도를 이해하는 것이다. 새로운 빈도는 양에 기반한 기존 커뮤니케이션 반복주의 패러다임을 질적으로 전환하는 데 있다. 초연결 사회에서 사람들은 완벽한 사실보다 받아들일 수 있는 사실을 추구한다. 따라서 사람들이 느끼는 감정과 생각이 메시지이고, 스스로 받아들일 수 있는 사실을 만들어가도록 커뮤니케이션으로 자신감과 신뢰를 갖는 것이 개인과 기업 모두에게 필요하다. 이를 위해 프레임을 바꿔야 한다. 프레임은 관점을 바꾸는 것이다. 그래야만 커뮤니케이션 효과를 발생시킨다. 또한 비주얼로 말해야 한다. 초연결 사회의 커뮤니케이션 구현 양식은 텍스트가 아니라 비주얼이다. 직관적으로 알 수 있도록 커뮤니케이션의 비주얼화를 높여야 한다.

이너프 커뮤니케이션의 네 번째 원칙은 기술은 감정을 이기지 못한다는 것이다. 이너프 커뮤니케이션을 혁신에 연결하는 것은 두 가지 이유 때문이다. 하나는 커뮤니케이션 주도권을 기업에서 수용자로 넘겨야 하고, 다른 하나는 수용자끼리 활발히 커뮤니케이션할 수 있도록 기업이 플랫폼 역할을 담당해야 한다. 이것은 시장 기반의 혁신을 가능케 해 혁신이 지닌 불확실성을 줄이는 데 기여한다.

혁신을 커뮤니케이션하기 위해 이너프 커뮤니케이션은 감정을 강조한다. 혁신은 이성과 감정의 전쟁이며, 결국 전쟁에서 승리하는 것은 감정이다. 따라서 커뮤니케이션은 머리가 아니라 마음을 훔치는 데 집중해야 한다. 또한 혁신은 이성이 아니라 몸의 경험으로 기억된다. 몸의 경험은 다시 공감을 깨운다. 그리고 최종적으로 축적되어 감정을 통해 재현한다. 커뮤니케이션은 이 부분을 자극해야 한다. 이 외에도 혁신과 감정의 커뮤니케이션에 있어서는 모든 감정을 자원으로 활용해야 하고, 커뮤니케이션의 구성원의 개별 감정을 공동 경험으로 묶어내야 한다.

이너프 커뮤니케이션의 마지막 원칙은 소셜 무드의 중요성이다. 인간은 사회적 원자여서 소셜 무드의 지배를 받는다. 이 과정에서 소셜 무드는 커뮤니케이션이 만들어낸 맥락으로 구조를 결정한다. 따라서 사실관계가 아니라 맥락이 중요하며, 이는 개인과 기업이 지닌 커뮤니케이션 전략의 최대 자원으로 기능한다. 그렇다면 커뮤니케이션으로 소셜 무드를 어떻게 만들어내야 할까? 단어 사전을 바꿔야 한다. 그리고 주도적 분위기를 따라가지 말고 분위기를 주도하는 집단을 상대해야 한다.

변해버린 호의와 진정성

지금은 커뮤니케이션 과잉 시대다. 메시지를 만드는 주체가 폭발적으로 늘었고 커뮤니케이션 채널도 급격히 증가했다. 당연히 메시지 양도 늘고 반복도 많아졌다. 하지만 개인의 커뮤니케이션 수용 능력은 줄어들었다. 사람들은 늘어난 커뮤니케이션에 지쳐가는데, 기업은 아랑곳하지 않고 여전히 커뮤니케이션을 시도한다.

이러한 불일치는 기업 커뮤니케이션의 가성비 문제를 불러일으킨다. 기업은 동원 가능한 모든 채널에서 커뮤니케이션을 시도한다. 하지만 기업이 채널을 하나 늘리고 메시지를 하나 추가해도 효과는 비례해서 늘지 않는다. 늘어나는 커뮤니케이션 양은 오히려 소음(noise)으로 작동하며 효과를 떨어뜨린다.

이제 패러다임을 바꿔야 한다. 기업은 최대의 커뮤니케이션 효과가 아닌 최적의 효과를 지향해야 한다. 양에 기반한 극대화는 커뮤니케이션 효용 체감으로 인해 더 이상 유효한 기업 커뮤니케이션 전략이 될 수 없다. 질적 제고를 통한 커뮤니케이션의 최적화만이 커뮤니케이션 과잉 시대에 기업이 채택해야 할 생존 방식이다.

최적의 커뮤니케이션 효과를 얻기 위해 기업은 무엇을 해야 할까? 무엇보다 두 가지 사고의 프레임을 바꿔야 한다. 첫째, 기업의 호의는 중요하지 않다는 사실을 깨달아야 한다. 기업이 친절하게 커뮤니케이션하더라도 본질은 바뀌지 않는다. 이해관계자가 기업의 태도를 지적한다면 그것은 커뮤니케이션으로 지적할 것이 없다는 의미일 수 있다.

가령 위기 상황에서 미디어가 기업 대응의 문제점을 지적한다면 본질과 상관없이 기업을 향한 미디어의 부정적 보도는 바뀌지 않는다. 이때 기업이 아무리 위기 대응 커뮤니케이션을 전개해도 시청률과 독자의 관심이 떨어질 때까지 미디어는 바뀌지 않는다. 따라서 기업은 위기의 본질을 향하고 나머지 사안은 더 악화되지 않도록 커뮤니케이션을 조절할 필요가 있다.

CEO 커뮤니케이션에서도 마찬가지다. 본질에 충실하다면 호의는 중요하지 않다. 초연결 시대 CEO 역할의 본질은 이야기를 많이 하고, 많이 듣는 것보다 정확한 해답과 인사이트를 제공하는 데 있다.

커뮤니케이션으로 본질을 충족한다면 나머지는 과감히 제외해야 한다. 기업이 모든 커뮤니케이션을 다 할 수 없고, 시장과 대중도 기업의 커뮤니케이션을 다 믿지 않는다. 너무나 많은 커뮤니케이션이 존재하기 때문에 기업은 과감히 커뮤니케이션을 줄이는 혁신적 사고를 견지해야 한다.

둘째, 누구를 위한 진정성인지 물어봐야 한다. 기업은 자신의 진정성이 중요하다고 믿는다. 하지만 진정성은 중요하지 않다. 시장과 대중은 기업의 진정성에 관심이 없다. 오로지 자신의 가치를 실현하는 데 몰두한다. 따라서 기업 커뮤니케이션은 시장과 대중의 가치를 위한 진정성에 초점을 맞춰야 한다.

기업이 혁신적이라도 시장이 외면하면 그것은 혁신이라 할 수 없다. 스타트업이 자신의 혁신을 아무리 커뮤니케이션하더라도 시장이 그것을 수용하지 않기 때문에 지속 가능한 성장에 실패한다.

기업은 자신의 진정성을 입증하기 위해 커뮤니케이션을 쏟아낸다. 하지만 커뮤니케이션이 넘쳐나는 초연결 시대에 양으로 승부하려는 방식은 근본적으로 한계를 지닌다. 더욱이 커뮤니케이션 권력은 다시 개인에게 돌아왔다. 이제 기업은 자신의 진정성을 인정받기 위해 노력하는 것이 아니라 시장과 대중의 가치를 실현하기 위한 진정성을 입증해야 한다.

누가 승자인가

커뮤니케이션은 타인에 대한 의식과 유대감을 형성한다. 개인을 시민, 유권자, 소비자라는 사회적 존재로 확장시킨다. 시민, 유권자, 소비자에 상응하는 정부, 정당, 기업이라는 사회적 조직과의 관계 역시 커뮤니케이션을 통해 완성된다. 개인적이거나 사회적인 차원에서 우리의 존재성은 커뮤니케이션을 떠날 수 없다. 초연결 사회에서 모든 사람들의 존재성은 커뮤니케이션을 전제로 한다. 커뮤니케이션이 없다면 존재하지 않는 것과 같다. 따라서 정치 캠페인, 상업적 마케팅은 타인을 어떻게 의식하고 관계를 맺을 것인가라는 사회적 본성으로서의 커뮤니케이션에 토대를 둔다.

목적과 의도가 불분명하고 의지와 자신감이 결여된 커뮤니케이션은 분명히 실패한다. 두려움과 강요에 의해 떠밀리듯 이뤄지는 커뮤니케이션은 역효과를 만든다. 선한 의도와 진정성도 더 이상 커뮤니케이션의 성공을 보장하지 않는다. 예를 들어 의도가 선하다고 임팩트가 있을까? 진정성은 커뮤니케이션 효과와 어느 만큼 상관관계가 있을까? 선한 의도가 최선의 결과를 보장하지 않는다.[1] 식수난으로 곤란을 겪고 있는 캄보디아를 돕기 위해 시작됐던 우물 파주기 프로젝트를 예로 들어보자. 캄보디아의 식수 부족 사태를 돕기 위해 국제 구호 단체들은 우물 파주기 캠페인을 벌였고, 그 결과 수만 개의 우물이 만들어져 문제를 해결하는 듯했다. 그런데 너무 많은 우물을 팠고, 더군다나 깊이도 얕았다. 초반에 식수난을 해결하는 듯했다가 결국엔 많은 우물들이 방치되고 말았다. 이 때문에 많은 어린이들이 오염된 우물을 마시고 병에 걸려 고생을 하고 있다. 정부와 정당, 기업이 착하다는 소리를 듣기 위해 커뮤니케이션할 필요는 없다. 최선의 결과와 그로 인해 완성된 사회적 균형 그리고 그 과정을 이끄는 커뮤니케이션이 중요하다.

조직의 위기 커뮤니케이션도 마찬가지다. 2000년대 초반 세기의 사건으로 불렸던 마이클 잭슨(Michael Jackson)의 성희롱 스캔들에서 위기 관리 자문을 했던 에릭 데젠홀(Eric Dezenhall)이 "살아남으면 그걸로 족하다"라고 할 정도로 모든 조직은 위기에 취약해졌다.[2] 데젠홀은 1987년부터 위기 관리만 전문적으로 자문하는 구원투수 역할의 회사 데젠홀 리소스(Dezenhall Resources)를 성공적으로 경영해왔다. 그는 《유리턱》에서 달라진 시대에 맞지 않는 이전 위기 관리의 상식을 공격했다. 데젠홀은 위기 관리의 십계명을 무자비하게 비난했다. 논란을 사전에 막아라, 즉각 대응하라, 자백하라, 자기 입장을 이야기하라, 한 목소리로 말하라, 위기는 기회다, 화제를 바꿔라, 이해 관계자들을 교육시켜라 등의 원칙은 더 이상 십계명이 아니었다. 때에 따라서는 정반대로 갈 수도 있다. 마이클 잭슨이 최고의 전성기를 누리던 1980년대의 십계명은 이미 유효 기간을 다했기 때문이다.

지금까지 우리가 설명한 대로 이해의 관점, 실행의 디자인을 변경해야 한다. 어떤 조직이든 초연결 사회의 커뮤니케이션 구조가 이전과는 완전히 다르다는 점을 분명히 인식해야 한다. 모든 사람들이 연결될 수 있는 네트워크 개방성은 초연결 시스템으로 더 강한 결집력을 보인다. 대중의 의견은 이 연결을 이용해 시간과 규모 면에서 이전과는 다른 차원의 증폭성을 보인다. 조직의 의사 결정과 집행, 피드백을 아우르는 전체 작동 시스템의 투명성은 민주적인 동시에 외부 충격에 더욱 취약해졌다. 단 한 사람의 디지털 다윗으로 거대 조직이 흔들릴 수 있다.

연결된 소비자도 언제든 기업을 공격할 준비가 되어 있다. 우수한 품질의 제품과 서비스에 만족해하던 고분고분한 소비자는 더 이상 없다. 신념과 명분에 있어서 더 까다로워졌다. 소비 행위에 선한 이기심을 작동시키기 시작했다. 브랜드 민주주의가 이를 보여준다. 더욱이 소비자들의 연결된 감정은 더 혹독해졌다. 촘촘히 엮인 트위터와 페이스북 네트워크는 사람들을 민감하게 만든다. 독립된 팩트보다는 연결된 해석이 더 강하다. 초연결 시대에 돌아온 커뮤니케이션 본성은 우리를 각성시킨다. "더 이상 선순환 구조를 믿지 마라."

◦ 주 ◦

프롤로그

1 최재원(2019. 4. 3), "미국 페이스북, 공론장에서 프라이버시 중심 플랫폼으로". 〈신문과 방송〉, p.103.

2 Stephenson, W. Davis(2018), *The Future is Smart: How Your Company Can Capitalize on the Internet of Things-and Win in a Connected Economy*, AMACOM. 김정아 옮김(2019), 《초연결: 구글, 아마존, 애플, 테슬라가 그리는 10년 후 미래》, 다산북스, p.213.

3 King, Larry(1995), *How to Talk to Anyone, Anytime, Anywhere: The Secrets of Good Communication*, Three Rivers Press. 강서일 옮김(2015), 《대화의 신: 토크계의 전설 래리 킹에게 배우는 말하기의 모든 것》, 위즈덤하우스, p.69.

4 Ferguson, Niall(2019), *The Square and the Tower: Networks and Power, from the Freemasons to Facebook*, Penguin Books. 홍기빈 옮김(2019), 《광장과 타워: 프리메이슨에서 페이스북까지, 네트워크와 권력의 역사》, 21세기북스, p.656.

5 Sax, David(2016), *The Revenge of Analog: Real Things and Why They Matter*, Public Affairs. 박상현, 이승연 옮김(2017), 《아날로그의 반격: 디지털, 그 바깥의 세계를 발견하다》, 어크로스. p.22.

6 같은 책, p.80.

1장

1 〈조선일보〉(2011. 3. 5), "실험해보니…삼산월드체육관 관중 54%가 '고릴라? 못 봤는데!'".

2 Marshall, Ron(2015. 9. 10), "How Many Ads Do You See in One Day?", Red Crow Marketing Inc.

3 Simpson, Jon(2017. 8. 25), "Finding Brand Success In The Digital World", Forbes Agency Council.

4 Tracey, Brian(2006), "CBS embarks on an egg-selling ad venture".

5 The New York Times(2007. 1. 15), "Anywhere the Eye Can See, It's Likely to See an Ad".

6 김경훈(2016. 11), "광고비의 절반은 낭비라는데, 그래도 성공 등식 있다", 〈동아비즈니스리뷰〉, 213호.

7 Hubspot Research(2018. 12. 18), "Why People Block Ads And What It Means for Marketers and Advertisers".

8 Krugman, Herbert E.(1972. 12), "Why Three Exposures May be Enough", *Journal of Advertising Research*, p.11~14.

9 김효규(2012), "광고의 반복 노출과 광고 효과에 관한 연구", 〈한국광고홍보학보〉, 제14권 1호, p.244~268.

10 Facebook for Business 페이스북 광고주 도움말, https://www.facebook.com/business/help/285326585139636

11 Facebook, "Effective Frequency: Reaching Full Campaign Potential".

12 Facebook for Business 광고주 도움말, https://ko-kr.facebook.com/business/help/1461336133922536

13 Oracle Data Cloud Blog(2016. 1. 27), "Don't think about frequency until you've maximized reach".

14 https://blogs.oracle.com/oracledatacloud/dont-think-about-frequency-until-youve-maximized-reach

15 Burton, Jennifer Lee, Gollins, Jan, McNeely, Linda E., & Danielle M. Walls(2018), "Revisting the Relationship between Ad Frequency and Purchase Intentions", *Journal of Advertising Research*, Published August.

16 Nielsen(2017. 7. 31), "How Frequency of Exposure can Maximise the Resonance of Your Digital Campaigns".

17 김효규(2012), "광고의 반복 노출과 광고 효과에 관한 연구", 〈한국광고홍보학보〉, 제14권 1호, p.245.

18 Millwardbrown(2017), AdReaction 자료.

19 Stephens, Keri K., Mandhana, Dron M., Kim, JiHye J., Li, Xiaoqian, Glowacki, Elizabeth M., & Ignacio Cruz(2017. 8), "Reconceptualizing Communication Overload and Building a Theoretical Foundation", *Communication Theory*, Vol.27-3.

20 Bohns, Vanessa K.(2017. 4), "A Face-to-Face Request Is 34 Times More Successful Than an Email", *Havard Business Review*.

21 Salon(2011. 10. 23), "Why Chomsky is wrong about Twitter".

22 Sivanandan, Sajith(2018), "Demographics Are Dead: Welcome to the Age of Intent", Think with Google.

23 Petrova, Ekaterina(2017), "The key to attention-grabbing video ads? How they're served, not just what's in them", Think with Google.

24 Sivanandan, Sajith(2018), "Demographics Are Dead: Welcome to the Age of Intent", Think with Google.

25 Schmidt, Eric & Cohen, Jared(2014), *The New Digital Age: Transforming Nations, Businesses, and Our Lives*, Vintage. 이진원 옮김(2014), 《새로운 디지털 시대: Google 회장 에릭 슈미트의 압도적인 통찰과 예측》, 알키, p.230.

26 〈중앙일보〉(2016. 4. 21), "민의는 인터넷에 있다…간부들 늘 접속해 살펴라". 〈국민일보〉(2016. 4. 20), "서민에서 네티즌이 나왔으니 인터넷은 민

의를 반영한다…시진핑도 인정한 온라인 파워".

27 Socialbakers, Twitter Society statistics–Politics, https://www.socialbakers.com/statistics/twitter/profiles/society/politics.

28 Cooney, Michael & Brian Cheon(2018), "파괴적 기술 동향 7가지 & 2019년 전략 기술 10가지", 〈IDG DeepDive 2019 IT전망 보고서〉, p.5.

29 김해연(2018. 12. 6), "2018년 미디어 이용행태", 〈미디어와이드리뷰〉.

30 와이즈앱(2018), 〈2018년 4월 9일~15일 주간자료〉. 구글(2016), 〈아태지역 모바일 앱 보고서 2016〉. 앱애니(2017), 〈2017년 1분기 소비자 앱사용 보고서〉.

31 ComScore(2017). Mobile Matures as the Cross-Platform Era Emerges.

32 eMarketer(2018), Mobile time is mostly 'app time'.

33 통계청(2014), 〈2014년 한국인의 생활시간조사 결과〉.

34 The Guardian(2016. 9. 14), "'We need human interaction': meet the LA man who walks people for a living".

35 광고를 통해 상품의 특성이나 장점을 호소하며 공감을 구하는 것.

36 Berger, Jonah(2016), "Reseach Shows Micro-Influencers Have more Impact than Average Consumers", Experticity.com.

37 Earls, Mark(2009), *Herd: How to Change Mass Behaviour by Harnessing Our True Nature*, Wiley. 강유리 옮김(2009), 《허드: 시장을 움직이는 거대한 힘》, 쌤앤파커스, p.245.

2장

1 Mill, John Stuart(1859), *On Liberty*. 이주명 옮김(2008), 《자유에 대하여》, 필맥, p.58.

2 같은 책, p.122.

3   같은 책, p.44.

4   British Library Newspapers catalogue. Search by London and by date range 1740-1800; 1801-1860.

5   Habermas, Jürgen(1962), *Strukturwandel der Öffentlichkeit. Untersuchungen zu einer Kategorie der bürgerlichen Gesellschaft*, Suhrkamp Verlag. 한승완 옮김(2001),《공론장의 구조변동: 부르주아 사회의 한 범주에 관한 연구》, 나남, p.173.

6   Gale Group, "British Newspapers 1800-1860", http://find.galegroup. com/bncn/topicguide/bncn_05.html.

7   Habermas, Jürgen(1962), *Strukturwandel der Öffentlichkeit. Untersuchungen zu einer Kategorie der bürgerlichen Gesellschaft*, Suhrkamp Verlag. 한승완 옮김(2001),《공론장의 구조변동: 부르주아 사회의 한 범주에 관한 연구》, 나남, p.168.

8   Mill, John Stuart(1859), *On Liberty*. 이주명 옮김(2008),《자유에 대하여》, 필맥, p.123.

9   1871년 3월 18일 프랑스 파리에서 민중 봉기를 통해 수립된 노동자 계급의 자치정부를 말한다. 두 달 여간 유지되다가 5월 28일 정부군에 의해 붕괴되었다.

10 Le Bon, G.(1895), *La Psychologie des foules*. 김성균 옮김(2010),《군중심리》, 이레미디어, p.225.

11 같은 책, p.163.

12 Pew Resrarch Center(2013. 9. 10), "Can presidential speeches change minds? The evidence suggest not".

13 Clinton, Hillary Rodham(2014), *Hard Choices*, Simon and Schuster. 김규태, 이형욱 옮김(2015),《힘든 선택들》, 김영사, p.753.

14 같은 책, p.759.

15 The New York Times(2019. 3. 17), "Why a Big Tech Breakup Looks Better to Washington".

16 Naim, Moises(2014), *The End of Power*, Basic Bools. 김병순 옮김 (2015),《권력의 종말: 다른 세상의 시작》, 책읽는수요일, p.50.

17 Mele, Nicco(2013), *The End of Big: How the Digital Revolution Makes David the New Goliath*, Black Inc. 이은경, 유지연 옮김(2013), 《거대 권력의 종말: 디지털 시대에 다윗은 어떻게 새로운 골리앗이 되는 가》, 알에이치코리아, p.170.

18 최재붕(2018, 10. 17), "포노사피엔스 시대, 시장의 왕은 소비자",《파이낸 셜뉴스》.

19 Freedman, Michael(2014. 3. 26), "What Is the Relationship Between Technology and Democracy? Condoleezza Rice and Google's Eric Schmidt and Jared Cohen discuss communication technologies, foreign policy, and geopolitics", Insight by Standford Business.

20 Schmidt, Eric & Cohen, Jared(2014), *The New Digital Age: Transforming Nations, Businesses, and Our Lives,* Vintage. 이진원 옮김(2014),《새로운 디지털 시대: Google 회장 에릭 슈미트의 압도적인 통찰과 예측》, 알키, p.208.

21 Forbes(2010. 9. 9), "Wall Street's Speed War".

22 Hobsbawm, Eric(1989), *The Age of empire: 1875~1914,* Vintage. 김동택 옮김(1998),《제국의 시대》, 한길사, p.592.

23 Ferguson, Niall(2019), *The Square and the Tower: Networks and Power, from the Freemasons to Facebook*, Penguin Books. 홍기빈 옮김(2019),《광장과 타워: 프리메이슨에서 페이스북까지, 네트워크와 권력의 역사》, 21세기북스, p.673.

3장

1 The Guardian(2013. 6. 18), "Turkey's 'standing man' shows how

passive resistance can shake a state".

2   BBC News(2013. 6. 18), "'Standing man' inspires Turkish protesters in Istanbul".

3   Demirthan, Kamil(2014), "Social Media Effects on the Gezi Park Movement in Turkey: Politics Under Hastags". Bogdan Patrut & Monica Patrut eds.(2014), *Social Media in Politics: Case Studies on the Political Power of Social Media*, Springer, p.291.

4   장지향(2017. 12. 18), "에르도안의 정치적 탐욕이 부른 터키 무슬림 민주주의의 후퇴", 〈이슈 브리프〉, 아산정책연구원, p.2.

5   터키는 2013년 의원내각제에서 대통령직선제로 바꾼 뒤 최초의 대통령 선거를 실시했다. 이 선거에서 에르도안이 다시 대통령에 당선됐고, 2017년 에르도안은 다시 개헌을 한 뒤 이듬해 실시된 대통령 선거와 총선거에서 동시에 승리를 거둬 장기 집권에 들어갔다.

6   Naim, Moises(2014), *The End of Power*, Basic Books. 김병순 옮김(2015), 《권력의 종말: 다른 세상의 시작》, 책읽는수요일, p.113.

7   The Washington Times(2018. 12. 10), "Macron surrenders to 'yellow vests' in blow to climate movement: 'The government did not listen'".

8   France24(2018. 12. 4), "France's 'Yellow Vests': How Facebook fuels the fight".

9   〈조선일보〉(2018. 12. 11), "마크롱 항복한 '노란 조끼'…SNS 타고 정책 바꾼 '현대판 프랑스혁명'".

10 Ariely, Dan(2010), *The Upside of Irrationality: The Unexpected Benefits of Defying Logic at Work and at Home*, Harper Collins. 김원호 옮김(2011), 《경제 심리학: 경제는 감정으로 움직인다》, 청림출판, p.224.

11 Pooley, Jefferson & Michael J. Socolow(2013. 10. 28), "The Myth of the War of the Worlds Panic", *The Slate*.

12   〈JTBC 뉴스룸〉(2017. 1. 31), "화성인 침공 그러나 대중은 알고 있다".

13   Naim, Moises(2014), *The End of Power*, Basic Bools. 김병순 옮김 (2015),《권력의 종말: 다른 세상의 시작》, 책읽는수요일, p.151.

14   The Guardian(2014. 6. 18), "This article is more than 4 years old PM backs Michael Gove but suggests former aide was a 'career psychopath'".

15   Rheingold, Howard(2002), *Smart Mob*, Basic Books. 이운경 옮김 (2003),《참여 군중: 휴대폰과 인터넷으로 무장한 새로운 군중》, 황금가지, p.82.

16   대부분의 횡단보도는 길 건너편 한 방향으로만 건널 수 있는데, 스크램블 교차로는 한 신호에 사방으로 건널 수 있다. 일본 도쿄 시부야의 스크램블 교차로는 수천 명의 사람들이 한꺼번에 길을 건너는 장면을 연출하기 때문에 장관이어서 관광객들도 즐겨 찾는다.

17   이승윤(2019. 5), "적은 비용으로 콘텐츠 도달률을 쑥, 제품과 궁합 맞는 구원투수 골라야", 〈동아비즈니스리뷰〉, Issue 1, No.272.

18   〈연합뉴스〉(2019. 4. 22), "박막례 할머니, 유튜브 CEO까지 만났다".

19   ADWeek(2018. 1. 28), "TV May Affect the Brain, But Influencer Marketing Affects the Heart".

20   mediakix, "Influencer Marketing 2019 Industry Benchmarks".

21   eMarketer(2018), "Instagram Influencer Marketing Doubled in 2017".

22   같은 자료.

23   Business Insider(2017. 2. 25), "Amazon keeps reminding us that it's the most dangerous company in tech".

24   〈ZDNet Korea〉(2018. 12. 13), "인플루언서, 쿠팡으로 월평균 100만 원 번다".

25   Remnick, David(2016), "Obama Reckons with a Trump Presidency", *The New Yorker*, 2016. 11. 28.

26 BBC News(2016. 11. 16), "'Post-truth' declared word of the year by Oxford Dictionaries".

27 UK House of Commons Digital, Culture, Media and Sport Committee(2018. 7. 24), "Disinformation and 'fake news': Interim Report".

28 BuzzFeed News(2016. 11. 16), "This Analysis Shows How Viral Fake Election News Stories Outperformed Real News On Facebook".

29 Wardie, claire(2017), "Fake news. It's complicated". First Draft, https://firstdraftnews.org/fake-news-complicated/.

30 황용석(2017. 2. 14), "페이크 뉴스, 풍자인가 기만인가? 개념화와 여론 영향력을 중심으로", 페이크 뉴스 개념과 대응방안, 한국언론학회 세미나.

31 Guess, A., J. Nagler & J. Tucker(2019. 1), "Less than you think: Prevalence and predictors of fake news dissemination on Facebook", *Science Advances 09*, Vol.5, no.1.

32 한국언론진흥재단(2018), 〈한국의 언론 신뢰도: 진단과 처방〉, p.27.

33 〈미디어오늘〉(2020. 6. 17), "로이터저널리즘연구소, 한국 뉴스 신뢰도 '올해도 최하위'".

4장

1 Pennebaker, J. W.(2011), *The Secret Life of Pronouns: What Our Words Say About Us*, Bloomsbury Press. 김아영 옮김(2016), 《단어의 사생활: 우리는 모두, 단어 속에 자신의 흔적을 남긴다》, 사이. p.235, 236.

2 Davidowitz, Seth Stephens(2017), *Everybody Lies: Big Data, New Data, and What the Internet Can Tell Us About Who We Really Are*, Dey Street Books. 이영래 옮김(2018), 《모두 거짓말을 한다: 구글 트렌드로 밝혀낸 충격적인 인간의 욕망》, 더퀘스트, p.21.

3   Canetti, Elias(1960), *Masse und Mach*, Claassen Verlag. 강두식, 박병덕 옮김(2010),《군중과 권력》, 바다출판사, p.22.

4   Carr, David(2012. 3. 25), "Hashtag Activism, and Its Limits", *The New York Times*.

5   Huffingtonpost(2011. 2. 13), "How Social Media Accelerated Tunisia's Revolution: An Inside View".

6   Schmidt, Eric & Cohen, Jared(2014), *The New Digital Age: Transforming Nations, Businesses, and Our Lives*, Vintage. 이진원 옮김(2014),《새로운 디지털 시대: Google 회장 에릭 슈미트의 압도적인 통찰과 예측》, 알키, p.214.

7   Canetti, Elias(1960), *Masse und Macht*, Claassen Verlag. 강두식, 박병덕 옮김(2010),《군중과 권력》, 바다출판사, p.21.

8   Bradya, William J., Julian A. Willsa, John T. Josta, Joshua A. Tuckerb & Jay J. Van Bavel(2017), "Emotion shapes the diffusion of moralized content in social networks".

9   Heimans, Jeremy & Tims, Henry(2018), *New Power: How Power Works in Our Hyperconnected World--and How to Make It Work for You for You*, Doubleday. 홍지수 옮김(2019),《뉴파워: 새로운 권력의 탄생: 초연결된 대중은 어떻게 세상을 바꾸는가》, 비즈니스북스, p.125.

10   같은 책, 같은 쪽.

11   Mill, John Stuart(1859), *On Liberty*. 이주명 옮김(2008),《자유에 대하여》, 필맥, p.37.

12   Axlrod, Robert(2006), *The Evolution of Cooperation*, Basic Books. 이경식 옮김(2009),《협력의 진화: 이기적 개인의 팃포탯 전략》, 시스테마, p.25.

13   복거일(2014. 9. 2), "자기 이익만 생각하는 사람들 모인 사회⋯이만큼 돌아간다는 게 신기하지 않은가?", 〈중앙일보〉.

14   Benkler, Yochai(2011), "The Unselfish Gene", *Havard Business*

Review, 2011, July/August.

15 같은 책.

16 Keysers, Christian(2011), *The Empathic Brain*, Social Brain Press. 김잔디, 고은미 옮김(2018),《인간은 어떻게 서로를 공감하는가: 거울뉴런과 뇌 공감력의 메커니즘》, 바다출판사, p.13.

17 Pinker, Steven(2012), *The better Angels of Our Nature*, Penguin Books. 김명남 옮김(2014),《우리 본성의 선한 천사: 인간은 폭력성과 어떻게 싸워 왔는가》, 사이언스북스, p.1,003~1,004.

18 같은 책, 같은 쪽.

19 윤진호, 이은주, 장정(2019. 2), "우리는 '호모 모랄리스'인가? 도덕 딜레마 해결기제의 신경윤리학 연구", 〈경영학연구〉, 제48권 제1호, p.53~79.

20 Benkler, Yochai(2011), "The Unselfish Gene", *Havard Business Review*, 2011, July/August.

21 The Economist(2017. 11. 4), "Do social media threaten democracy?". Financial Times(2018. 1. 29), "The dangers of digital democracy".

22 WangJun, Bairong & Jun Zhuang(2018. 9), "Rumor response, debunking response, and decision makings of misinformed Twitter users during disasters", *Natural Hazards*, Vol.93, Issue 3, p.1,145~1,162.

23 Vosoughi, Soroush, Deb Roy & Sinan Aral(2018. 3), "The spread of true and false news online", *Science*, Vol.359, Issue 6,380, p.1,146~1,151.

24 Rodriguez, Oscar B., Sergei M. Guriev, Emeric Henry & Ekaterina Zhuravskaya(2017), "Facts, Alternative Facts, and Fact Checking in Times of Post-Truth Politics", *SSRN*, 25 Dec 2018.

25 Stefan Kornelius(2013), *Angela Merkel – Die Kanzlerin und ihre Welt*, Hoffmann und Campe Verlag. 배명자 옮김(2014),《위기의 시대 메르켈의 시대: 앙겔라 메르켈 공인 전기》, 책담, p.325, 350.

26 Matthew Lombard, Theresa Ditton(2006), "At the Heart of It All: The Concept of Presence", *Journal of Computer-Mediated Communication*, Vol. 3, Issue 2, September 1997.

27 이 때문에 한국가상증강현실산업협회에서는 VR 레이턴시를 20밀리세컨드(ms) 이하로 유지하도록 권고한다. 헤드셋의 이동 속도와 콘텐츠의 시각화 속도 간의 차이가 20ms 이하여야 한다는 의미다.

28 〈동아비즈니스리뷰〉(2019. 3), "문제를 느끼면 즉시 말하는 세대, 열심히 들어보라. 거기에 답이 있다", issue 2.

29 Higham, William(2009), *The Next Big Thing*, Kogan Page. 한수영 옮김(2012), 《트렌드 전쟁: 뜨기 전에 잡아서 실전에 써먹는 히트상품 예측술》, 북돋움, p.30~31.

30 김호기(2017. 7. 11), "시대정신을 생각한다", 〈경향신문〉.

31 Casti, J. L.(2010), *Mood Matters: From Rising Skirt Lengths to the Collapse of World Powers*, Copernicus. 이현주 옮김(2012), 《대중의 직관: 유행의 탄생에서 열강의 몰락까지 미래를 예측하는 힘》, 반비.

32 Johan Bollen, Huina Mao & Xiao-Jun Zeng(2011), "Twitter mood predicts the stock market", *Journal of Computational Science*, vol.2, issue 1, p.1~8.

33 Hee Won, Woojae Myung, Gil-Young Song, Won-Hee Lee, Jong-Won Kim, Bernard J. Carroll, Doh Kwan Kim(2013), "Predicting National Suicide Numbers with Social Media Data", *Public Library of Science*.

34 Lansdall-Welfare, Thomas; Lampos, V; Cristianini, Nello.(2012), "Effects of the Recession on Public Mood in the UK" Mining Social Network Dynamics(MSND) session on Social Media Applications in News and Entertainment(SMANE) at WWW'12. Association for Computing Machinery(ACM), p.1,221~1,226.

35 Golder S. A & M. W. Macy(2011), "Diurnal and Seasonal Mood Vary

with Work, Sleep, and Daylength Across Diverse Cultures", *Science*. 2011, p.1,878~1,881.

36   Achuthan, Lakshman & Anirvan Banerji(2004), *Beating the Business Cycle: How to Predict and Profit From Turning Points in the Economy*, Crown Business, p.131.

37   〈연합뉴스〉(2015. 6. 24), "이주열 '메르스 소비위축 수그러들어, 일상 돌아가야'".

38   〈JTBC〉(2015. 11. 20), "이주열 한은 총재, 파리테러에 따른 심리 위축 확산 지켜봐야".

39   신민영, LG경제연구원 경제연구부문장(2013. 11. 27), 〈중앙일보〉.

40   Nisbett, Richard(2015), *Mindware: Tools for Smart Thinking* , Farrar, Straus and Giroux, 이창신 옮김(2016), 《마인드웨어: 생각은 어떻게 작동되는가》, 김영사, p.81.

5장

1   Market Watch(2018. 9. 7), "Maybe Nike's polarizing Colin Kaepernick ad isn't so controversial after all".

2   Wertz, Jia(2018. 9. 30), "Taking Risks Can Benefit Your Brand – Nike's Kaepernick Campaign Is A Perfect Example", *Forbes*.

3   MIT Sloan Management Review(2019. 3. 12), "How Digital Leadership Is(n't) Different".

4   A. Simon & J. Jerit(2007).

5   〈위클리비즈〉(2012. 3. 21), "노벨 경제학상 받은 심리학자 대니얼 카너먼 교수".

6   Thaler, R. H. & Sunstein, C. R.(2009). *Nudge: Improving Decisions About Health, Wealth, and Happiness*, Penguin Books. 안진환 옮김

(2009),《넛지: 똑똑한 선택을 이끄는 힘》, 리더스북, p.20.

7 Markman, Art(2017. 2. 22), "Poor Communication" Is Often a
   Symptom of a Different Problem", *Havard Business Review*.

8 Gallup Global Report(2018), "Where the Great Jobs Are".

9 〈한겨레〉(2018. 5. 11), "한국 노동자 현재 일 만족 3%뿐".

10 James K. Harter, Frank L. Schmidt & Theodore L. Hayes(2002),
   "Business-Unit-Level Relationship Between Employee Satisfaction,
   Employee Engagement, and Business Outcomes: A Meta-Analysis",
   Journal of Applied Psychology, 2002, vol. 87, NO. 2, p.268~279.

11 Barbalet, J. M.(1998), *Emotion, Social, Theory and Social Structure
   A Macrosociological Approach*, Cambridge University Press. 박형신,
   정수남 옮김(2007),《감정의 거시사회학: 감정은 사회를 어떻게 움직이는
   가?》, 일신사, p.42.

12 같은 책, p.40.

13 〈한겨레〉(2018. 2. 6), "'리틀 포레스트' 임순례 '시골의 눈부신 사계절 보
   여주고 싶었죠'".

14 Kramer, Adam D. I., Jamie E. Guillory, Jeffrey T. Hancock(2014.
   6.17), "Experimental evidence of massive-scale emotional contagion
   through social networks", *PNAS*, 111(24).

15 Meyer, Robinson(2014. 6. 28), "Everything We Know About
   Facebook's Secret Mood Manipulation Experiment, It was probably
   legal. But was it ethical?", *The Atlantic*.

16 Smithsonian Magazine(2014. 4), What Emotion Goes Viral the
   Fastest?

17 Arthur W. Page Society(2007).

18 Mitchell, Agle, & Wood(1997).

19 Mendelow(1991).

20 Cornelissen(2014).

21 김세환, 이동훈(2017).

22 〈이데일리〉(2017. 12. 12), "트럼프 효과?, 미국 경제 호황 기대 커져".

23 Wright, Charles(1986), Mass Communication: A Sociological Perspective, McGraw-Hill College.

24 Wei, Ran(2013), "Mobile media: Coming of age with a big splash", *Mobile Media & Communication*, Vol.1, No.1, pp.50~56.

25 The New York Times(2017), Journalism That Stands Apart: the Report of the 2020 group.

26 The Observer(2014. 11. 28), "Netflix CEO: Broadcast TV Will Be Dead By 2030".

27 Hobsbawm, Eric(1996), *The Age of Capital: 1848-1875*, Vintage. 정도영 옮김(1998), 《자본의 시대》, 한길사, p.162.

28 같은 책, 같은 쪽.

29 같은 책, p.160~162.

30 송해엽, 양재훈(2017), "포털 뉴스 서비스와 뉴스 유통 변화, 2000-2017 네이버 뉴스 빅데이터 분석", 〈한국언론학보〉, 제61권 4호, p.74-109.

31 Pew Researcher Center(2018. 6. 5), "Almost seven-in-ten Americans have news fatigue, more among Republicans".

32 Gallup and Knight Foundationsurvey(2018. 1), "Survey on Trust, Media and Democracy".

33 김균수, 이선경, 고준(2018), "뉴스과잉 지각과 뉴스이용의 관계", 〈한국언론학보〉, 제62권 5호, p.7~36.

34 The Economist(2017. 1. 16), "How the 16th century invented social media".

35 Appadurai, Arjun(2017), "Democracy Fatigue", *The Great Regression*, Polity Press. 아르준, 아파라두이(2017), "민주주의의 약화", 박지영, 박효은, 신승미, 장윤경 옮김(2017), 《거대한 후퇴: 불신과 공포, 분노와 적개심에 사로잡힌 시대의 길찾기》, 살림, p.31.

36 Gong, Li, Gary Ellison & Mary Dageforde(2003), Inside Java 2 Platform Security: Architecture, *API Design, and Implementation*, Boston: Addison-Wesley, p.1.

37 Tomasello, Michael(2014), *A Natural History of Human Thinking*, Havard University Press. 이정원 옮김(2017),《생각의 기원: 영장류학자가 밝히는 생각의 탄생과 진화》, 이데아, p.232.

6장

1 Business Insider(2017. 10. 9), "Dove's 'racist' ad might have cost the brand an advantage it spent 13 years building".

2 Edelman(2018), "More than Half of Consumers Buy or Boycott a Brand Because of Politics", 2018 Edelman Earned Brand report.

3 Food Engineering(2017. 10. 12), "About half of Americans say politics makes them boycott brands".

4 YouGov(2017), "One in five consumers have boycotted a brand", The Inside the Mindset of a Brand Boycotter.

5 Knowledge@Wharton, "To Boycott or Not: The Consequences of a Protest", The Wharton School of the University of Pennsylvania. "To Boycott or Not: The Consequences of a Protest".

6 Bloomberg(2019. 2. 22), "YouTube's Latest Quandary Deepens as AT&T Joins Ad Pause".

7 Morning Consult(2017. 12. 17), "The United Scandal That Wasn't: Company fell in favorability after customer service scandal, but recovered less than six months later".

8 LA Times(2017. 5. 8), "United Airlines's passenger-dragging incident hasn't hurt the bottom line".

9 Burson-Marstellar & Penn Schoen Berland(2011), "2011 Crisis Preparedness Study".

10 USA Today(2017. 8. 10), "Walmart apologizes for 'Own the school year'gun display".

11 CNBC(2017. 4. 27), "Airline shares decline as Wall Street Worries the stocks will become a poor investment again".

12 Scott Armstrong(1976, 8), "The Panalba Role-Playing Case", *American Marketing Association Proceedings*, p.213~216. CCTV 다큐제작팀(2014),《公司的力量》, Shanxi Education Press. 허유영 옮김(2014),《기업의 시대: 중국 CCTV·EBS 방영 다큐멘터리》, 다산북스, p.35.

13 Time(2019. 4. 20), "Paris Yellow Vest Protests Mix Anger With Notre Dame Mourning".

14 The Telegraph(2019. 4. 18), "Billionaires face 'yellow vest' scorn over Notre-Dame pledges".

15 Hüther, Gerald(2018), *Würde: Was uns stark macht-als Einzelne und als Gesellschaft*, Albrecht Knaus Verlag. 박여명 옮김(2019),《존엄하게 산다는 것: 모멸의 시대를 건너는 인간다운 삶의 원칙》, 인플루엔셜, p.220.

16 Galloway, Scott(2017), *The Four: The Hidden DNA of Amazon, Apple, Facebook and Google*, Random House Large Print. 이경식 옮김(2018),《플랫폼 제국의 미래: 구글, 아마존, 페이스북, 애플 그리고 새로운 승자, 비즈니스북스, p.136.

7장

1 〈동아비즈니스리뷰〉(2016. 4. 18), "강한 추진력보다 귀가 열린 리더를 뽑아라".

2 Edelman Trust Barometer 2002.

3   Forbes(2012. 4. 12), "Intelligence Is Overrated: What You Really Need To Succeed".

4   Forbes(2017. 7. 7), "Richard Branson: 'Communication Is The Most Important Skill Any Leader Can Possess'".

5   Baltimore Sun(2017. 6. 21), "What you say, how you say it can make or break you".

6   〈하버드비즈니스리뷰〉(2017. 11-12), "HBR이 선정한 2017년 세계 최고의 성과를 낸 CEO들", p.112.

7   The New York Times(2012. 11. 9), "How Zara Grew Into the World's Largest Fashion Retailer".

8   Glassdoor.com/Award/Beliebteste-Manager-Deutschland-2017-LST-KQ0,36.htm

9   unicepta.com/impulse-news/ceo-ranking-2017.html

10   newsaktuell.de/blog/top-20-unternehmenschefs-reputation/

11   obermatt.com/de/ceo-des-jahres/deutschland/goldgewinner-2017.html

12   Harvard Business Review(2013). "HBR's 10 Must Reads on Communicaton".

13   Huang, L. & Yeo, T.(2018), "Tweeting #Leaders: Social media communication and rewteetability of Fortune 1000 chief executive officers on Twitter", Internet Research, 28(1), p.123~142.

14   〈IT동아〉(2017. 10. 30), "자율주행차의 아버지 모빌아이 창업자 암논 샤슈아".

15   Bendisch, T., Larsen, G., & Trueman, M.(2013), "Fame and Fortune: a Conceptual Model of CEO Brands", European Journal of Marketing, 47(3/4), p.596~614.

16   The Washington Post(2016. 8. 13), "Tim Cook, the interview: Running Apple 'is sort of a lonely job'".

17 The Wall Street Journal(2017. 4. 3), "New Starbucks CEO sees groth in Suburns, Midwest, and Lunch".

18 〈하버드비즈니스리뷰〉(2018. 1-2), "新CEO 행동주의", p.120~133.

19 Weber Shandwick & KRC Research(2017), "CEO Activism in 2017: High noon in the C-Suite".

20 Fortune.com/best-companies/2018/kronos

21 〈하버드비즈니스리뷰〉(2017. 11-12), "무제한 휴가 제도 도입한 크로노스 CEO", p.39~45.

22 같은 책, 같은 쪽.

23 같은 책, 같은 쪽.

24 Luc Beauregard Centre of Excellence in Communication Research(2017), "The CEO Communication Audit".

25 PR Week(2017. 3. 9), "Communication of the Year 2017".

26 〈이코노미조선〉(2016. 7. 18), "제프 베이조스 아마존 CEO의 '우두머리 수 컷' 리더십".

27 Vance, A.(2015), *Elon Musk: Tesla, SpaceX, and the Quest for a Fantastic Future*, HarperCollins Publishers. 안기순 옮김(2015), 《일론 머스크, 미래의 설계자: 지구상에서 가장 먼저 미래에 도착한 남자, 일론 머 스크가 제시하는 미래의 프레임》, 김영사.

28 Independent(2018. 3. 26), "Elon Musk explanins why living off a dollar a day convinced him he could do anything".

29 https://www.google.com/intl/ko/search/howsearchworks/ esponses/

30 이동훈, 김세환(2016), 《기업의 혁신 커뮤니케이션》, 커뮤니케이션북스.

8장

1 Dunbar, Robin(2011. 5. 11), "How Many "Friends" Can You Really Have?", IEEE, Spectrum.

2 Goncalves, Bruno, Perra, Nicola & Alessandro Vespignani(2011. 8), "Modeling Users' Activity on Twitter Networks: Validation of Dunbar's Number", *Journal.pone*.

3 McCormick, Tyler H., Matthew J. Salganik & Tian Zheng(2012. 1), "How many people do you know?: Efficiently estimating personal network size", *PMC*.

4 Alessandretti, Laura, Piotr Sapiezynski, Vedran Sekara, Sune Lehmann & Andrea Baronchelli(2018. 7), "Evidence for a conserved quantity in human mobility" *Nature Human Behaviour*, vol.2, p.485~491.

5 The New York Times(2000. 2. 16), "A Newer, Lonelier Crowd Emerges in Internet Study".

6 https://blog.dscout.com/mobile-touches

7 The Guardian(2018. 1. 24), "Facebook should be 'regulated like cigarette industry', says tech CEO".

8 Soros, George(2018. 2. 14), "The Social Media Threat to Society and Security", Project Syndicate.

9 The Guardian(2018. 1. 13), "I was Mark Zuckerberg's mentor. Today I would tell him: your users are in peril".

10 CNBC(2017. 11. 9), "Facebook co-founder Sean Parker bashes company, saying it was built to exploit human vulnerability".

11 Spitzer, Manfred(2012), *Digitale Demenz*, Droemer Knaur. 김세나 옮김(2013), 《디지털 치매: 머리를 쓰지 않는 똑똑한 바보들》, 북로드, p.21.

12 Gladwell, Malcolm(2005), *Blink: The Power of Thinking Without*

Thinking, Back Bay Books. 이무열 옮김(2016),《블링크: 첫 2초의 힘》, 21세기북스, p.207~208.

13   CNN(2018. 2. 21), "Why Coke is sinning the cola wars".

14   McClure SM, Li J, Tomlin D, Cypert KS, Montague LM, Montague PR.(2004). Neural correlates of behavioral preference for culturally familiar drinks, *Neuron*, Vol. 44, p.379~387.

15   Eben Harrel(2019. 1. 23). Neuromarketing: What you need to know, *HBR*.

16   Roger Dooley, Child Labor: Put that baby to work!

17   Berger, J.(2016), *Invisible influence: The Hidden Forces that Shape Behavior*, Simon & Schuster. 김보미 옮김(2017),《보이지 않는 영향력: 대중은 왜 그런 선택을 했는가》, 문학동네, p.187.

18   같은 책, p.189.

19   김세환, 이동훈(2017),《기업 커뮤니케이션》, 커뮤니케이션북스, p.13.

20   〈한겨레〉(2017. 12. 4), "문자메시지 탄생 25주년, 세상에 나온 첫 SMS 메시지는?".

21   〈아시아경제〉(2015. 9. 22), "보안메신저 텔레그램, 하루 120억 건 대화 오간다".

22   〈연합뉴스〉(2019. 2. 6), "카카오 알림톡 100억 넘나…'2천만 고객' 신한카드주 합류".

23   〈하버드비즈니스리뷰〉(2017. 6), "경쟁자와 똑같은 장점을 강조해도 살아날 방법 있다", p.18~19.

24   Hall, E. T.(1992), *An anthropology of everyday life: An autobiography*, Anchor Books.

25   Lynch, E. W.(1998), "Conceptual framework: From culture shock to cultural learning", In Lynch, E. W. & M. J. Hanson, *Developing Cross-Cultural Competence: A Guide for working with Young Children and Their Families(2nd)*, p.69.

26 Harris, P. R. & Moran, R. T.(1996), *Managing Cultural Differences: Leadership Strategies for a New World of Business*, Routledge, p.25.

27 Hofstede, G.(2001), *Culture's Consequence: Comparing values, behaviors, institutions and organizations across nations*, Sage.

28 Pew Research Center(2017. 11. 2), "More Americans are turning to multiple social media sites for news".

29 Murre, M. J. m & Dros, J.(2015), Replication and Analysis of Ebbinghaus' Forgetting curve, *PLoS ONE 10(7)*: e0120644.

30 Petty, R. E. & Cacioppo, J. T.(1981), Attitudes and persuasion: Classic and contemporary approaches, Wm. Brown.

31 Kahneman, D. & Deaton, A.(2010), "High Income improves evaluation of life but not emotional well-being", *PNAS*, 107(38), p.16,489~16,493.

32 Pulizzi, Joe(2015), "Can We Please Stop Using Branded Content?", Content Marketing Institute. (https://contentmarketinginstitute. com/2015/10/stop-using-branded-content/)

33 The Paris Review(2006), *The Paris Review Interviews, I: 16 Celebrated Interviews*, Picador. 권승혁, 김진아 옮김(2014),《작가란 무엇인가: 소설가들의 소설가를 인터뷰하다: 파리 리뷰 인터뷰》, 다른, p.367.

34 Rushkoff, Douglas(2013), *Present Shock: When Everything Happens Now*, Current. 박종성, 장석훈 옮김(2014),《현재의 충격: 모든 것이 지금 일어나고 있다》, 청림출판, p.161.

9장

1 CNN(2011. 3. 10), "Microsoft Kinect sales set new Guinness World Record".

2   Business Insider(2015. 7. 28), "It took 75 years for the telephone to reach 100 million users…and it took Candy Crush Saga 15 months".

3   Downs, L. & Nunes, P.(2014), *Big Bang Disruption: Strategy in the Age of Devastation Innovation*, Portpolio. 이경식 옮김(2014), 《어떻게 그들은 한순간에 시장을 장악하는가: 빅뱅 파괴자들의 혁신 전략》, 알에이치코리아.

4   같은 책.

5   Rogers, E.(2003), *Diffusion of Innovation(5th)*, Free Press.

6   CB Insights, "Unicorn Trends: The data behind the world's most valuable private companies".

7   Accenture, "Bin Bang Disruption: The Innovator's Disaster". (accenture.com/us-en/insight-outlook-big-bang-disruptioninnovators-disaster)

8   Rakuten Intelligence(2018. 4. 25), "Pokemon GO's paying population dropped 79 percent but is still the most profitable mobile games"

9   〈하버드비즈니스리뷰〉(2018. 1-2), "기업의 '제2막'을 찾아라", p.148~152.

10   〈조선일보〉(2017. 12. 4), "미 블루 에이프런, 상장 반년 만에 CEO 퇴임…실적 부진 책임".

11   〈하버드비즈니스리뷰〉(2018. 1-2), "기업의 '제2막'을 찾아라", p.153~154.

12   Miller, R.(1976), "More exposure, psychological reactance and attitude change", *Public Opinion Quarterly*, 40, p.229~233.

13   Marketing Week(2016. 2. 17), "Why Fitbit is shifting focus from fitness to fashion".

14   Alist(2017. 3. 30), "Fitbit's marketing strategy has shifted to social and community".

15 Business Insider(2016. 2. 4.), "GoPro CEO: We're not a 'camera company - we're an 'activity capture' company".

16 AdAge(2011. 11. 2), "Groupon marketing spending works almost too well".

17 CB Insights(2018. 2), "The Top 20 Reasons Startups Fail". (https://www.cbinsights.com/research/startup-failure-reasons-top/)

18 AdAge(2017. 8. 3), "Etsy suspends brand campaign, shifts marketing strategy".

19 Friedman, T.(2016), *Thank you for Being Late: An optimist's guide to thriving in the age of accelerations*, Farrar, Straus and Giroux. 장경덕 옮김(2017), 《늦어서 고마워: 가속의 시대에 적응하기 위한 낙관주의자의 안내서》, 21세기북스, p.62.

20 Thiel, Peter & Masters, Blake(2014), *Zero To One*, Currency. 이지연 옮김(2014), 《제로 투 원》, 한국경제신문, p.183.

21 Huang, X., Zhang, M., Hui, M., & Wyer Jr., R.(2013), Warmth and conformity: The effects of ambient temperature on product preferences and financial decisions, *Journal of Consumer Psycology*, 24(2), p.241~250.

22 〈조선일보〉(2012. 4. 21), "불황 타령은 사치…고객이 왜 좌절하고 분노하는지 알아야".

23 Goleman, Daniel(2006), *Social Intelligence*, Bantam Books. 장석훈 옮김(2006), 《SQ 사회지능: 성공 마인드의 혁명적 전환》, 웅진지식하우스, p.82.

24 같은 책, p.135.

25 데이비드 R. 벨, 산티아고 갈리노, 안토니오 모레노(2018. 8), "오프라인 시대가 끝났다고? 경험 중심 쇼룸이 매장에 날개를 단다", 〈동아비즈니스리뷰〉, p.90~99.

26 같은 책, p.92.

10장

1   Casti, J. L.(2010), *Mood Matters: From Rising Skirt Lengths to the Collapse of World Powers*, LLC. 이현주 옮김(2012),《대중의 직관: 유행의 탄생에서 열강의 몰락까지 미래를 예측하는 힘》, 반비, p.61.

2   Akerlof, G. A. & Shiller, R. J.(2009), *Animal Spirits: How Human Psychology Drives the Economy, and Why It Matters for Global Capitalism*, Princeton University Press. 김태훈 옮김(2009),《야성적 충동: 인간의 비이성적 심리가 경제에 미치는 영향》, 랜덤하우스코리아, p.101.

3   Robert Shiller(2008. 3. 2), "How a Bubble Stayed Under the Radar", *The New York Times*.

4   문화체육관광부 정책 브리핑(2013. 6. 27), 〈혼자, 일상에서 소소한 행복을 느끼다: 36억여 건의 빅데이터 분석을 통해 본 2013 국민 의식 변화〉.

5   Verganti, R.(2009), *Design Driven Innovation: Changing the rules of competition by radically innovating what things mean*, Harvard Business Press. 김보영 옮김(2010),《디자인노베이션: 창조적 혁신 전략》, 한스미디어.

6   Battarbee, K.(2004), *Co-Experience: Understanding User Experiences in Social Interaction*, Publication series of the University of Art and Design.

7   신동희(2014),《창조경제와 융합》, 커뮤니케이션북스, p.51.

8   〈하버드비즈니스리뷰〉(2016. 7-8), "CEO는 기업 문화를 애써 품으려 할 필요가 없다", p.22.

9   같은 책(2018. 1-2), "리더를 위한 기업문화 안내서", p.66~90.

10   같은 책(2016. 7-8), "CEO는 기업 문화를 애써 품으려 할 필요가 없다", p.23.

11   Forbes(2013. 2. 26), "4 Reasons Marissa Mayer's No-At-Home-Work

Policy is an Epic Fail".

12 Schmidt, E. & Rosenberg, J.(2014), *How Google Works*, Grand Central Publishing. 박병화 옮김(2014), 《구글은 어떻게 일하는가: 에릭 슈미트가 직접 공개하는 구글 방식의 모든 것》, 김영사, p.68.

13 Allen, 1997, p.241 (Allen, T. J.(1977). *Managing the flow of technology*, MA: MIT Press)

14 Coyle, D.(2018), *The Culture Code: The Secrets of Highly Successful Groups*, Bantam. 박지훈 옮김(2018), 《최고의 팀은 무엇이 다른가》, 웅진지식하우스, p.89.

15 Schmidt, E. & Rosenberg, J.(2014), *How Google Works*, Grand Central Publishing. 박병화 옮김(2014), 《구글은 어떻게 일하는가: 에릭 슈미트가 직접 공개하는 구글 방식의 모든 것》, 김영사, p.65.

16 〈하버드비즈니스리뷰〉(2018. 3-4), "왜 사무실 자리를 자주 바꾸면 좋을까?", p.18.

17 같은 책(2018. 5-6), "놀라운 질문의 힘", p.85.

18 Buchanan, Mark(2007), *The Social Atom: Why the Rich Get Richer, Cheaters Get Caught, and Your Neighbor Usually Looks Like You*, Bloomsbury USA. 김희봉 옮김(2010), 《사회적 원자: 세상만사를 명쾌하게 해명하는 사회 물리학의 세계》, 사이언스북스, p.126.

19 The Paris Review(2006), *The Paris Review Interviews, I: 16 Celebrated Interviews*, Picador. 권승혁, 김진아 옮김(2014), 《작가란 무엇인가: 소설가들의 소설가를 인터뷰하다: 파리 리뷰 인터뷰》, 다른, p.23.

20 Harding, James(2008), *Alpha Dogs: The Americans Who Turned Political Spin into a Global Business*, Farrar, Straus and Giroux. 이순희 옮김(2010), 《알파독: 그들은 어떻게 전 세계 선거판을 장악했는가》, 부키, p.166.

21 〈중앙일보〉(2014. 9. 3), "놀이공원 입장객 수 눈여겨보면 금리 흐름 보인다".

22 〈동아일보〉(2013. 11. 1), "소비심리 꿈틀…지갑 열리나".

에필로그

1 신현상(2019. 4.), "의도가 선하다고 임팩트 있을까? 5단계 변화이론으로 측정해보라", 〈동아비즈니스리뷰〉, issue 1, p.47.

2 Dezenhall, Eric(2014), *Glass Jaw*, Twelve. 이진원 옮김(2015), 《유리턱: SNS 시대 맷집 좋은 기업 만들기》, 더난출판사, p.195.

초연결 시대의 설득전략은 무엇이 달라야 하는가

마케터는 잘못이 없다

제1판 1쇄 인쇄 | 2020년 12월 31일
제1판 1쇄 발행 | 2021년 1월 11일

지은이 | 이동훈 · 김세환
펴낸이 | 손희식
펴낸곳 | 한국경제신문 한경BP
책임편집 | 김종오
교정교열 | 이근일
저작권 | 백상아
홍보 | 서은실 · 이여진 · 박도현
마케팅 | 배한일 · 김규형
디자인 | 지소영
본문디자인 | 디자인 현

주소 | 서울특별시 중구 청파로 463
기획출판팀 | 02-3604-590, 584
영업마케팅팀 | 02-3604-595, 583 FAX | 02-3604-599
H | http://bp.hankyung.com E | bp@hankyung.com
F | www.facebook.com/hankyungbp
등록 | 제 2-315(1967. 5. 15)

ISBN 978-89-475-4685-0 03320